訴訟と非訟の交錯

戸根住夫

訴訟と非訟の交錯

学術選書
6
民事訴訟法

信山社

はしがき

私は、本来実務家であって学者ではないから、論文らしいものをはじめて公にしたのは、大学を卒業してから一四年も後のことだった。それでも、その後数十年間にものした民事手続法関係の記事はかなりの数に達しているが、今では法改正等で効用が乏しくなったり、そうでなくても読み返すと甚だ意に満たぬものが多い。そこで、既発表の論文の中から選んだ比較的近年の七編に必要最小限の補訂を施し、さらに書き下ろし三編を加えて、本書にまとめることとした。

表題の『訴訟と非訟の交錯』というのは、それらしい非訟事件手続法の基礎理論に触れた論稿が比較的多いことによるもので、それ以上の意味はない。

各論文の課題は、まちまちであるが、おおむね民事手続法の基本問題に関連しながら、従来の裁判例と文献において、――私見によれば――、比較的等閑視されているか、安易な通説が無反省に支持されている分野を対象としている。もとより論旨がすべて容易に大方の賛同を得るとは思っていないが、私としては、合理的な結論を求め、独善を避け、常に正当と信ずる権威のある基礎理論に準拠し、推論を尽くす方法に徹しているつもりである。読者諸子の忌憚のない批判を期待したい。

既に齢八十路をこえ、未だ法律学研鑽の意欲を全く失っているわけではないが、畏友中野貞一郎大阪大学名誉

はしがき

教授の勧奨に従い、既往の研究成果に一先ず区切りをつける意味で本書の出版を決断した次第である。多年の親交を通じ、深い学問的刺激と教示を賜った同名誉教授に対し、あらためて感謝の意を表したい。

二〇〇七年一二月一日

著　者

目　次

はしがき

1　訴訟と非訟……1
一　序説——訴訟事件と非訟事件の区別に関する理論の概要——（3）
二　最高裁判所判例に見る訴訟事件と非訟事件の区別（13）
三　非訟事件の裁判の前提問題と民事訴訟（41）
四　非訟事項を本案とする民事保全命令（50）

2　財産分与請求の裁判手続……59
一　はじめに（61）
二　財産分与請求にかかる非訟事件の裁判（61）
三　具体的内容形成前の財産分与請求権に関する民事訴訟（66）
四　具体的内容形成後の財産分与請求権に関する民事訴訟（70）
五　財産分与と離婚慰藉料との関係についてのいわゆる包括説に対する疑問（74）
六　財産分与請求を本案とする仮差押、仮処分（76）

3　瑕疵のある非訟事件の裁判の確定と訴訟裁判所の判断
――最高裁判例から取材した問題研究――……83
一　事案の概要（85）
二　嫡出推定と親子関係不存在確認訴訟（92）
三　血縁上の父による特別養子の認知（94）
四　非訟事件の確定裁判の取消し、変更（97）
五　非訟事件の裁判の確定と関連民事訴訟の適否（105）
六　非訟事件の裁判の瑕疵に関する訴訟裁判所の判断の限界（111）

4　訴訟手続の受継に関する裁判の問題点……119
一　序　説（121）
二　受継申立て却下の裁判は決定事項か（124）
三　判決後の受継を命ずる裁判は決定事項か（131）
四　受継の許否に関する審理の手続（137）
五　む　す　び――立法論の一斑（142）

5　請求の放棄、認諾に関する現行法上の問題点……143
一　はじめに（145）

二　一方的放棄、認諾行為の容認から生ずる個別的問題点（149）
三　放棄、認諾調書の既判力（162）
四　む　す　び（171）

6　人事、家事関係訴訟の適正手続と管轄──家庭裁判所移管論批判──……173
一　は じ め に（175）
二　人事訴訟の性質と適正手続（176）
三　家庭裁判所移管論の破綻（190）

7　仮差押命令における目的物の表示……207
一　は じ め に（209）
二　民事訴訟法旧規定下における理論と実務の概観（210）
三　民事保全法第二一条の趣旨（215）
四　仮差押命令における目的物の表示と保全異議の事由（225）
五　仮差押命令に関する新しい書式例の提唱（227）

8　民事執行、保全による時効中断の問題点……233
一　は じ め に（235）
二　民事執行による時効の中断（236）

三　民事保全による時効の中断（247）

9　民事保全の競合・抵触……265
一　序　論（267）
二　仮差押え相互間の競合（268）
三　仮差押えと仮処分の競合（269）
四　仮処分相互間の競合（273）

10　人事訴訟と民事保全……285
一　問題点の概観（287）
二　人事訴訟の附帯処分と民事保全命令（292）
三　人事訴訟を本案とする仮の地位を定める仮処分の否認（302）

初出一覧
事項索引
判例索引

訴訟と非訟の交錯

1 訴訟と非訟

一　序説――訴訟事件と非訟事件の区別に関する理論の概観――
二　最高裁判所判例に見る訴訟事件と非訟事件の区別
三　非訟事件の裁判の前提問題と民事訴訟
四　非訟事件を本案とする民事保全命令

一　序説——訴訟事件と非訟事件の区別に関する理論の概観——

非訟事件（freiwillige Gerichtsbarkeit）の概念を訴訟事件（streitige Gerichtsbarkeit od. Zivilprozeß）のそれとの関連においていかに解し、両者の区別をいずこに求むべきかは、古くから論争が絶えない重要かつ困難な問題であるが、判例研究を主眼とする本稿においては、簡略な記述にとどめることとする。

1　非訟事件に関する一般法としては、「非訟事件手続法」（明治三一年法律一四号）という法典があり、その第一編が裁判所の管轄に属する非訟事件の総論的規定にあてられている（同法一条）。しかし、現行法上非訟事件とされものには、同法所定の各種事件のほかにも多数存在する。同法は、概して登記、登録、公証、各種の場合の財産管理等といった後見的権利保護（Rechtsfürsorge）にかかる非紛争的性格の事件（klassische Bereich der fG）を念頭において制定されたものであるが、近時の立法においては、非訟事件手続によって処理される対象の範囲を、関係人の申立てによって始まる当事者間の紛争を解決するための事件（privatrechtliche Streitsachen）に拡大する趨勢にある。わが実定法上この種の新分野の非訟事件としては、かつての商法上の査定に関する事件（同法旧三八六条一項八号、非訟法一三五条ノ五〇～五二）、借地非訟事件（非訟法四二条、借地非訟規則）、罹災都市借地借家臨時処理法上の各種事件（同法一八条）、各種家事審判事件（家審法七条、九条一項乙類）、調停事件（民調法二二条、家審法七条）などを挙げることができ、これら紛争的性格の事件が、むしろ現下において非訟事件の主流をなしている。こうした傾向は、わが国に特有の現象でなく、ドイツにおいても著しい[1]。立法者は、しばしば、ある種の事件が本質的に訴訟事件であるか非訟事件であるかの確たる理論的見地からではなく、もっぱら当該事件をいずれの手続で裁判するのが適当かとの合目的的見地から、各種の事件を訴訟事件と非訟事件とに分配しているのである。その結果、雑多な性質の各種非訟事件に通ずる全体像を把握し、訴訟事件との限界を見極めることが甚だ困難となっている。訴訟事件と非訟事件の区別の基準設定に関する学説は、かねて多岐にわたっており、ある者は、両者の達せんとする目的の相違にこれを求むべきものとし（Zwecktheorien）、ある者は、手続の対象の相違にこれを求むべきものとし（Objekttheorien）、ある者は、目的達成のための手段の相違にこれを求むべきものとするが（Mitteltheorien）、いずれも一般的賛同を得るに至っていない[2]。近時の最も有力な見解は、非訟事件の実質的概念を把握することを不可能と見て、実定法上訴訟手続によるべきものとされているのが訴訟事件、非訟事件手続によるべきものとされているのが非訟事件と解するのほかはないとするものである（positivistische Theorien）[3]。

2　立法の現状が前述のとおりである限り、すべての実定法上の非訟事件に通ずる共通点を抽出してその統一的概念を設定することは、通説の主張するとおり不可能であろう。しかし、裁判所の管轄に属するすべての民事事件について、訴訟事件たるべきものと非訟事件たるべきものとの間には、超えることを得ぬ限界があり、その限界を見出すことは、必要であると信ずる。

(1)　非訟事件の主流が非紛争的性格の事件から紛争的性格のそれに移行した現在にあっても、非訟事件手続の基本構造は、旧来の形を殆ど維持したままである。（a）非訟事件にあっては、口頭主義の原則

（Mündlichkeitsgrundsatz）が認められていない。民事訴訟の判決が原則として必要的口頭弁論に基づきなされる（民訴法八七条）のと異なり、非訟事件の手続において口頭審理をなすか否かは、個々の事件における裁判所の裁量に委ねられている。(4) (b) 非訟事件の審理および裁判の告知については、手続の公開の原則（Öffentlichkeitsprinzip）の法的保障がなく、むしろ非公開を原則としている（非訟法一三条、家審規六条。審理につき例外・非訟法七九条）。（c）民事訴訟法の証拠調に関する規定は、多かれ少なかれ非訟事件につき準用されているが（非訟法一〇条、借地借家法四六条二項、家審規七条三項）、事実の認定は、こうした法定の方式による証拠調を経由した厳格な証明（Strengbeweis）による必要がなく、自由な証明（Freibeweis）によっても妨げないと解されている。(5) （d）しかも、非訟事件の関係人は、証拠調に立ち会う権利を認められておらず、証人尋問の立会を裁判所から許されても、自ら尋問する権利を当然には有しないのであり、関係人の記録の閲覧権も、これにつき非訟事件手続法には明文の規定を欠いているので、一般論としては消極に解すべきであろう（家審規一二条参照。ただし、借地借家法五三条、ドイツ非訟法三四条）。当事者公開（Parteiöffentlichkeit）の保障は、非訟事件の手続において貫かれていないのである。（e）ドイツにおいては、裁判所の管轄に属する非訟事件の手続にあっても関係人が基本法第一〇三条第一項の規定する法的審尋請求権（Anspruch auf rechtliches Gehör）を有すると解するのが通説となっており、(6) わが国においても然りとする有力説がある。(7) その結論の妥当性の故に共感を覚えなくはないが、非訟事件の本質を行政と解し、各種の非訟事件を司法裁判所と行政機関のいずれに分配するかは立法者の裁量に委ねられているとの前提に立つならば、右の積極説が疑問の余地なく正当であるとはいいきれないであろう。(8)

(2) ところで、日本国憲法第八二条は、同条第二項の認める対審についての例外を除き、「裁判の対審及び判決は、公開法廷でこれを行ふ。」と規定しているので、同規定の意味内容と射程距離が問題となる。ことに、右法条に明記されている審理公開の原則が必ずしも現代社会において絶対的妥当性を有するものでないことは、多くの識者の正当に指摘するところであって、条文解釈に当たっても制限的かつ柔軟な対処をもって臨む向きがあり[9]、私も、基本的にはこれに賛成である。しかし、成文法の解釈には限界があり、少なくとも口頭主義の採用、対審についての原則的、終局的裁判の告知についての例外のない一般公開、双方当事者の法的審尋請求権の保障は、民事、刑事の訴訟手続の根幹をなすものとして憲法上認められた不可侵の原則というべきである。そうとすれば、わが現行法上の非訟事件の手続が右憲法上の適正手続の要件を満たさぬものであることは、疑いを容れない。

(3)　以上の次第で、民事事件の中には、(イ)終局裁判のためには憲法第八二条所定の適正手続を経る必要がある事件と(ロ)これを経る必要がない事件とがある。すべての民事事件は、それぞれの性質に従い、必ず右(イ)または(ロ)のいずれかに属するはずであって、中間は論理上あり得ない。そして、もし性質上(イ)に属すべき事件が、実定法上(ロ)の非訟事件に編入されているならば、当然そこに憲法違反の問題が生ずるのである。

近時の学界の傾向は[10]、紛争的性格の非訟事件を従来の古典的非訟事件と訴訟事件との中間領域に配置された第三形態の事件と認識し、かつ、私の誤解でなければ、以上三者の間の厳格な境界設定を意識的または無意識的に避け、右中間領域の事件については、種々の成熟または未成熟の議論をもって憲法第八二条の要件を緩和または事実上排除することを試み、違憲論を避けるにある。その心情は、理解し得ないではないが、おおむね論調が情緒的に過ぎ、憲法を含めた立法論としてはともかく、法解釈論としては概念構成の明確性に欠ける嫌いなしとしない。

3　非訟事件と憲法第八二条との関係をめぐる最高裁判所の判例理論は、次のように変遷している。

(1)　まず、〔*1*〕**最高裁昭和三一年一〇月三一日大法廷決定・民集一〇巻一〇号一三五五頁**は、戦時民事特別法第一九条第二項、金銭債務臨時調停法第七条第一項による調停に代わる裁判の合憲性を対象とし、次のように判示した。

「原決定は、本件調停に代る中川簡易裁判所の裁判は裁判所でない他の機関によつてなされたものではなく、同裁判所が戦時民事特別法一九条二項、金銭債務臨時調停法七条一項によつてなしたものであること記録上明らかであつて、これも一の裁判たるを失わないばかりでなく、この裁判には抗告、再抗告、特別抗告の途も開かれており抗告人の裁判を受ける権利の行使を妨げたことにならないから、憲法に違反するものでない旨判断している。そして、原決定の右判断は正当であると認められるから、憲法三二条違反の主張はその理由がない。

なお、抗告人は、本件調停に代る裁判並に原裁判が非公開の中に決定された違憲ありというが、右各裁判は対審乃至判決の手続によるものではないから、違憲の主張はその前提を欠くものといわなければならない。」

右の説示は、民事事件を憲法第八二条所定の適正手続経由の要否で分類する実益を否定するものであり、その理論に従えば、民事訴訟制度を全廃し、あらゆる民事紛争を対審方式によらぬ非公開手続で裁判することにしても違憲でないという驚くべき結論に到達するのであって、当然のことながら、同決定においても少数意見者からの非難を免れなかった。この判例理論は、最高裁判所において、罹災都市借地借家臨時借置法第一五条の裁判の合憲性に関する後掲〔3〕昭和三三年三月五日大法廷判決・民集一二巻三号三八一頁、競落許可決定の合憲性に関する昭和三五年七月四日第二小法廷決定・判時二二九号三二頁、婚姻費用分担の家事審判の合憲性に関する後掲〔5〕昭和三七年一〇月三一日決定・家裁月報一五巻二号八七頁でも踏襲されていたが、幸いにして現在では後述のとおり最高裁判所においても顧みられておらず、学説にあっても支持する向きは見当らない。

(2)　最高裁判所が前示従来の判例理論を自ら否定したのは、やはり戦時民事特別法第一九条第二項、金銭債務臨時調停法第七条第一項による調停に代わる裁判の合憲性を判示の対象とした〔2〕最高裁昭和三五年七月六日大法廷決定・民集一四巻九号一六五七頁においてである。同決定は、次のように説示する。

「憲法は三二条において、何人も裁判所において裁判を受ける権利を奪われないと規定し、八二条において、裁判の対審及び判決は、対審についての同条二項の例外の場合を除き、公開の法廷でこれを行う旨を定めている。即ち、憲法は一方において、基本的人権として裁判請求権を認め、何人も裁判所に対し裁判を請求して司法権による権利、利益の救済を求めることができることとすると共に、他方において、純然たる訴訟事件の裁判については、前記のごとき公開の原則の下における対審及び判決によるべき旨を定めたのであつて、これにより、近代民主社会における人権の保障が全うされるのである。従つて、若し性質上純然たる訴訟事件につき、当事者の意思いかんに拘わらず終局的に、事実を確定し当事者の主張する権利義務の存否を確定するような裁判が、憲法所定の例外の場合を除き、公開の法廷における対審及び判決によつてなされないとするならば、それは憲法八二条に違反すると共に、同三二条が基本的人権として裁判請求権を認めた趣旨をも没却するものといわねばならない。」

この最高裁決定は、引き続き、金銭債務臨時調停法第七条の法意から同条の調停に代わる裁判が性質上非訟事件に限らるべきであるから、純然たる訴訟事件につき該裁判をすれば違憲となると判示しているのであるが、これに対しては、同決定においても少数裁判官の反対意見が示されており、後に論評することとする。ここで重要なのは、最高裁判所が、民事事件を「純然たる訴訟事件」とそうでない性質上の非訟事件に分類し、前者につき憲法第八二条の適正手続の保障があることを明言した点であり、その限りにおいて全く正当といわねばならない。問題は、その「純然たる訴訟事件」とは何を意味するかを見定め、その概念に包摂される事件と然らざる事件とを分別する基準を明らかにすることである。最高裁判所が、その後「純然たる訴訟事件」に該当しないとの理由でその裁判が対審公開の手続によらなくても合憲であるとした裁判例として、夫婦同居の審判に関する後掲〔4〕昭和四〇年六月三〇日大法廷決定・民集一九巻四号一〇八九頁、婚姻費用分担の審査に関する後掲〔6〕同年月日大法廷決定・同一一一四頁、遺産分割の審判に関する後掲〔10〕昭和四一年三月二日大法廷決定・民集二〇巻三号三六〇頁、過料の裁判に関する同年一二月二七日大法廷決定・民集二〇巻一〇号二二七九頁、競売開始決定に対する異議事件の裁判に関する昭和四二年一二月一五日決定・民集二一巻一〇号二六〇二頁、破産宣告決定およびこれに対する抗告棄却決定に関する昭和四五年六月二四日大法廷決定・民集二四巻六号六一〇頁、親権者変更の審判に関する昭和四六年七月八日決定・判時六四二号二一頁、株式買収価格決定事件の裁判に関する昭和四八年三月一日決定・民集二七巻二号一六一頁、推定相続人廃除事件の審判に関する後掲〔8〕昭和五五年七月一〇日決定・判時九八一号六五頁、後掲〔9〕昭和五九年三月二二日決定・判時一一一二号五一頁などがある。そして、私見によれば、これらの中に当否疑問の裁判例が若干含まれていることは、後述のとおりである。

4　前掲〔2〕最高裁昭和三五年七月六日大法廷決定にいう「純然たる訴訟事件」とは、その表現によれば、「当事者の意思いかんに拘らず、終局的に事実を確定し、当事者の主張する実体的権利義務の存否を確定するような裁判」の事件をいうのであり、この概念規定は、後掲〔4〕最高裁昭和四〇年六月三〇日大法廷決定の「法律上の実体的権利義務自体を確定する」という表現にも踏襲されている。右は、非訟事件とは峻別される訴訟事件の本質を直截に突いたものといえるが、なおこれに関係人の申立てを必須とするとの要件を附加すれば、実質的意味での――判例の表現によれば「純然たる」――訴訟事件の概念規定がほぼ完成するであろう。すなわち、実質的意味における訴訟事件とは、もっぱら関係人の申立てに基づき開始され、関係人から中立の国家機関（裁判所）が、具体的生活関係の事実を小前提とし、要件と効果を明らかにした抽象的法規を大前提とする三段論法をもって、中立人の主張する実体的権利または法律関係の存否につき終局的確定の判断（裁判）をする事件をいうのである。以上は、多くの学者の所説[11]を私なりに集約したものにほかならず、独創を誇るべき何物も存しない。

かくして実質的意味における訴訟事件の概念が確定するならば、これをすべての民事事件から除外して残るものが、実質的意味における非訟事件にほかならない。

上述の基準によって実質的意味での訴訟事件と非訟事件とを区別すれば、ある事件がそのいずれに属するかの見定めは、さして困難な作業ではない。簡単なメルクマールは、その事件で適用される実体法規が一定の要件とこれに基づく選択の余地のない効果を明示しているかどうかである[12]。例えば、離婚訴訟について、これを含む形成訴訟一般が裁判所の行政行為の場であるとして概念上非訟事件に配分する説もあるが[13]、裁判所が民法第七七〇条所定の要件事実を肯認すれば、原告が訴訟物として主張する権利変更に向けられた実体私法上の形成権を有するものとして、当然に離婚判決をなすべきであるから、本質的にも訴訟事件と解するのが正しい[14]。該訴訟を家事審判手続に編入すべしとの見解は、今なお一部で根強いと仄聞するが、民法の前掲現行規定を維持する限り、違憲の立法を是とするものといわねばならない。また、離婚に伴う財産分与の内容決定の事件は、紛争的性格を有するが、これに関する民法第七六八条第三項の規定が要件、効果を明記せず、裁判所に処分内容選択の裁量を認めているから、本質的に非訟事件と認められるのである[15]。

5　本稿は、実体私法上の権利をめぐり二当事者が対立する紛争的性格の非訟事件（die privatrechtlichen Streitsachen）を取り上げ、これと隣接領域の民事訴訟との関連を憲法第八二条の適正手続の見地から考察するものである。しかし、現行実定法上の非訟事件にあっては、やはり紛争的性格を有するが、私人の国家機関（特に裁判所）にする公法上の関係を審理および裁判の対象としており（die öffentlichrechtlichen Streitsachen）、かつ、その非対審公開の手続が憲法第八二条違反ではないかとの疑問を含むものが少なくない。現に最高裁判所昭和四一年一二月二七日大法廷決定・民集二〇巻一〇号二二七九頁は、非訟事件手続法第二〇六条以下の過料の裁判とこれに対する不服申立てについての裁判の合憲性を正面から取り上げている。同決定は、合憲説を採るものであるが、入江裁判官の違憲説の反対意見は、かなり精緻かつ説得的であり、多数意見は、これに対する反論として不十分といわねばならない。過料は、本質的に非訟事件の裁判で機能的には行政行為であるとしても、行政に対する不服についての裁判手続は、司法の領域に属するというのが日本国憲法に関する通説的理解のはずであるから、問題は、決して軽視することを許さぬものと考える。同様の問題は、現行家事審判法上の裁判においてその例を多く見ることができる。旧制度上の禁治産、準禁治産の宣告に準ずる後見開始、保佐開始つき人事訴訟手続法旧規定第五五条、第六七条第二項が認めていた不服の訴えの途を閉塞していること（家審法九条一項甲類一号、二号）、親権、管理権の喪失につき人事訴訟手続法旧規定第三一条が認めていた取消しの訴えの途を閉塞していること（家審法九条一項甲類一二号）、相続の限定承認、放棄の申述を却下した審判に対する不服申立ての方法を即時抗告に限定していること（家審規一一五条二項）、戸籍事件についての市町村長の処分に対する抗告訴訟の途を閉塞していること（特家審規一三条）、等々である。以上については、破産宣告決定およびこれに対する抗告棄却決定が憲法第八二条に違反しないとした最高裁判所昭和四五年六月二四日大法廷決定・民集二四巻六号六一〇頁の検討なども含め、本稿におけるとは別の観点からの研究が必要であると思われる。ここでは問題の所在を指摘するにとどめなければならない。

（1） Boehmer, Grundlagen der bürgerlichen Rechtsordnung I S.105ff.; Lent, Zivilprozeß und freiwillige Gerichtsbarkeit, *ZZP* Bd.66 S.267ff.; Bettermann, Die Freiwillige Gerichtsbarkeit im Spannungsfeld zwischen Verwaltung und Rechtsprechung, Festschrift für Lent S.17 ff.; Jansen, FGG 2. Aufl. 1 Rdnr. 17-83.

（2） これらの説の概観は、Baur, Freiwillige Gerichtsbarkeit 1.Buch § 2B Ⅱ 1-3 に記載されている。

（3） Boehmer, a.a.O. S.107 ff.; Habscheid, Grundfragen der freiwilligen Gerichtsbarkeit, Deutsche Rechtspfleger 1957; Rosenberg-Schwab-Gotwald, Zivilprozeßrecht 15.Aufl. § 11 Ⅱ; Schlegelberger, FGG 7.Aufl. § 1 Rdnr. 15; Keidel-Kunze-Winkler-Amelung, FG 12.Aufl. §1 Rdnr.1; Baur, a.a.O. §2 BⅡ4.

（4） ドイツでは、§ 53a Abs.1, § 53b Abs.1 FGG; § 14 Vertragshilfegesetz; § 13 Abs. 2 Hausratscerordnung; § 15 Gesetz über das gerichtliche Verfahren in Landwirschaftssachen; § 44 Abs.1 Wohnungseigentumsgesrtz が紛争的性格の非訟事件につき口頭弁論が必要であると規定している。

（5） Schlegelberger, a.a.O. § 12 Rdnr. 21; Baur, a.a.O. § 16 V; Habscheid, Freiwillige Gerichtsbarkeit 7. Aufl. § 21 Ⅱ 1.

（6） Keidel-Kunze-Winkler-Amelung, a.a.O. § 12 Rdnr.104; Baur, a.a.O. § 19 Ⅲ; Habscheid, a.a.O.(N.3) S.171, a.a.O.(N.5) § 20 Ⅰ; Jansen, a.a.O. § 12 Rdnrn. 59, 60. A.M.—Schlegelberger, a.a.O. § 12 Rdnr.19; Bettermann, a.a.O.S.42.

（7） 鈴木忠一「非訟事件に於ける正当な手続の保障」非訟・家事事件の研究二五七頁、紺谷浩司「審問請求権（Anspruch auf recht-liches Gehör）の保障とその問題点」民訴雑誌一八号一四三頁、中野貞一郎「民事裁判と憲法」民事手続の現在問題一三頁。

（8） Bettermann, a.a.O.(N.6).

（9） 鈴木忠一・前掲注（7）二七九頁、中野貞一郎・前掲注（7）一九頁。

（10） 我妻栄「離婚と裁判手続」民商三九巻一・二・三号一頁をはじめとし、これに追随する動きが多い。

（11） Stein-Jonas-Schumann, ZPO 20. Aufl. Einl.Rdnr. 477; Rosenberg-Schwab-Gottwald, a.a.O. § 1 Ⅰ, § 9 Ⅰ, § 11 Ⅲ; Lent, a.a.O., usw.

（12） 兼子一「人事訴訟」家族問題と家族法Ⅶ一八七頁。

（13） Baumbach-Lauterbach-Hartmann, ZPO 53. Aufl. Grundz. § 253 Rdnr. 10; u. vgl. Stein-Jonas-Schumann, a.a.O. vor § 253 Rdnr. 39ff.

（14） Rosenberg-Schwab-Gottwald, a.a.O § 94 Ⅰ 2; Bötticher, Zur Lehre vom Streitgegenstand im Zivilprozeß,Festschrift für Rosenberg S.81 ff.; Lent, a.a.O. S.270 ff.; Münzel, Freiwillige Gerichtsbarkeit in der neueren Entwicklung, *ZZP* 66.Band S.342 ff.

（15） 拙稿「財産分与請求の裁判手続」山木戸還暦記念（下）三七〇頁（本書六五頁）。

二　最高裁判所判例に見る訴訟事件と非訟事件の区別

既述のとおり、訴訟事件と非訟事件の区別に関する最高裁判所の判例の基本線は、「純然たる訴訟事件」という概念を定立し、民事事件のうち右の該当するものの審理と終局裁判の告知については憲法第八二条の適正手続によらねばならぬとするものである。右の基本的立場は、私も是認するのであるが、前示の「純然たる訴訟事件」に該当する事件とそうでない事件との境界設定が正しくなければ、抽象的理論は、意味をなさないであろう。そこで本項においては、最高裁判所が、実定法上非訟事件に編入されている各種紛争的性格の事件にかかる数次の裁判例において、当該事件が本質上訴訟事件に属するか非訟事件に属するかにつき、どのような判断をしているかを検証することとする。

1　罹災都市借地借家臨時処理法第一五条の裁判事件

(1)　該事件の性質とその裁判の合憲性について、〔3〕最高裁昭和三三年三月五日大法廷判決・民集一二巻三号三八一頁の多数意見は、次のように説示している。

「元来私権に関する裁判の手続については現行法上民事訴訟法、人事訴訟手続法、非訟事件手続法、家事審判法等各種存するのであるが、非訟事件手続法は私権の発生、変更、消滅に裁判所が関与する場合に、これによるのを原則とする。そして、処理法一五条、一八条の裁判は既存の法律関係の争を裁判するのではなく、前記の如く、土地について権利を有していなかつた罹災建物の借主らに、新に、敷地に借地権の設定を求めたり、既存の借地権の譲渡を求める申出権を認め、土地所有者又は既存の借地権者がこれを拒絶した場合に、その拒絶が正当な事由によるものであるか否かを裁判するのであつて、この裁判は、実質的には、借地権の設定又は移転の新な法律関係の形成に裁判所が関与するに等しいものであること、および、罹災地における借地の法律関係については実情に即した迅速な処理が要請せられていた当時の実情に鑑み、これを非訟事件として、同法一六条、一七条の借地借家関係の形成の裁判と共に、非訟事件手続法によらしめたものと認められる。そして、私権に関する裁判を如何なる手続法によらしめるかは、事件の種類、性質に応じて、憲法の許す範囲内において、立法により定め得る事項であるということができる。

ところで、非訟事件手続法では、その裁判は判決の形式をとらず、決定の形式をとり、また、必要的当事者対審の方式が要求されておらず、審理は非公開を原則としており、当事者処分主義でなく、職権主義が加味されているのであるが、管轄裁判所、裁判官の除斥等の規定を設けて裁判の公正を保障し、当事者の申立、陳述、期日、期間および証拠調等について、民事訴訟法の規定が準用され、当事者に主張、弁解の機会が与えられ、裁判は職権による事実探知のほか、民事訴訟法の準用による証拠調に基いて、事実を認定して、法律によりなされるのであつて、更に、その裁判に対しては抗告、特別抗告の途が拓かれており、いやしくも、裁判官の専恣による事実および法律上の判断を許さないことはいうをまたないところである。してみれば、非訟事件手続法によるかかる裁判は固より法律の定める適正な手続による裁判ということができる。それ故その裁判は憲法三二条、八二条に違反するとの非難は、当らない。

そして、処理法二五条は、同法一五条の規定による裁判は裁判上の和解と同一の効力を有する旨規定し、裁判上の和解は確定判決と同一の効力を有し（民訴二〇三条）、既判力を有するものと解すべきであり、また、特に所論の如く借地権設定の裁判に限つて既判力を否定しなければならない解釈上の根拠もなく、更に、本件の如く実質的理由によつて賃借権設定申立を却下した裁判も処理法二五条に規定する同法一五条の裁判であることに疑いなく、従つて、これについて既判力を否定すべき理由がなく、この裁判に既判力を認めたからといつて、憲法の保障する裁判所の裁判を受ける権利を奪うことにならないことは多言を要しないところである。」

(2)　この判決は、最高裁判所が「純然たる訴訟事件」の概念を定立する前になされたもので、論理が混乱しており、その趣旨を捕捉するのに苦しまざるを得ない。(1) そもそも罹災都市借地借家臨時処理法第一五条の裁判事件は、本質的に非訟事件であるというのか、それとも訴訟事件であるというのか。判示の文言を形式的に読めば前者の意にも解されるが、そうとすれば、該裁判の手続には憲法第三二条、第八二条の適用がないといえば足りるわけで、これにつき弁解的に適正手続遵守云々を説示しているのは、裁判所の管轄に属する非訟事件の手続にあっても、当事者が法的審尋請求権（Anspruch auf rechtliches Gehör）を有するとの一般命題を明言するというのでなければ、むしろ無用と評すべきである。また、判示の全体の趣旨からは後者の訴訟事件説によっているものとも解し得るが、その場合、合憲の論証が不十分である。(2) すなわち、右多数意見がいうように、処理法第一五条の裁判が、罹災建物の借主らの申出に対する土地所有者や既存の借地権者の拒絶が正当な理由に基づくものかどうかにつきなされるものとすれば、それは、実質において訴訟事件の確認的裁判といわねばならず、これが確定すれば、後述のとおり当然に既判力を有することとなるわけで、こうした実体法上の権利関係につき既判力を伴う裁判を非訟事件手続によるべきものとしている同法の規定は、憲法違反と断じなければならない。むしろ同法第一五条は、同法第二条、第一四条による土地ないし建物の賃借権の設定または同法第三条による既存の賃借権の譲渡が有効になされた場合を前提とし、かくして設定または譲渡の対象となった賃借権にかかる賃料、敷金、使用方法などにつき、当事者間で自主的に取り決めることができないときに、裁判所がこれに代わって裁量権の行使により契約条件を形成し得る旨を規定したものと認むべきであろう。(3) 同法第一五条の裁判は、右の意味において本質的にも非訟事件のそれと解されるのである。

(3)　なお右多数意見は、罹災都市借地借家臨時処理法第二五条において同法第一五条の裁判が裁判上の和解と同一の効力を有すると規定されていることから、該裁判には既判力が伴うとするが、誤りである。前述のとおり同法第一五条の裁判が本質的に非訟事件の裁判であるとすれば、それは、断じて既判力に親しむものでない。実定法上の非訟事件の裁判が既判力を有し得るのは、その事件が実質において訴訟事件——学者のいわゆる真正争訟事件（echte Streitsachen in der freiwilligen Gerichtsbarkeit）——に該当する場合に限られるのである。(4) また私は、通説に従い、そもそも裁判上の和解には既判力が認められないと考えている。(5)

(4)　本大法廷判決に対する評釈は、以上のとおりであるが、同判決の採る見解は、その後の最高裁の裁判例でも支持されておらず、現在では判例としての意味を失っていると考える。

2　戦時民事特別法第一九条、金銭債務臨時調停法第七条の調停に代わる裁判事件

(1)　「純然たる訴訟事件」につき非訟事件手続で裁判をすれば違憲になるとした前掲〔2〕最高裁昭和三五年七月六日大法廷決定・民集一四巻九号一六五七頁の多数意見は、引き続き、金銭債務臨時調停法第七条第一項の

法意から同条の調停に代わる裁判が性質上非訟事件に限られるべきであるから、純然たる訴訟事件につき該裁判をすれば違憲となるとして、次のとおり判示した。

「ところで、金銭債務臨時調停法七条一項は、同条所定の場合に、裁判所が一切の事情を斟酌して、調停に代え、利息、期限その他債務関係の変更を命ずる裁判をすることができ、また、その裁判においては、債務の履行その他財産上の給付を命ずることができる旨を定め、同八条は、その裁判の手続は、非訟事件手続法による旨を定めており、そしてこれらの規定は戦時民事特別法一九条二項により借地借家調停法による調停に準用されていた。しかし、右戦時民事特別法により準用された金銭債務臨時調停法には現行民事調停法一八条（異議の申立）、一九条（調停不成立等の場合の訴の提起）のような規定を欠き、また、右戦時民事特別法により準用された金銭債務臨時調停法一〇条は、同七条の調停に代わる『裁判確定シタルトキハ其ノ裁判ハ裁判上ノ和解ト同一ノ効力ヲ有ス』ることを規定し、民訴二〇三条（新民訴法二六七条）は『和解……ヲ調書ニ記載シタルトキハ其ノ記載ハ確定判決ト同一ノ効力ヲ有ス』る旨を定めているのである。しからば、金銭債務臨時調停法七条の調停に代わる裁判は、これに対し即時抗告の途が認められていたにせよ、その裁判が確定した上は、確定判決と同一の効力をもつこととなるのであつて、結局当事者の意思いかんに拘わらず終局的になされる裁判といわざるを得ず、そしてその裁判は、公開の法廷における対審及び判決によつてなされるものではないのである。

よつて、前述した憲法八二条、三二条の法意に照らし、右金銭債務臨時調停法七条の法意を考えてみるに、同条の調停に代わる裁判は、単に既存の債務関係について、利息、期限等を形式的に変更することに関するもの、即ち性質上非訟事件に関するものに限られ、純然たる訴訟事件につき、事実を確定し当事者の主張する権利義務の存否を確定する裁判のごときは、これに包含されていないものと解するを相当とするのであつて、同法八条が、右の裁判は『非訟事件手続法ニ依リ之ヲ為ス』と規定したのも、その趣旨にほかならない。

これを本件についてみるに、……本件訴は、その請求の趣旨及び原因が第一審決定の摘示するとおりで、家屋明渡及び占有回収に関する純然たる訴訟事件であることは明瞭である。しかるに、このような本件訴に対し、東京地方裁判所及び東京高等裁判所は、いずれも金銭債務臨時調停法七条による調停に代わる裁判をすることを正当としているのであつて、右各裁判所の判断は、同法に違反するものであるばかりでなく、同時に憲法八二条、三二条に照らし、違憲たるを免れないことは、上来説示したところにより明らかというべく、論旨はこの点において理由あるに帰する。」

(2)　しかし、私は、金銭債務臨時調停法第七条の調停に代わる裁判が性質上非訟事件に限られるという右の多数意見には反対で、むしろ同法第一項は、利息、期限等に限らず、係争の債権債務関係全体の存否に立ち入り、その確認ないし変更を調停に代わる裁判ですることを認める規定であると解し、この点では同旨の三裁判官（小谷、池田、河村(大)裁判官）の少数意見に賛したい。なお、この多数意見が調停に代わる裁判につき既判力を肯定する趣旨か否定する趣旨かは、必ずしも判然としないが、おそらくは肯定説に立つものであろう。しかし、私は、裁判上の和解、ならびに、これと同一の効力を認められた調停に代わる裁判（同法一〇条）には既判力を認めるべきでないと考えており、右の点では合憲説を採る三裁判官（島、石坂、垂水裁判官）の少数意見に賛成であるが、この少数意見者による合憲の結論に至る推論には左袒し得ない。右三裁判官の意見によれば、調停に代わる裁判には既判力がないから、これに不満の当事者が既判力を求めて再訴を提起するを妨げない以上、該裁判が違憲でないというのである。しかし、かくして提起した新訴訟においても、受訴裁判所が再び当事者の意向を無視して調停に代わる裁判をしないという保障がないとすれば、その当事者は、私権の存否につき対審、公開の手続で既判力のある裁判を受ける憲法上の権利を奪われることになりかねない。私は、以上の理由により違憲の結論を採るものである。

3　夫婦の同居に関する家事審判事件

夫婦の同居に関し、旧民法第七八九条は、「妻ハ夫ト同居スル義務ヲ負フ（第一項）夫ハ妻ヲシテ同居ヲ為サシムルコトヲ要ス」と規定していたが、現行民法は、これを改め、「夫婦は同居し……なければならない。」とした。そして、裁判手続の面でも、旧法上の夫婦の同居に関しては、人事訴訟手続法旧規定第一条第一項により地方裁判所に人事訴訟を提起すべく、非訟事件手続による裁判を求める途はなかったが、新法上の夫婦の同居に関しては、人事訴訟手続法の右条項から該当部分が削除され、家事審判法第九条第一項乙類第一号においてこれを家事審判事項に編入する旨の文言が置かれた。そこで、夫婦の同居に関する裁判を対審、公開の構造をとらぬ家事審判手続（非訟事件手続）ですることの合憲性が問題となるのである。

(1)　右の問題に関し最も基本となる裁判例が、〔*4*〕**最高裁昭和四〇年六月三〇日大法廷決定・民集一九巻四号一〇八九頁**(6)にほかならない。

事案の概要は、「申立人（妻）が婚姻以来相手方（夫）方で同居していたが、次第に仲が悪くなり、申立人は、居たたまらなくなり実家に帰ったが、その後自分の側にも非があることを認め、同居を命ずる審判を求めた。」というのである。第一審の福岡家庭裁判所は、申立てを認め、「相手方はその住居で申立人と同居しなければならない。」との審判をし、第二審の福岡高等裁判所も、抗告棄却の決定をしたので、夫が最高裁判所に特別抗告を申し立て、第一、第二審の裁判の違憲性を主張した。

これに対する最高裁多数意見の説示は、次のとおりである。

「憲法八二条は『裁判の対審及び判決は、公開法廷でこれを行ふ』旨規定する。そして如何なる事項を公開の法廷における対審及び判決によつて裁判すべきかについて、憲法は何ら規定を設けていない。しかし、法律上の実体的権利義務自体につき争があり、これを確定するには、公開の法廷における対審及び判決によるべきものと解する。けだし、法律上の実体的権利義務自体を確定することが固有の司法権の主たる作用であり、かかる争訟を非訟事件手続または審判事件手続により、決定の形式を以て裁判することは、前記憲法の規定を回避することにより、立法を以てしても許されざるところであると解すべきであるからである。

家事審判法九条一項乙類は、夫婦の同居その他夫婦間の協力扶助に関する事件を婚姻費用の分担、財産分与、扶養、遺産分割等の事件と共に、審判事項として審判手続により審判の形式を以て裁判すべき旨規定している。その趣旨とするところは、夫婦同居の義務その他前記の親族法、相続法上の権利義務は、多分に倫理的、道義的な要素を含む身分関係のものであるから、一般訴訟事件の如く当事者の対立抗争の形式による弁論主義によることを避け、先ず当事者の協議により解決せしめるため調停を試み、調停不成立の場合に審判手続に移し、非公開にて審理を進め、職権を以て事実の探知及び必要な証拠調を行わしめるなど、訴訟事件に比し簡易迅速に処理せしめることとし、更に決定の一種である審判の形式により裁判せしめることが、かかる身分関係の事件の処理としてふさわしいと考えたものであると解する。しかし、前記同居義務等は多分に倫理的、道義的な要素を含むとはいえ、法律上の実体的権利義務であることは否定できないところであるから、かかる権利義務自体を終局的に確定するには公開の法廷における対審及び判決によつて為すべきものと解せられる（旧人事訴訟手続法〔家事審判法施行法による改正前のもの〕一条一項参照）。従つて前記の審判は夫婦同居の義務等の実体的権利義務自体を確定する趣旨のものでなく、これら実体的権利義務の存することを前提として、例えば夫婦の同居についていえば、その同居の時期、場所、態様等について具体的内容を定める処分であり、また必要に応じてこれに基づき給付を命ずる処分であると解するのが相当である。けだし、民法は同居の時期、場所、態様について一定の基準を規定していないのであるから、家庭裁判所が後見的立場から、合目的の見地に立つて、裁量権を行使してその具体的内容を形成することが必要であり、かかる裁判こそは、本質的に非訟事件の裁判であつて、公開の法廷における対審及び判決によつて為すことを要しないものであるからである。すなわち、家事審判法による審判は形成的効力を有し、また、これに基づき給付を命じた場合には、執行力ある債務名義と同一の効力を有するものであることは同法一五条の明定するところであるが、同法二五条三項の調停に代わる審判が確定した場合には、これに確定判決と同一の効力を認めているところにより考察するときは、その他の審判については確定判決と同一の効力を認めない立法の趣旨と解せられる。然りとすれば、審判確定後は、審判の形成的効力については争いえないところであるが、その前提たる同居義務等自体については公開の法廷における対審及び判決を求める途が閉ざされているわけではない。従つて、同法の審判に関する規定は何ら憲法八二条、三二条に抵触するものとはいい難く、また、これに従つて為した原決定にも違憲の廉はない。」

(2)　まず、本決定が、実体私法上の権利の存否の終局的確定にかかる本質的に訴訟事件と目すべきものについては、憲法第三二条、第八二条により、国民が対審、公開の適正手続による裁判を受ける権利を保障されているけれども、そうでない本質的の非訟事件については右の憲法上の保障がないという、前提〔2〕昭和三五年七月六日大法廷決定の宣明した正しい理論を再確認した上、引き続き、夫婦の同居に関する家事審判法の規定が、抽象的な同居義務の存在を前提とし、同居の時期、場所、態様といった同居義務の具体的内容を形成する非訟事件の裁判手続を重要な規制対象としている旨を説示していることは、正当といわねばならない。夫婦の同居に関し、旧民法第七八九条は、妻の同居義務、夫の同居させる義務という形で規定していたから、同居義務の具体的内容は、夫の単独の意思で決定するものであった。それで、夫から妻に対し同居を求めるには、夫が自己の定めた時期、場所、態様での同居を請求すればよかったのに対し、妻が夫を被告として妻を同居させることを請求する訴訟を提起しても、夫が同居義務の具体的内容を定めていなければ、請求棄却の判決が避けられなかったはずである。いずれにせよ、裁判所が同居義務の具体的内容形成をする余地はなかったわけで、当然のことながら、旧制度下の夫婦間の同居請求訴訟は、同居請求権を訴訟物とする給付訴訟と解されていた。しかし新法下にあっては、同居義務の具体的内容は、第一次的には夫婦の協議で定められる建前であるから、右の協議が成立せず、または協議をすることができない場合には、これに代わる裁判所の形成裁判が論理上必要となる。家事審判法第九条第一項乙類第一号の処分は、正に右の形成裁判をなすことを重要な目的とするものにほかならない。そして、裁判所がこの形成裁判をするについては、一定の基準が実体法で定められておらず、もっぱら合目的性の見地から裁量権を行使しなければならないのであるから、右の裁判は、本質的に非訟事件のそれであると解される。

(3)　ところで、この大法廷決定にあっては、夫婦関係の存続を前提としながら同居義務の存否を争う民事訴訟について、適法説の裁判官が八人、不適法説の裁判官が七人と意見が対立した。多数意見は、前に引用しているとおりで、夫婦同居に関する審判は、実体法上の同居義務自体の存在を前提としてなされるものであり、右前提問題をなす権利関係の存否については対審、公開の手続による既判力を伴った判決を求める民事訴訟を適法に提起することができるから、該審判に関する規定の合憲性が肯定されるというのである。これに対し、少数意見は、婚姻関係が存続する限り同居義務自体を否定し得る場合はなく、その存否の確定を求める訴えは、無意味かつ不適法であるとする。但し、少数意見も、同じく同居に関する審判の前提事項をなす婚姻関係の存否が争われている場合、これにつき民事訴訟を提起することまで許されぬとするものではない。

思うに、わが現行婚姻法において別居の制度が認められておらず、婚姻関係が存続しておれば例外なく夫婦が同居義務を負うものであるから、婚姻関係の存否とは別個に、未だ協議または裁判による具体的内容形成を経ぬ同居義務につき存否の確定を求める訴えは、その利益を欠き不適法であると考えられ、右の点では少数意見の方に左袒したい。しかし、このように解しても、もし夫婦間の同居についての家事審判が本質的に非訟事件の裁判の域を超えるものでないという前提が正しいとすれば、これに関する現行法規の合憲性を否定すべき理由はないであろう。すなわち、本大法定決定においては、右家事審判の前提をなす具体的内容形成未了の同居義務自体の存否にかかる民事訴訟の適否をめぐり、多数意見と少数意見との間に先鋭な対立を見たのであるが、右の論争は、私見によれば、具体的案件に対する裁判の理由としてはむしろ不必要であったと考えられる。

(4)　以上は、それでよいのであるが、家事審判法第九条第一項乙類第一号の規整対象は、夫婦の同居に関し、はたして前掲〔4〕大法廷決定の説示するように、婚姻関係の存続を前提として裁判所の裁量により抽象的同居義務に時期、場所、態様などの具体的内容を付与する本質上の非訟事件の形成裁判にとどまるものであろうか。

旧民法上の夫婦の同居に関しては、人事訴訟手続法旧規定第一条第一項により地方裁判所に人事訴訟を提起すべく、裁判所は、対審、公開の判決手続により裁判するものとされ、この場合の同居請求の訴えは、同居請求権を訴訟物とする給付の訴えと解することに異論がなかったのである。[7]ところが現行民法上の夫婦の同居に関しては、家事審判法第九条第一項乙類第一号がこれを非訟事件手続（同法七条）の家事審判事項と定めるとともに、——前掲大法廷決定およびこれに同調する論者は、何故か言及しないが——、同法施行法第六条は、人事訴訟手続法中の同居の訴えに関する規定をすべて削除し、かつ、同法第八条は、「この法律施行の際現に裁判所に係属している夫婦の同居を目的とする訴……については、この法律施行後も、なお従前の人事訴訟手続法の規定による（一項）。前項の規定による判決が確定したときは、その判決は、これを家事審判所の審判とみなす（二項）。」と規定し、家事審判法の施行後は、人事訴訟法手続法上の同居の訴えが認められぬ趣旨を間接に明らかにした。以上に徴すれば、家事審判法の規定の意味内容は、現行法上、夫婦間において協議または裁判による具体的内容形成を経た同居請求権を訴訟物とする民事訴訟を提起することは許されず、同じ目的は、家事審判の申立てによって求むべきであり、これを受けて裁判所のなす審判が確定すれば、同居請求権の存否の判断につき既判力を伴うとするにあるものと解される。すなわち、同法第九条第一項乙類第一号の射程距離は、前掲大法廷決定の理解とは異なり、夫婦間における具体的内容形成後の同居請求権の存否にかかる終局的確定の裁判にも及ぶものといわねばならない。本決定の出る以前において、学説中には、なんらの説明を加えることなく、新法下においても夫婦同居請求の訴えを適法に提起し得ることを当然とするものがあり(8)、私も後述のとおり結論においてこれに賛成であるが、少なくとも立法者の主観的意図と家事審判法自体の意味するところは、右と異なり、現行法上夫婦同居請求のためには、訴えの提起が許されず、もっぱら家事審判の申立てによるべきものとするにあることが明らかである(9)。

しかし、夫婦間の同居請求権は、旧民法下のそれと現行民法下のそれとで若干形態を異にするが、内容において類似し、ともに実体私法上の権利であることは疑いない。そして国民は、憲法第三二条に従い自己の主張する実体私法上の権利の存否につき既判力を伴う裁判を受ける基本権を有し、かつ、その裁判の手続は、同法第八二条所定の適正要件を満たしたものでなければならないはずである。その憲法上の保障が下位規範たる手続法規の改正によって俄然消失するに至ることは、到底吾人の是認し得るところでない。家事審判法第九条第一項乙類第一号の規定は、同居請求権の存否につき非訟事件手続で終局的確定の裁判をすることを認めている限度において違憲、無効と断ずべきである。前掲〔4〕大法廷決定が該規定の適用可能範囲を同居請求権の具体的内容形成に限定しているとすれば、結論においてこれを是認することができるのであり、但し、国民は、これとは別に、現行法上も具体的内容形成後の同居請求権の存否につき既判力のある判決を求めて民事訴訟を提起し得るものといわなければならない。

(5)　ところで、前掲〔4〕大法廷決定が取り扱っている事件の第一、二審の裁判は、はたして同居請求権の具体的内容形成にかかる純然たる非訟事件の裁判であったであろうか。不思議なことであるが、多数意見も少数意見もこの点につき触れるところがない。私の憶測するところによれば、夫婦の一方が同居請求権の具体的内容形成を裁判所に求める事案は、旧法下において前述のとおり皆無であったのみならず、新法下においても稀である。実際上夫婦の同居が紛争の対象となる殆どの場合は、夫婦の関係が破綻し、一方が他方の意思に反して同居を拒んでいるときであり、同居請求権の具体的内容をなす同居の時期、場所、態様等は、破綻状態の生ずる前に夫婦間の明示または黙示の合意で定まっているものである。そうでない例外は、せいぜい夫婦が新婚旅行の間に大喧嘩をして同居に至らなかったような特殊な場合に想定されるにすぎない。現在全国の家庭裁判所においてどの位の数の夫婦同居に関する審判事件、調停事件が係属しているかは、詳らかにしないが、最高裁判所がこの大法廷決定で本来家事審判法第九条第一項乙類第一号の事件たるべきものと想定しているところの、同居請求権の具体的内容形成を目的とした純然たる非訟事件は、殆ど存在しないのではなかろうか。本決定の事案にあっても、登載判例集の記載から知り得る限り、第一審の審判は、「相手方はその住所で申立人と同居しなければならない。」という主文をもって、紛争前に具体的内容形成を終えていた同居請求権の存在を確定している性質上は訴訟事件の給付裁判としか見ることができず、第二審の決定は、右第一審の審判を正当として抗告を棄却しているのである。そこで、私の認識と推論が正しいとすれば、夫婦の同居に関する家事審判法の規定が純然たる非訟事件を対象としているから合憲であるという最高裁の見解は、むしろ問題となった具体的審判が違憲であるとの結論に繋がるのではないか。三人の裁判官（横田（喜）、入江、奥野）の補足意見の中には、「夫婦の一方が故なく同居しない、同居又は同居させない場合に、他の一方から同居すべきこと又は同居させるべきことを求める争訟においては、同居義務の存否を確認し、義務ありとすればこれが履行を命ずる裁判をなすべきであつて、その性質は、純然たる訴訟事件であり、固より形成訴訟ではない。従つて、かかる請求権の存否を確定するには公開の手続による対審、判決によつて裁判すべきものであつて、このことは人事訴訟手続法一条一項から夫婦の同居を目的とする訴が削除された現在でも、なお一般民事訴訟として訴を提起し得るものと解すべきである。従つて、『夫婦でないから同居の義務がない』とか、『夫婦であるが、同居請求が権利濫用であるから、これに応ずる義務がない』とかいつたような夫婦関係の存否又は同居請求が権利濫用であるか否等について争がある場合に、その争を単なる非訟事件手続により審理し、決定で終局的に裁判することは許されないものというべきである。」との正しい説示がある。これが抽象的理論の宣明にとどまらず、具体的案件における事実審の裁判の分析とその適否の検討に進まなかったのは、何としても遺憾なことである。

ともあれ、一般の実務では、夫婦同居に関する家事審判法の規定の合憲性が最高裁判例によって確認されたということで、夫婦同居の訴えの提起をあきらめ、家庭裁判所も、同居請求権の存否にかかる本来の訴訟事項について審判で裁判し、調停が不調に終わればすべて家事審判法第二六条第一項に従い付審判の措置をとっているのではないかと想像するが、今一度理論の原点への復帰と判例の分析の上に立った反省を学者と実務家に求めたい。

4 婚姻費用の分担に関する家事審判事件

民法第七六〇条は、夫婦の財産関係にかかる法定財産制の内容として、「夫婦は、その資産、収入その他一切の事情を考慮して、婚姻から生ずる費用を分担する。」と規定しており、家事審判法は、第九条第一項乙類第三号において、この婚姻費用の分担に関する処分を家庭裁判所の家事審判事項に編入した。そこで、この点の裁判を対審、公開の構造をとらぬ家事審判手続（非訟事件手続）であることの合憲性が問題となるのである。

(1)　右の点に関する最初の最高裁判所の裁判例は、次のとおりである。

〔5〕最高裁昭和三七年一〇月三一日決定・家裁月報一五巻二号八七頁

「本件抗告理由の要旨は㈠原審が口頭弁論を経ないで本件審判をしたのは憲法三二条……に違反するものである、というに帰する。

㈠　家事審判手続は非訟事件であつて、非訟事件の裁判は公開の法定における対審及び判決によつてなされる必要はなく、従つて原審が、所謂婚姻費用の分担に関する審判に対する即時抗告事件において、口頭弁論を経ないで審理、裁判をしたことが違憲でないことは、当裁判所の判例（昭和二四年(オ)第一八二号、同三三年三月五日大法廷判決、民集一二巻三号三八一頁）の趣旨に照らして明らかであるから、原審判には所論㈠の違憲のかしはなく、論旨第一点は理由がない。」

私は、後述のとおり、婚姻費用の分担に関する審判事件が本質的に非訟事件であると考えているから、その手続が口頭弁論を経ていなくても違憲でないという本決定の結論には、敢えて異を唱えるものでない。しかし、この決定が、唐突にも「家事審判手続は非訟事件であつて」という大前提から説きおこしているのは、その前提自体が大問題を含むだけに、すこぶるあきたらない。また、判示が、罹災都市借地借家臨時処理法第一五条の合憲性に関する論旨混沌の前提〔3〕最高裁大法廷判決を引用し、実定法上の非訟事件の裁判手続が対審、公開でなくても合憲であるとしているのは、「純然たる訴訟事件」につき戦時民事特別法、金銭債務臨時調停法によりなされた調停に代わる裁判の違憲性を認めた前掲〔2〕最高裁昭和三五年七月六日大法廷決定の理論からの故なき後退である。本決定は、おそらく家事審判の合憲性に関する最高裁判所の創始の裁判例であったから、本法廷で審理、裁判すべきであった（裁判所法一〇条一号）と思うのであるが、小法廷でなされ、何故か公の判例集に登載されておらず、判示の内容も粗略、軽率極まりないものであったことは、何としても残念である。

(2)　しかし、最高裁判所大法廷は、婚姻費用の分担に関する家事審判について、夫婦同居の家事審判に関する前掲〔4〕決定と同日、これとほぼ同様の推論をもって家事審判の合憲性を肯定する次の決定をした。

〔6〕最高裁昭和四〇年六月三〇日決定・民集一九巻四号一一一四頁(10)

「憲法は三二条において、何人も裁判所において裁判を受ける権利を奪われないと規定し、八二条において、裁判の対審及び判決は公開の法廷でこれを行う旨を定めている。すなわち、憲法は基本的人権として裁判請求権を認めると同時に法律上の実体的権利義務自体を確定する純然たる訴訟事件の裁判については公開の原則の下における対審及び判決によるべき旨を定めたものであつて、これにより近代民主社会における人権の保障が全うされるのである。従つて、性質上純然たる訴訟事件につき当事者の意思いかんに拘らず、終局的に事実を確定し、当事者の主張する実体的権利義務の存否を確定するような裁判が、憲法所定の例外の場合を除き、公開の法廷における対審及び判決によつてなされないとするならば、それは憲法八二条に違反すると共に同三二条が基本的人権として裁判請求権を認めた趣旨をも没却するものといわねばならない（昭和二六年(ク)第一〇九号同三五年七月六日大法廷決定民集第一四巻第九号一六五七頁以下参照）。

しかしながら、家事審判法九条一項乙類三号に規定する婚姻費用分担に関する処分は、民法七六〇条を承けて、婚姻から生ずる費用の分担額を具体的に形成決定し、その給付を命ずる裁判であつて、家庭裁判所は夫婦の資産、収入その他一切の事情を考慮して、後見的立場から、合目的の見地に立つて、裁量権を行使して、その具体的分担額を決定するもので、その性質は非訟事件の裁判であり、純然たる訴訟事件の裁判ではない。従つて、公開の法廷における対審及び判決によつてなされる必要はなく、右家事審判法の規定に従つてした本件審判は何ら右憲法の規定に反するものではない。……。

叙上の如く婚姻資用の分担に関する審判は、夫婦の一方が婚姻から生ずる費用を負担すべき義務あることを前提として、その分担額を形成決定するものであるが、右審判はその前提たる費用負担義務の存否を終局的に確定する趣旨のものではない。これを終局的に確定することは正に純然たる訴訟事件であつて、憲法八二条による公開法廷における対審及び判決によつて裁判されるべきものである。本件においても、かかる費用負担義務そのものに関する争であるかぎり、別に通常訴訟による途が閉ざされているわけではない。これを要するに、前記家事審判法の審判は、かかる純然たる訴訟事件に属すべき事項を終局的に確定するものではないから、憲法八二条、三二条に反するものではない。」

(3)　まず、本大法廷決定が、本質上の訴訟事件については憲法第三二条、第八二条の適用があり、そうでない本質上の非訟事件についてはその適用がないという前掲〔2〕大法廷決定の宣明した理論を再確認した上、婚姻費用の分担に関する家事審判法の規定が、抽象的な婚姻費用分担義務の存在を前提とし、その分担額等の具体的内容を形成する非訟事件の裁判手続を規制内容としている旨を説示していることは、正当である。

(4)　ところで、この大法廷決定においても、夫婦関係の存続を前提としながら抽象的な婚姻費用分担義務の存否を争う民事訴訟について、適法説の裁判官が八人、不適法説の裁判官が七人と意見が対立した。多数意見は、前に引用したとおりで、婚姻費用分担に関する審判は、費用分担義務自体の存在を前提としてなされるものであり、右前提問題をなす権利関係の存否につき民事訴訟を適法に提起し得るから、該審判に関する規定の合憲性が肯定されるというのである。これに対し、少数意見は、夫婦関係が存続する限り婚姻費用分担義務自体の存否が問題となる場合はあり得ず、これについて提起された訴えは、不適法であるとする。しかし、婚姻費用の分担についての家事審判が本質的に非訟事件の裁判の域を超えないのであれば、少数意見の前提に立っても右の家事審判に関する現行法規が必然的に違憲になるわけではないであろう。本大法廷決定における前示多数意見、少数意見間の対立論争は、具体的案件に対する裁判の理由としてはむしろ不必要であったと考えるが、一応この点に関する私見を次に示すこととする。

わが国においては法定財産制と異なる夫婦財産契約が締結される例が稀であるから、夫婦関係が存続する限り、原則として、双方の資力、収入等の如何を問わず、相互間に民法第七六〇条の婚姻費用分担請求権が成立すると考えなければならない。この限りでは少数意見の理解の方が正しい。多数意見は、夫婦関係が存続していても婚姻費用分担義務自体が存在しない事案を想定しているらしいが、具体的にどういう場合でそうなのか明示せず、ただ、三裁判官（横田（喜）、入江、奥野裁判官）の補足意見が、「非訟事件として、決定をもつて裁判し得るのは、右婚姻費用の分担額の形成決定に止まるのであつて、その前提である婚姻費用の負担義務自体が、夫婦の何れの一方に存するかについて争があり、これを終局的に確定するには、必ず訴訟事件手続により公開法定における対審及び判決によつて裁判すべきものと解する。」というにとどまる。しかし、右補足意見の指摘する例は、「婚姻費用の負担義務自体」の存否にかかる訴訟事項の案件に属せず、具体的に費用を負担する者を夫婦のいずれとすべきかの判定も、婚姻費用分担請求権の具体的内容形成の一環をなす家事審判事項と解すべきである。そこで、例えば、夫婦の一方が家庭裁判所に婚姻費用分担の審判を申し立てたところ、家庭裁判所が「資産、収入その他一切の事情を考慮して、」相手方に費用を分担させるべきではないという結論に達したとき、申立てを却下する実務例が多いけれども、それは誤りで、申立人の婚姻費用分担請求権そのものの存在を否定して申立てを却下するのでなく、既存の抽象的な分担請求権にゼロまたはマイナスの具体的内容を付与する形成裁判をするのが正しい。この点は、田中裁判官の少数意見においても指摘されているところである。ただし、私見によっても、夫婦が婚姻関係を存続しながら婚姻費用分担請求権自体を否定すべき場合を想定することは可能である。それは、夫婦が婚姻の届出前に法定財産制と異なる財産契約をしたときで、その場合には、夫婦関係が存続していても、婚姻費用の分担に関する民法第七六〇条の規定がそのまま適用されるとは限らないから、契約内容次第で婚姻費用分担請求権自体の成立が否定されることがあり得る。本判決の多数意見がこうした場合も視野に入れているのであれば、その限りで賛成することができる。

(5)　前述のとおり、本大法廷決定は、婚姻費用の分担に関する家事審判法の規定が、抽象的な婚姻費用分担請求権に分担額等の具体的内容を付与、形成する非訟事件の裁判手続にかかるものと説示しているのであるが、さらにこうして具体的内容の付与、形成を終えた婚姻費用分担請求権の存否を終局的に既判力をもって確定する裁判は、民事訴訟に委ねられるのであり、家事審判事項ではないと解したい[11]。右と反対に考えることは、関係法規の違憲論に繋がる所以であるし、法文解釈上も根拠に乏しい。家事審判規則第五一条、第四九条によれば、婚姻費用分担の審判において、「金銭の支払、物の引渡、登記義務の履行その他の給付を命ずることができる」のであるが、この給付命令は、非訟事件手続でなされる婚姻費用分担の形成裁判の附随処分にすぎず、もとより分担請求額の存在、範囲を既判力をもって確定する裁判ではない。

(6)　ところで、以下に紹介する〔7〕**東京高裁昭和五八年七月二八日判決・判時一〇九五号一一二頁、判タ五一五号一七二頁**[12]は、婚姻費用分担の家事審判にかかわる法律問題につき興味を惹く資料を提供する。事案は、喧嘩により別居状態となった夫婦間の婚姻費用の分担につきなされた、「M(夫)は、F(妻)に対し、婚姻費用の分担として、(1)金三七二万円を直ちに、(2)昭和五三年三月一日から別居の期間中（……）毎月金五万円を毎月末日限り、それぞれ持参または送金して支払え。」との家事審判を債務名義とする請求異議の訴えにかかるものであって、控訴審の同判決は、次のように判示する。

「（家事審判法九条一項乙類三号の規定による）審判は民法七六〇条を承けて、婚姻から生ずる費用の分担額を具体的に形成決定し、その給付を命ずる裁判であつて、家庭裁判所は、夫婦の資産、収入その他一切の事情を考慮して、後見的立場から、合目的の見地に立つて、裁量権を行使して、その具体的分担額を決定するもので、その性質は非訟事件の裁判であり、純然たる訴訟事件のそれではないというべきである。本来婚姻費用の分担義務は、民法上の実体的義務であるから、この分担義務が夫婦のいずれかに存するかを確定し、その費用の分担額の給付を命ずる裁判は、別段の規定がなければ、事件全体について、民事訴訟事件として公開の法廷における対審及び判決によりなされるのが本則である。ところが現行法上は、家事審判法九条一項乙類三号により右費用の分担は家事審判により決すべきものと規定されているのであるから、右審判において、夫婦の一方に婚姻費用の分担義務が存在するとされたからといつて、それにより右義務が終局的に確定されるのではなく、同審判はただ右義務が実体上存在することを前提として、その分担額のみを形成決定し、その支払を命ずるにすぎないものと解するのが相当である。

しかも、同審判は、形成的効力を有するが、既判力を生ずるものではないと解すべきであるから、その確定後はもはやその形成的効力を争うことは許されないが、婚姻分担義務の存否に関しては、これに争いがある限り、その点について別に訴訟による解決の途が残されているものと解すべきである。そして、右審判……の執行力の排除を求めるために請求異議の訴を提起することができ、この場合における異議の事由については、同審判が既判力を有するものでない以上その確定の前後を問わず、婚姻費用分担義務の存否に関する異議の事由を主張できるものと解するのが相当である。ただ、婚姻費用分担義務の存在を前提とし、その分担の範囲、数額のみについての異議事由は、右審判の確定時（……）以後に生じたものに限られると解するのが、右審判の前記した性質、効力に鑑み相当である（……）。」

この判決は、右の考え方に基づいて、夫婦間の不和、紛争の経緯などにつき詳細な事実認定をした上、やはりMの側からFに対し費用分担義務を負うべきで、Fの分担請求が権利濫用にもあたらないから、費用分担義務不存在の請求異議事由がないと判断し、Mを敗訴させたものである。

右判決の結論は、正しいと思うが、その理論構成には賛成することができない。

そもそも判旨は、前掲大法廷決定中の多数意見、ことに「婚姻費用の負担義務自体が、夫婦の何れの一方に存するかについて争があり、これを終局的に確定するには、必ず訴訟事件手続により公開法廷における対審及び判決によつて裁判すべきものと解する。」との補足意見の前提に立ったことから、分担義務配偶者がいずれかの判定に苦労せざるを得なかったものである。しかし、私は、前述のとおり、右補足意見の指摘する例は、「婚姻費用の負担義務自体」の存否にかかる訴訟事項の案件に属せず、具体的に費用分担義務を負うのが夫婦のいずれかの判定も、費用分担請求権の具体的内容形成たる家事審判事項にほかならないと考えている。そして、本質的に非訟事件である家事審判が既判力を伴うものでないことは、判旨の指摘するとおりであるが、そうであるからといって、当該家事審判に基づく強制執行にかかる請求異議の事由としては、具体的費用分担義務者の判定の当否を主張し得べき筋合いではない。判旨は、非訟事件の形成裁判が確定したとき、その裁判の形成の効果があらゆる裁判所の判断を拘束することを忘れ、(13)当該裁判に既判力がないことから、請求異議訴訟の受訴裁判所が債務名義たる家事審判の形成に至る判断の当否を再審査し得るとの錯覚に陥ったものである。

さらに本判決は、婚姻費用分担の家事審判につき既判力を否定しながら、「その分担の範囲、数額のみについての異議事由は、右審判の確定時以後に生じたものに限られる」とするが、この点につき合理的根拠を示さず、誤りである。同判決の事案において、問題の家事審判は、拙劣、不明確な主文表現によっているが、婚姻費用分担請求権に具体的内容を付与した形成裁判と右の形成の結果に従った家事審判規則第五一条、第四九条よる附随の給付命令とが合体したものであり、(14)右の給付命令は、既に述べたとおり既判力に親しむものでない。そうすると、該家事審判の執行力の排除を求める請求異議の訴えにおいて、審判の基本をなす婚姻費用分担請求権の具体的内容形成の当否を争い得ぬことは、前述のとおりであるが、その形成の結果を前提としながら附随の給付命令に表示の請求権につき、弁済、免除、相殺、期限の猶予などの異議事由を主張することは、なんらの時的制限に服するものでないというべきである。しかし、審判によって形成された婚姻費用分担請求権の具体的内容は、当事者の合意または別の家事審判によってのみ変更が許されるものであるから、かりに該費用の分担の範囲、数額にかかるさきの審判の形成内容が審判確定後の事情により不当となるに至ったとしても、このことを請求異議の事由として主張することは、許されぬはずである。本判決は、右と反対の趣旨を説示しているもののようであり、この点についても賛成することができない。

5　推定相続人の廃除に関する家事審判事件

(1)　民法第八九二条は「遺留分を有する推定相続人が、被相続人に対して虐待をし、若しくはこれに重大な侮辱を加えたとき、又は推定相続人にその他の著しい非行があったときは、被相続人は、その推定相続人の廃除を家庭裁判所に請求することができる。」と規定しているが、これは、旧民法第九九八条とほぼ同趣旨で、ただ、旧法にあっては、「その他の著しい非行」が廃除原因になっていなかったのと、新法で「家庭裁判所」とあるのを単に「裁判所」と規定していた点に差異があるだけである。ところで、旧法の右規定に基づく廃除の裁判手続は、人事訴訟手続法旧規定第三三条により地方裁判所の事物管轄に属する対審、公開の訴訟手続とされていたのであり、現行民法第八九二条も、廃除が家庭裁判所の管轄に属すると規定しているだけで、その手続が非訟事件手続たるべきことを要求しているとは解し得ないのであるが、家事審判法は、その第九条第一項乙類第九号において廃除を非訟事件手続の家事審判事項とした。しかし、推定相続人の廃除に関する実体法規は、さきに見たとおり旧法と新法との間に構造上の均質性があり、この面からは前者の手続を訴訟、後者の手続を非訟と取り扱いを異にすべき理由を見出し得ない。そこで、該廃除に関する裁判を非訟事件手続によらせている現行法規が憲法違反ではないかという懸念は、つとに公にされていたのであり[15]、婚姻費用分担に関する前掲〔6〕最高裁大法廷決定中の田中裁判官の少数意見は、違憲説を明瞭に打ち出したものであった。

(2)　こうした状況の下で、**〔8〕最高裁昭和五五年七月一〇日決定・裁判集民事一三〇号二〇五頁、判時九八一号六五頁、判タ四二五号七七頁**[16]は、次のように判示して合憲説を明らかにした。

「推定相続人の廃除は、法律上相続人となるべき者につき、被相続人の意思に基づいてその地位を喪失させる制度であるが、民法八九二条は、遺留分を有する推定相続人につき右制度を採用するとともに、廃除の要件及び方法として、右推定相続人に一定の事由が存するときは、被相続人においてその相続人の廃除を家庭裁判所に請求することができる旨を定めている。右規定は、推定相続人の廃除につき、一定の要件のもとに被相続人に対し実体法上の廃除権ないし廃除請求権を付与し、その行使によつて廃除の効果を生ぜしめるという方法によらず、被相続人の請求に基づき、家庭裁判所をして、親族共同体内における相続関係上の適正な秩序の維持をはかるという後見的立場から、具体的に右の廃除を相当とすべき事由が存するかどうかを審査、判断せしめ、これによつて廃除の実現を可能とする方法によることとしたものと解される。それ故、右推定相続人の廃除請求の手続は、訴訟事件ではなく非訟事件たる性質を有するものというべく、家事審判法九条は、右の趣旨を承けて、これを同条所定の審判事件として家事審判法により審判すべきものとしているのである。所論は、前記民法八九二条の規定は被相続人に対し相続人廃除権ないし廃除請求権なる実体法上の権利を付与したものと解すべき旨を主張し、これを理由として右家事審判法九条が廃除請求手続を審判事件として扱うべきものとしたことの違憲をいうものであるが、右論旨は、民法の前記規定に関する独自の解釈を前提とするものであつて、すでにこの点において理由がなく、採用することができない。」

本決定は、違憲説の論者にとって非常に不幸な事案においてなされたものである。すなわち、この事件の抗告人は、廃除の家事審判を申し立てた被相続人が審判確定前に死亡したので、その相続財産管理人（民法第八九五条第一項）に任命され、手続を承継した弁護士であった。それ故、彼が特別抗告で違憲論を展開することは、論理上自己の被承継人による家事審判申立てが救済を求める方法の選択を誤っていたとの前提の承認に繋がるわけで、自己矛盾が避けられなかったものである。ともあれ、こうした形で打ち出された最高裁の合憲論は、逆に相続人の側から提出された違憲論を排斥する次の決定にも踏襲された。

〔9〕最高裁昭和五九年三月二二日決定・判時一一一二号五一頁(17)

「民法八九二条の規定によれば、推定相続人の廃除請求は、同条に定める要件がある場合に、被相続人から遺留分を有する推定相続人を相手方として家庭裁判所に対してすべきものと定められているが、その趣旨は、右規定に定める要件がある場合に被相続人に実体法上の廃除権ないし廃除請求権を付与し、家庭裁判所を介してこれを行使せしめるものとしたのではなく、形式上右要件に該当する場合であつても、なお家庭裁判所をして被相続人側の宥恕、相続人側の改心等諸般を総合的に考察して廃除することが相当であるかどうかを判断せしめようとしたものであつて、このことは、同法八九四条が被相続人に、廃除後何時でも、推定相続人の廃除の取消を家庭裁判所に請求することができるとしていることからも明らかであるから、右推定相続人の廃除請求の手続は純然たる訴訟事件ではないと解するのが相当である（最高裁昭和五四年(ク)第一四九号同五五年七月一〇日第一小法廷決定・裁判集民事一三〇号二〇五頁参照）。したがつて、推定相続人廃除の手続を訴訟事件とせず非訟事件として取り扱うとしても、立法の当否の問題にとどまるのであつて、違憲の問題が生ずるものとは認められず、それが家事審判法に定める手続で行われるものとされる以上、その裁判は、公開の法廷における対審及び判決によつて行わなければならないものではない。」

(3)　私は、判例の合憲論に賛成することができない。

民法第八九二条の規定によれば、「遺留分を有する推定相続人が、被相続人に対して虐待をし、若しくはこれに重大な侮辱を加えたとき、又は推定相続人にその他の著しい非行があったときは、」家庭裁判所は、被相続人の請求によりその相続人の廃除（相続権の剥奪）をするのであるが、その趣旨は、推定相続人廃除の申立てを受けた家庭裁判所が同条の要件を具備していると認めたときは、当然に廃除の形成裁判をしなければならない（muss）というにあり、合目的性（Zweckmäßigkeit）の見地から裁量権を行使してこれをすることができる（kann）というものではないと解される。前掲〔8〕の決定は、「右規定は、……家庭裁判所をして、親族共同体内における相続関係上の適正な秩序の維持をはかるという後見的立場から、具体的に右の廃除を相当とすべき事由が存するかどうかを審査、判断せしめ、これによつて廃除の実現を可能とする方法によることとしたものと解される。」といい、〔9〕の決定は、「（民法第八九二条）の趣旨は、……形式上（右規定に定める）要件に該当する場合であつても、なお家庭裁判所をして被相続人側の宥恕、相続人側の改心等諸般の事情を総合的に考察して廃除することが相当かどうかを判断せしめようとしたもの」といっているが、にわかに賛成することができない。ひとり推定相続人廃除の請求にとどまらず、およそ裁判上の請求が、形式上実体法規の定める要件を満たしていても権利の濫用にわたる場合、認容することは得ないことはいうまでもないが、その権利の濫用に該当するか否かに関する裁判所の判断も、表見代理の成否に関する「正当ノ理由」（民法一一〇条）、契約解除に必要な履行催告期間の「相当」性（同法五四一条）、離婚原因としての「婚姻を継続し難い重大な事由」（同法七七〇条一項五号）などに関する判断と等しく、請求の成否にかかわるものとして合法性（Rechtmäßigkeit）の見地からなされるのである。上記引用の判旨は、相続人廃除の請求につき、権利濫用の成否にとどまらぬ、家庭裁判所の後見作用に基づく合目的性（Zweckmäßigkeit）の見地から判断を云々しているものと解されるが、非訟裁判所が合目的性の見地から判断するというのは、事件の内容が、事実を小前提、法規を大前提とする三段論法により二者択一的に結論を出すものでなく、無数の可能な結論の中から裁判所が法的拘束を受けずに妥当と考える一つを選択するものであるとき、その場合の現象をいうのであり、一定の事実に法規を適用し、画一的な結論を導くべき事件の裁判に合目的性の配慮を求めるというのは、筋が通らない。最高裁の論法によれば、裁判上の離婚に関する現行民法第七七〇条の規定をそのままにして、その手続を家庭裁判所の家事審判（非訟事件手続）によらせる立法をしても、家庭裁判所が夫婦共同体における婚姻関係上の適正な秩序をはかるという後見的立場から、具体的案件において離婚の当否を審査、判断するものであるから違憲でないという結論になると思うし、また、判示の文言も、そのような印象を与えるものであるが、それでもよいのであろうか。

以上の次第で、家事審判法第九条第一項乙類第九号の家事審判事件は、推定相続人の資格剥奪に向けられた実体私法上の形成権を目的とし、相続人廃除の形成裁判をするか、右形成権の不存在を確認するかを目的とした、本質的には訴訟事件としか見ることができないものである。これを対審、公開の原則の法的保証を欠く非訟事件手続によらせるものとした家事審判法の規定は、憲法第三二条、第八二条に違反し、無効と解すべきであり、該事件の裁判は、現行法上も訴訟手続（事物管轄は、家庭裁判所）により判決をもってなすべきものである。

(4)　なお、前掲〔8〕最高裁決定については、(1)当該具体的案件において廃除請求が容れられなかった結論の当否が非常に問題であること、(2)抗告審大阪高裁での審理が極めて拙速であり、非訟事件手続においても関係人が法的審尋請求権（Anspruch auf rechtliches Gehör）を有するとすれば、その侵害が問題となり得た事案であり、抗告人の主張も曖昧であったからやむを得ないのかもしれないが、この点にかかる最高裁の見解を知る機会を失したものであること、(3)最高裁がこの事件を小法廷で審理、裁判したことは、裁判所法第一〇条第一号違反と思われることを指摘したい。

(1) 鈴木忠一「非訟事件の裁判及び訴訟上の和解の既判力」非訟事件の裁判の既判力一五八頁以下。

(2) 鈴木忠一・前掲注(1)論文一六二頁。

(3) 本判決の少数意見、ことに河村(大)、下飯坂裁判官のそれ、鈴木忠一・前掲注(1)論文一五八頁以下、兼子一「行政処分の取消判決の効力」民事法研究二巻一一〇頁、大西芳雄＝吉川大二郎＝原井龍一郎・民商三八巻四号六一〇頁、山木戸克己・別冊ジュリスト民事訴訟法判例百選一六二頁、小室直人・別冊ジュリスト憲法判例百選一四四頁。

(4) Baur, Freiwillige Gerichtsbarkeit 1.Buch § 25; Habscheid, Freiwillige Gerichtsbarkeit 7.Aufl. §28 IV; Bärmann, Echtes Streitverfahren in der freiwilligen Gerichtsbarkeit, AcP Bd. 154 S.408f.; 鈴木忠一・前掲注(1)四一頁。

(5) 〔1〕最高裁昭和三一年一〇月三一日判決における島・岩松裁判官の意見、岩松三郎「民事裁判における判断の限界」民事裁判の研究九九頁、鈴木忠一・前掲注(1)一七一頁。

(6) 夫婦同居に関する本大法定決定につきなされた既往の評釈として、我妻栄・法協八三巻二号三〇三頁、谷口知平・民商五四巻二号二〇六頁、小山昇・判評八四号三頁、宮田信夫・曹時一七巻八号一一〇頁、鈴木忠一「夫婦同居等の審判に関する諸問題」非訟・家事事件の研究六三頁、唄孝一＝湯沢雍彦・現代法5・現代の裁判三三八頁、佐々木吉男・別冊ジュリスト家族法判例百選（新版）四六頁、山木戸克己・同百選（三版）三八頁、高橋宏志・同百選（五版）一〇頁、鈴木正裕・別冊ジュリスト民事訴訟法判例百選（二版）一二頁、青山善充・同百選Ⅰ一〇頁がある。但し、私は、そのいずれにもあきたらない。

(7) 松岡義正・特別民事訴訟法論一九七頁、大森洪太・人事訴訟手続法三九頁、山田正三・人事訴訟手続法八〇頁。ドイツ法上の die Klage auf Herstellung des ehelichen Lebens について、Stein-Jonas-Schlosser, ZPO 21. Aufl. vor § 606 Rdnr. 14; MünchKomm ZPO/Walter, § 606 Rdnr. 7; Rosenberg-Schwab-Gottwald, Zivilprozeßrecht 15. Aufl. §165 II 5; A. Blomeyer, Zivilprozeßrecht 2. Aufl. § 119 I. ただし、鈴木忠一・前掲二論文（注(2)五七頁、注(6)六六頁）は、旧人訴法上の同居の訴およびドイツ法上の上起訴が形成の訴であるとする。

（8）我妻栄・親族法八一頁（但し、同・後掲注(10)判批三二六頁で改説）、中川善之助・親族法二三三頁。
（9）福岡高裁昭和三二年八月二二日決定・高民集一〇巻五号三四七頁、熊本地裁昭和二八年八月一七日判決・下民集四巻八号一一六〇頁。
（10）婚姻費用の分担に関する本大法廷決定に対する既往の評釈として、我妻栄・法協八三巻二号三一一頁、小山昇・前掲注(6)評釈、宮田信夫・前掲注(6)一一五頁、鈴木忠一・前掲注(6)論文、唄孝一＝湯沢雍彦・前掲注(6)記事、佐々木吉男・前掲注(6)評釈、三ケ月章・ジュリスト続民事訴訟法判例百選一九四頁、宮川種一郎・民商五四巻二号二一八頁、高津環・曹時一七巻八号一一六頁がある。
（11）拙稿「家事審判手続と民事訴訟」仮差押・仮処分に関する諸問題一七四頁の見解を改める。
（12）本判決に対する既往の評釈として、石川明・判評三〇四号三五頁、畑郁夫・季刊実務民事法6二一二頁、小瀬保郎「婚姻費用分担審判と訴訟との関係」沼邊＝太田＝久貴編・家事審判事件の研究(1)七〇頁がある。
（13）Schlegelberger, FGG 7. Aufl. §16 Rdnr.10; Keidel-Kunze-Winkler-Amelung, FG 12. Aufl. §1 Rdnr.11; Baur, a.a.O. §2 B Ⅳ 3a; Habscheid, a.a.O. §29 Ⅱ; Rosenberg-Schwab-Gottwald, a.a.O. §11 Ⅲ 3a.
（14）問題の家事審判の合理的な主文は、実務ではあまり例を見ないが、「(1) MF間の婚姻費用の分担の内容を……と定める。(2) Mは、Fに対し……を支払え。」といった形であると考える。MがFに対し審判前に一部弁済しているような場合もあるから、(2)に記載の金額と(1)に記載のそれとが一致するとは限らない。
（15）兼子一「人事訴訟」家族問題と家族法Ⅶ一八七頁、前掲注(11)拙稿一八四頁。反対・鈴木忠一「非訟事件の裁判の既判力」同標題書五三頁は、立法者の意思を尊重して非訟事件説を採るべしとするが、それ以上の論拠を示さない。
（16）本決定に対する既往の評釈として、石川明・民商八四巻三号三九七頁、西原諄・判評二六八号二七頁、鈴木正裕「非訟事件と形成の裁判」新・実務民事訴訟講座8二一一頁がある。後二者が参考に値いする。
（17）本決定に対する既往の評釈として、谷口安平・別冊ジュリスト家族法判例百選（五版）一三八頁がある。

三　非訟事件の裁判の前提問題と民事訴訟

1　既述のとおり、私も是認する確立した判例理論によれば、申立人の主張する実体私法上の権利または法律関係の存否を終局的に確定する裁判は、民事訴訟事項であって、憲法上原則として対審、公開の手続によらなければならない。そこで、非訟裁判所は、自己の裁判の帰結が前提問題（Vorfrage）たる関係人の実体私法上の権利または法律関係の存否にかかる場合、その非訟事件の裁判手続において当該前提問題につき審査、判断をなし得るかという疑問が生ずるわけである。

(1)　上記の疑問が最も典型的かつ具体的に表われるのは、家庭裁判所（非訟裁判所）が、遺産分割の家事審判をするに際し、前提問題をなす相続権の存否や目的財産の遺産帰属性につき審査、判断をなし得るかという形においてである。これについては、多年下級裁判所の裁判例と学説で争われていたが、[1]〔*10*〕**最高裁昭和四一年三月二日大法廷決定・民集二〇巻三号三六〇頁**が積極説を採り、次のように判示したので、論争に終止符が打たれた感がある。

「遺産分割の請求、したがって、これに関する審判は、相続権、相続財産等の存在を前提としてなされるものであり、それらはいずれも実体法上の権利関係であるから、その存否を終局的に確定するには、訴訟事項として対審公開の判決手続によらなければならない。しかし、それだからといって、家庭裁判所は、かかる法律関係につき当事者間に争があるときは、常に民事訴訟による判決の確定をまってはじめて遺産分割の審判をなすべきものであるというのではなく、審判手続において右前提事項の存否を審理判断したうえで分割の処分をするということは少しも差支えないというべきである。けだし、審判手続においてした右前提事項に関する判断には既判力が生じないから、これを争う当事者は、別に民事訴訟を提起して右前提たる権利関係の確定を求めることをなんら妨げられるものではなく、そして、その結果、判決によつて右前提たる権利の存在が否定されれば、分割の審判もその限度において効力を失うに至るものと解されるからである。このように、右前提事項の存否を審判手続によつて決定しても、そのことは民事訴訟による通常の裁判を受ける途を閉すことを意味しないから、憲法三二条、八二条に違反するものでない。」

(2)　この最高裁大法廷決定の説示は、直接には遺産分割事件を対象としているが、およそ非訟事件の裁判手続において、前提問題をなす関係人の実体私法上の権利または法律関係の存否につき審理、判断するを妨げないとの一般論に通ずるものである。そして、この一般論に通ずる説示としては、後述（2）のとおり、判例といえるかどうか問題であるが、既に右大法定決定に先立つ数次の最高裁の裁判においても、若干の裁判官による積極の意見が表明されているのであり、また、**〔*11*〕最高裁昭和四五年五月一九日決定・民集二四巻五号三七七頁**は、右大法廷決定を引用して、

「借地法八条ノ二第一項による借地条件変更の裁判は、借地権の存在することを前提とするものであり、借地権の存否は、訴訟事項として、対審公開の判決手続によつてのみ、終局的に確定される。しかし、右規定による借地事件の裁判をする裁判所は、かかる前提たる法律関係につき当事者間に争いがあるときは、常にこれについて民事訴訟により判決の確定をまたなければ借地条件変更の申立を認容する裁判をすることができないというべきものではなく、その手続において借地権の存否を判断したうえで右裁判をすることは許されるものであり、かつ、このように右前提事項の存否を非訟事件手続によつて定めても、憲法三二条、八二条に違反するものではない……」

と判示している。

要するに、判例理論の趣旨は、

非訟裁判所は、自己の裁判の帰結が、民事訴訟事項たる実体私法上の権利または法律関係の存否にかかっており、かつ、これにつき当事者間に争いがあるときでも、民事訴訟の判決の確定を待つ必要がなく、当該前提問題につき独立の立場から審査、判断することを妨げない。

とするものである。そして、右は、ドイツの学説によってもあまねく支持されているところで、[2] 正当ということができる。

2　非訟裁判所がその裁判の前提となる実体私法上権利または法律関係の存否につき審理、判断し得るとの前掲判例理論は、当該前提問題につき別途に民事訴訟を提起する途が開かれていることを根拠としている。その具体例として、上記〔10〕最高裁決定は、遺産分割の審判の前提をなす相続権の存否や目的財産の遺産帰属性につき、〔11〕最高裁決定は、借地条件変更の裁判の前提をなす借地権の存否につき、それぞれ民事訴訟の提起が可能である旨を判示したのである。ところで、こうした前提問題につき提起された訴えの適否を直接の論議の対象とした最高裁判例がある。

(1)　まず〔*12*〕**最高裁昭和六一年三月一三日判決・民集四〇巻二号三八九頁**は、共同相続人間において特定の財産が被相続人の遺産に属することの確認を求める訴えが適法であるとし、次のように判示した。

「遺産確認の訴えは、……端的に、当該財産が現に被相続人の遺産に属すること、換言すれば、当該財産が現に共同相続人による遺産分割前の共有関係にあることの確認を求める訴えであって、その原告勝訴の判決は、当該財産が遺産分割の対象たる財産であることを既判力をもって確定し、したがって、これに続く遺産分割審判の手続において及びその審判の確定後に当該財産の遺産帰属性を争うことを許さず、もつて、原告の前記意思（注―遺産分割の前提問題として遺産に属するか否かの争いに決着をつける意図）によりかなつた紛争の解決を図ることができるところであるから、かかる訴えは適法というべきである。」

この判決は、前掲〔10〕大法廷決定の理論を踏襲し、遺産帰属性に関する訴えの適法性をより明確に説示したものとして、是認することができる。

(2)　ところが、〔*13*〕**最高裁平成七年三月七日判決・民集四九巻三号八九三頁**は、同じく遺産分割審判の前提問題たるべき特定の財産が特別受益財産（民法第九〇三条第一項の遺贈または贈与を受けた財産）であることの確認を求める訴えが不適法であるとして、次のように判示した。

「右規定（注―民法九〇三条一項）は、被相続人が相続開始の時において有した財産の価額に特別受益財産の価額を加えたものを具体的な相続分を算定する上で相続財産とみなすこととしたものであつて、これにより特別受益財産の遺贈又は贈与を受けた共同相続人に特別受益財産を相続財産に持ち戻すべき義務が生ずるものでもなく、また、特別受益財産が相続財産に含まれることになるものでもない。そうすると、ある遺産が特別受益財産に当たることの確認を求める訴えは、現在の権利又は法律関係の確認を求めるものということはできない。

過去の法律関係であつても、それを確定することが現在の法律上の紛争の最も適切かつ必要と認められる場合には、その存否の確認を求める訴えは、確認の利益があるものとして許容される（……）が、具体的な相続分又は遺留分を算定する過程において必要とされる事項にすぎず、しかも、ある遺産が特別受益財産に当たることが確定しても、その価額、被相続人が相続開始の時において有した財産の全範囲及びその価額等が定まらなければ、具体的な相続分又は遺留分が定まることはないから、右の点を確認することが、相続分又は遺留分をめぐる紛争を直接かつ抜本的に解決することにはならない。また、ある財産が特別受益財産に当たるかどうかは、遺産分割申立事件、遺留分減殺請求に関する訴訟など具体的な相続分又は遺留分の確定を必要とする審判事件又は訴訟事件における前提問題として審理判断されるのであり、右のような事件を離れて、その点のみを別個独立に判決によって確認する必要もない。
以上によれば、特定の財産が特別受益財産であることの確認の求める訴えは、確認の利益を欠くものとして不適法である。」

しかし、この最高裁判決は、先行する前掲〔10〕〔12〕裁判例の理論とも整合せず、誤りであると考える。ある遺産が特別受益財産に当たることを確認した民事訴訟の判決が確定すれば、既判力の作用で必然的に非訟裁判所を拘束し、(3) その遺産分割審判の内容が影響を受けざるを得ない。すなわち、事後の家事審判は、特別受益財産性肯定の前提に立脚したものでなければならず、事前になされた特別受益財産性否定の家事審判は、後述のとおり申立てにより、全部または一部失効が避け難くなる。以上に述べたところは、判示が論拠として指摘する、当該特別受益「財産の価額、被相続人が相続開始の時において有した財産の全範囲及びその価額等が」定まっていない場合でも変わらないはずである。したがって、ある遺産が特別受益財産に当たることは、遺産分割の内容に直接影響を及ぼす法律関係にほかならず、その確認を求める訴えは、確認の利益を有し、適法であるといわねばならない。

(3)　なお、非訟事件の裁判の前提問題にかかる民事訴訟の適否をめぐっては、上記〔10〕大法廷決定に先立つ前掲〔4〕昭和四〇年六月三〇日大法廷決定における多数意見が、夫婦間の同居に関する家事審判の前提問題をなす協議または家庭裁判所の形成裁判による具体的内容形成前の同居請求権自体の存否につき、また、前掲〔6〕同年月日大法廷決定の多数意見が、婚姻費用分担に関する家事審判の前提問題をなす費用分担請求権自体の存否につき、それぞれ積極説を表明していることは、前に触れたとおりである。さらに遡って、前掲〔3〕昭和三三年三月五日大法廷判決に見られる河村（大）、下飯坂両裁判官の少数意見は、罹災都市借地借家臨時処理法第二条により設定され、または同法第三条により譲渡されたが、未だ協議または非訟裁判所の同法第一五条の裁判によって具体的内容の形成を終えていない借地権の存否が、それ自体で民事訴訟（確認訴訟）の訴訟物となるとしている。

もっとも、上記の同居請求権、婚姻費用分担請求権および借地権自体の存否を訴訟物とする訴えの適否については、疑問の余地があり、前掲各最高裁判決においても、多くの裁判官の意見が否定的であった。私も、前述のとおり（二3(3)、4(3)）、同居請求権と婚姻費用分担請求権は、婚姻関係がある限り前者については当然に、後者についても原則として存立し、前者については放棄も許されぬものであるから、婚姻関係の存在または不存在の確認訴訟を提起するのは格別、これと離れて具体的内容形成前の同居請求権を訴訟物とする訴えは例外なく、婚姻費用分担請求権の存否を訴訟物とする訴も原則として、その利益がないものと考えたい。しかし以上は、こうした同居請求権や婚姻費用分担請求権にかかる協議または非訟裁判所の裁判による具体的内容形成前の権利が、独立して民事訴訟の訴訟物となる私権たる資格を具えているかどうか、さらに、右の点を肯定するとして、当該具体的内容未形成の権利の存否が争われている場合にその積極的または消極的確認の訴えの利益があるかどうかに関する見解の相違に帰着する。すなわち、およそ非訟事件の裁判において前提問題たる実体私法上の権利または法律関係の存否につき審理、判断するを妨げぬ場合、右の前提問題にかかる民事訴訟が当然に不適法になるわけでは絶対にない。

私は、離婚または婚姻取消に伴う財産分与に関する家事審判の前提問題たる財産分与請求権自体、親族間の扶養に関する家事審判の前提問題たる扶養請求権自体も、実体私法上の権利たる資格を具えており、その存否にかかる積極的または消極的確認の訴えを適法に提起し得る場合は、理論上ないわけではないと考えている。[(4)] さらに、通説の賛同は容易に得難いと思うが、借地借家法に基づく借地条件の変更等に関する非訟裁判所の裁判の前提となる各種形成要件も、同法第一七条ないし第二〇条に個別、明示的に記載されているのであるから、具体的案件において右法定の形成要件が充たされているかどうかにかかる民事訴訟も、適法に提起し得ぬはずはあるまい。[(5)] 同法第一九条による転貸許可の裁判の確定前または確定後に、その転貸が借地権設定者に不利となるおそれがあることの確認の訴えを提起することがその適例である。

3　上述のとおり、非訟事件の裁判の前提問題たる実体私法上の権利または法律関係の存否については、非訟裁判所と訴訟裁判所とが競合して審理、判断の権能を有するというのが、正しい確定した判例理論である。そこで、ある前提問題につき積極または消極の判断に立脚する非訟裁判所の裁判がなされた後に、同じ前提問題を直接の訴訟物として逆に判断した訴訟裁判所の判決が確定した場合、どのような効果が生ずるかという問題が生ずる。これについては、場合を分けて考察する必要がある。

(1)　まず、非訟裁判所が形成裁判の前提となる要件事実を否定して申立てを却けた後、当該前提要件の積極的確認判決が確定した場合。その具体例としては、家庭裁判所が親族関係の存在を否定して扶養審判を拒否したが、その後確定した訴訟裁判所の判決で当該親族関係の存在が確認されたという案件が想定される。この場合、非訟裁判所の申立て却下（棄却）の裁判は既判力を有しないが、確定判決には既判力が認められるから、再度の申立てを受けた非訟裁判所は、確定判決の内容に拘束され（上記の例では親族関係の存在を前提とし）、裁判をやり直さねばならないことになる。以上の立論に異論を挟む向きはあるまい。

(2)　問題は、遺産分割の審判が確定した後に、その前提となる相続権や遺産の範囲を否定した民事訴訟の判決が確定したときのように、非訟裁判所の形成裁判が確定した後、その裁判の前提となった権利または法律関係にかかる消極的確認判決が確定した場合についてである。前掲〔10〕最高裁昭和四一年三月二日大法廷決定・民集二〇巻三号三六〇頁は、まさに右例示の案件を取り扱ったものであり、その関係部分の説示を再録すると、

「審判手続においてした右前提事項（筆者注―相続権、相続財産等の存在）に関する判断には既判力が生じないから、これを争う当事者は、別に民事訴訟を提起して右前提たる権利関係の確定を求めることをなんら妨げられるものでなく、そして、その結果、判決によつて右前提たる権利の存在が否定されれば、分割の審判もその限度において効力を失うに至るものと解される……」

というのである。

ところで、この最高裁判決が、「判決によつて右前提たる権利の存在が否定されれば、分割の審判もその限度において効力を失うに至る」といっているのは、(イ)分割の審判が、なんらの手続を経ることなく確定判決と矛盾する限度で当然に失効するという趣旨であるのか、それとも、(ロ)確定判決が、これと矛盾する限度で分割の審判の取消事由を構成するというのであるかは、必ずしも明確でない。判示がもし右(イ)の趣旨であれば、誤りであろう。[6]

(a)　非訟裁判所と訴訟裁判所とは、裁判の対象事項を異にして事件を分掌しているのであり、[7]法の格別の規定（例えば商法旧三九四条）がない限り、一方が他方のした裁判の内容を審査し、変更する権能を有しない。

(b)　民事訴訟法は、訴訟裁判所がした甲確定判決の前提問題に対する判断が先行または後行の乙確定判決の既

判力に抵触した場合でも、甲判決の当然無効を来すという考え方を採用しておらず、同法第三三八条第一項第八号または第一〇号の要件を満たすときに再審事由が生ずるとしているだけである。これと対比して考えても、非訟裁判所の裁判が、他の国家機関のした確定判決の既判力に矛盾するに至ったからといって、当然無効になるいわれはない。

(c)　非訟裁判所の確定形成裁判は、前提問題の判断につき既判力を有しないけれども、該裁判の形成の効果は、常に訴訟裁判所を含む他のすべての国家機関を拘束するものである(8)。前示の例に則していうと、遺産分割の審判が確定すれば、訴訟裁判所は、かりに確定審判が前提をなす相続権や遺産の範囲についての判断を誤っていると考えても、爾後の判決において、審判で形成された遺産分割の内容に矛盾する判断をなすを得ない筈である。

しかしながら、前述のとおり、非訟裁判所の形成裁判が確定した後、その裁判の前提をなす権利または法律関係の不存在確認判決が既判力を伴い確定した場合、前者の裁判が当然無効になるものでないとすれば、なんらかの手続を経て該裁判の形成の効果を失わせる方途がなければおかしい。そこで、その手続が何かを究明することは、理論上も実際上も重要な課題であると考えるが、右に関しては、前掲〔10〕〔11〕の最高裁判決は、問題の存在自体を否定しているためか沈黙しており、他に然るべき判例も見当たらない。判例研究を旨とする本稿においては、詳論を避け、非訟事件に特有の事情変更を理由とする再審に準ずる申立てが、該裁判の取消しまたは変更を求める方法であるとの結論を掲げるにとどめたい(9)。

(1)　宮井忠夫「遺産分割の前提問題にかんする紛争と家事審判」民商五三巻三号三三九頁、森松万英「遺産分割の家事審判における遺産の範囲確定に対する違憲論」ジュリ二二七号四四頁、高津環・曹時一八巻五号九五頁、ならびに、上記に引用の各文献。

(2) Schlegelberger, FGG 7. Aufl. § 12 Rdnr. 14-18 ; Keidel-Kunze-Winkler-Amelung, FG 12. Aufl. § 1 Rdnr. 14 ; Baur, Freiwillige Gerichtsbarkeit 1. Buch § 2 BⅥ 3b ; Habscheid, Freiwillige Gerichtsbarkeit 7. Aufl. § 19 V 4c, bb ; Rosenberg-Schwab-Gottwald, Zivilprozeßrecht 15. Aufl. § 11 Ⅲ 2, 3.

(3) Schlegelberger, a.a.O. § 12 Rdnr. 17 ; Keidel-Kunze-Winkler-Amelung, a.a.O. ; Baur, a.a.O. § 2 Ⅵ 3b ; Habscheid, a.a.O. ; Rosenberg-Schwab-Gottwald, a.a.O. § 11 Ⅲ 3b.

(4) 拙稿「財産分与請求の裁判手続」山木戸還暦記念（下）三七七頁。

(5) 拙稿「非訟事件の裁判における判断の対象と民事訴訟」民訴雑誌一三号一五八頁の見解を若干訂正する。

(6) 鈴木忠一「扶養の審判に関する問題」非訟・家事事件の研究一七三頁。

(7) 後掲**四**注(2)掲記の文献参照。

(8) Schlegelberger, a.a.O. § 16 Rdnr. 10 ; Keidel-Kunze-Winkler-Amelung, a.a.O. § 1 Rdnr. 11 ;Baur, a.a.O. § 2 B Ⅵ 3a ; Habscheid, a.a.O. § 29 Ⅱ ; Rosenberg-Schwab-Gottwald, a.a.O. § 11 Ⅲ 3a.

(9) Schlegelberger, a.a.O. § 18 Rdnr. 22 ; Keidel-Kunze-Winkler-Reichert, FG 12. Aufl. § 18 Rdnr. 2 ; Bumiller-Winkler, FG 4. Aufl. § 18 Bem. 1b ; Baur, a.a.O. § 24 C ; Habscheid, a.a.O. § 27 Ⅲ ; Bärmann, Freiwillige Gerichtsbarkeit § 21 Ⅲ 1 ; Brehm, Freiwillige Gerichtsbarkeit 20 Ⅳ 4 ; Pikart-Henn, Lehrbuch der FG 1. Abs. D Ⅲ 7g ; 鈴木忠一「非訟事件に於ける裁判の無効と取消・変更」非訟事件の裁判の既判力九五頁以下、同「扶養の審判に関する問題」非訟・家事事件の研究一七二頁以下、一九一頁以下。拙稿「瑕疵のある非訟事件の裁判の確定と訴訟裁判所の判断」本書一〇四頁以下。

四　非訟事件を本案とする民事保全命令

1　標記の問題は、従来主として、婚姻の取消しまたは離婚に伴う財産の分与に関する裁判の申立てを本案として、民事保全法上（同法施行前にあっては民事訴訟法上）の仮差押え、仮処分を命ずることができるかという形で論ぜられている。広く財産分与に関する裁判の申立てといっても、その態様としては、(1)家事審判法第九条第一項乙類第五号に基づく家事審判の申立て、(2)人事訴訟手続法第一五条第一項ないし第三項（新人訴法三二条）に基づく婚姻の取消しまたは離婚の判決に附随する処分の申立てのほかに、(3)協議または上記各種態様の裁判による具体的内容形成の前または後の財産分与請求権にかかる確認または給付の訴えがある。しかし、(3)の民事訴訟事項を本案とする保全命令の適否の問題は、本稿の主題を離れるので、論述の対象から除外しなければならない。残るのは、(1)または(2)の申立てを本案とする保全命令の適否についてであるが、これは、一般に紛争的性格を有する非訟事件の裁判の申立てが、民事保全法上の仮差押え、仮処分の本案たり得るかどうか、換言すれば、こうした裁判の申立てが、同法第三七条による保全取消しを免れるための「本案の訴え」に該当するかどうかという問題にほかならない。

2　財産分与に関するものを含め、一般に非訟事件手続でなされる家事審判事件が民事保全命令の本案適格を有するとの説は、家事審判制度の施行後絶えることがない[1]が、各説の適用範囲と論拠は、必ずしも一様でない。最近の実務も、おおむねこの積極説によっていると仄聞するが、むしろ無反省に運用されている例が多いように思われ、最近では正面から議論に取り組んでいる裁判例も見当たらない。ここでは、説示が詳細な古い裁判例を二つだけ紹介する。

〔*14*〕東京家裁昭和三二年九月二七日決定・家裁月報九巻九号三五頁

この決定は、財産分与の家事審判事件を本案とし、家庭裁判所が自己に管轄権ありとして仮処分を命じたもので、次のとおり判示している。

「民訴法（民保法）上の仮処分事件が家庭裁判所にて取扱われるかということは、……立法の欠陥より生じたものであるけれども、法の欠陥のために地方裁判所にも又家庭裁判所にも請求できないと解することは正しい法の解釈ではない。この点民訴五四五条の請求異議の訴えについては第一審の受訴裁判所とは夙に家庭裁判所であると解されているところであるから、民訴七五七条の仮処分事件の本案裁判所についても殊更これと異なる見解をとる必要はない。……

次に若し家庭裁判所にて民訴法上の仮処分がなされるとするときには、仮処分に対する異議は勿論のこと、仮処分自体も事情によつては慎重な判決手続で処理されるものであるのに対して、その本案裁判は簡易な審判手続でなされることになるから、それは本末転倒の手続になるとも解されよう。しかしこの非難は常に判決手続は審判手続より慎重な手続きであると考える点に誤がある。……

更に又民訴の仮処分は判決を前提とするものであるから、財産分与の如く審判を本案とする事件では仮処分は許されないとの法文の辞句にとらわれたる見解も考えられようがこれ亦それには左袒しがたい。蓋し判決とは形式的には口頭弁論を経たる裁判であり、実質的には権利関係存否を確定する裁判であるに対して、審判は非形式的な審判手続による裁判であり、実質的には権利関係を形成する裁判であるが、口頭弁論の存否とか、その裁判が権利関係の確認か形成かであるによつて仮処分の許否を決定すべきとする見解は理由がない。」

〔15〕浦和地裁熊谷支部昭和三九年一月三〇日判決・下民集一五巻一号八八頁

「家事審判事項とされているものはその本質上非訟事件でありそれは家事審判によつてはじめて具体的な権利が形成されるものであつて、それ以前においては保全されるべき具体的な権利がないから一般の仮処分は許されないとする見解がある。まず権利の具体性については一般の仮処分において保全さるべき権利を右のように厳格に解するのは相当でなくその権利の存在が一応認められる程度で足りる……と解すべきであるから右の見解は採用できない。つぎに……ある事項について民事訴訟法上の一般の仮処分の適用による保護を認めるか否かにあたつては、その事項が訴訟事件手続によることとなるか非訟事件手続によることにされるかによつて画一的に定まるとするのは形式的にすぎる見方であつて、その実質的性質、従前の法律的取扱などをも慎重に考慮したうえで、その性質が訴訟事件と同視しうるか少くともこれに準じ得るばあいであるならばその適用を考慮するのをむしろ相当とするであろう。このような見地から本件債権者主張の権利（注―夫婦間の扶助、婚姻費用分担請求権）……を見るに、……少くともその性質が訴訟的性格の濃いものであることは否定できない。……

つぎに、……仮処分（保全処分）が本案との関係で重要なことは本案が形式的に民事訴訟の対象となるかどうかではなく終局的には債務名義による権利の実現を保全することである。そうだとすれば家事審判により債務名義を形成するもの（……）についてもまた一般の仮処分を認めるべき理由があるものというべきである。」

3　しかし、非訟事件を本案とする民事保全命令にかかる従前の積極説は、右に紹介した裁判例を含め、いずれも論証が不十分である。私は、消極説が正しいものと確信する。

(1)　立法者は、すべての民事事件を訴訟裁判所と非訟裁判所とに区別して分配しているのであり、非訟裁判所が訴訟裁判所の所管事件につき裁判することも訴訟裁判所が非訟裁判所の所管事件につき裁判することも、ともに許されぬということは、論者により説明の方法こそ多様であれ、結論においてあまねく承認されているところである。そして、民事保全法上の仮差押え、仮処分は、立法者により訴訟裁判所に分配された事件であって、訴訟裁判所が訴訟手続により存否の判断をする請求のためにのみ認められるものである。(2)このことは、該制度に関する規定がかつて民事訴訟法の一部をなしていたところ独立単行法となったという沿革、ならびに、民事保全法

第一条の文言に照らしても、疑いを容れない。立法者は、民事保全法上の仮差押え、仮処分が非訟裁判所に分配された事件を本案としてなされることを予定していない。(3)非訟裁判所に分配された事件の終局裁判前に保全的処分が必要な場合は、非訟裁判所自身が非訟事件手続によってこれをなすべきものとして特別の規定が設けられているのが一般であり（例えば商法旧五八条二項、非訟法一二六条一項、一三五条ノ二、商法旧三八六条一項九号、二項、非訟法一三五条ノ二四以下、商法旧四五四条一項六号、二項、非訟法一三六条以下、家事審判法一五条の三）、もっぱらこれによるべきである。

(2)　以上の記述に対しては、人事訴訟手続法第一五条（新人訴法三二条）により、婚姻の取消しまたは離婚の判決中に子の監護や財産分与に関する附随処分を命ずるときのように、性質上非訟事件と目されるものが実定法上訴訟手続で裁判される場合について疑問の余地がある。左記の裁判例は、この場合には（例外的に？）同法第一六条（新人訴法三〇条、民保法二三条二項）の仮処分が許されると解しており、これに賛成する学説が少なくない。(4)

〔16〕 東京高裁昭和三五年四月二八日判決・下民集一一巻四号九五四頁

「裁判上の離婚に伴う財産分与請求権を被保全権利とする民事訴訟法上の保全処分が許されるか否かにつき按ずるに、当事者が離婚の訴を提起し、これに併合して離婚に伴う財産分与の申立をなした場合においては人事訴訟法手続法第十六条により財産分与請求権保全のための保全処分を求め得るというべきである。」

〔17〕 東京高裁昭和三五年五月二六日決定・下民集一一巻五号一一六〇頁

「人事訴訟手続法第十六条は『子ノ監護其他ノ仮処分ニ付テハ民事訴訟法第七百五十六条乃至第七百六十三条ノ規

定ヲ準用ス』と定めているが、前条との対照上、右にいわゆる『其他ノ仮処分』の中には財産分与に関するものも包含すると解するのを相当とする。これに反し、財産分与の請求は、原則として審判事項であり、本質的には非訟事件たる性格を有すること、ならびにこの場合には保全の対象たるべき具体的権利が存在しないことなどを理由として、財産分与の請求には、民事訴訟法上の保全処分は許されないとする見解もあるけれども、離婚当事者間において財産分与に関する協議が調わない場合には、その財産を保全する措置を必要とする場合の起りうることは、容易に推測されるところである。家事審判規則第五十六条の二が『財産の分与に関する審判の申立があつたときは、家庭裁判所は、分与すべき者の財産の保全について、臨時に、必要な処分をすることができる』と定めているのはこれがためであるが、財産保全の必要性は、ひとり審判手続によつて財産分与を請求する場合に限らず、離婚の訴に併合してそれをなす場合にも存するのであつて、両者を比較すれば、むしろ後者の方がその必要性が高い場合が多いと認められるにかかわらず、これについては前記規則で認められているような特別の保全処分は認められていないから両者の権衡からいつても、後者の場合に通常の手続による保全処分を拒否すべきいわれはない。……また現行法上、財産分与の請求は、独立した訴訟で請求することはできないが、これを離婚の訴と併せて請求することは許されているのであつて、この場合には一般の民事訴訟の対象となりうることは、人事訴訟手続法第十五条に徴して明らかであるから、それは、必ずしも民事訴訟法の定める保全処分に親しまないものではない。」

しかし、人事訴訟手続法第一五条（新人訴法三二条）により婚姻の取消しまたは離婚の判決中に掲げられる子の監護や財産分与に関する付随処分は、本質において非訟事件の裁判であることを否定し得ない以上、形式的に確定しても、原告が子の監護や財産分与に関する実体私法上の権利を有することにつき既判力を生ずる余地がない。それ故、こうした附随的裁判の申立ては、民事保全法上の仮差押え、仮処分の本案としての適格に欠けるものと解すべきである。(5) この点に関しては、次の裁判例（前掲〔17〕裁判例の原審決定）に賛成したい。

〔18〕東京地裁昭和三四年二月二七日決定・判時一八三号一〇頁

「人事訴訟手続法第十五条の規定によれば離婚の訴において受訴裁判所は申立により離婚の判決と同時にその主文に掲げる形式で財産分与の処分をなし得るが、……これに関する申立も性質上訴ではないから裁判所を拘束するものではなく又その裁判も家庭裁判所のなす財産分与の審判と同様に裁量的裁判であるから既判力を生ずるものではないと解する。

しかるに民事訴訟法の規定する仮処分は……同法第七百五十六条第七百四十六条が起訴命令不遵守による仮処分の取消を認める点からも知られるとおり……本案の手続としては……終局的には裁判所の判断に伴う実体的確定力（既判力）により確定されることの可能な訴訟手続に限つてその適格を認むべく……非訟事件手続にまでこれが適格を認め得るものではない。」

前掲〔16〕および〔17〕判決が援用する人事訴訟手続法第一六条の規定は、上述の私見の妨げとなるものでない。(6)そもそも「子ノ監護其他ノ仮処分」に関する同条の規定は、同法第一五条が昭和二二年法律第一五三号による改正で子の監護、財産分与に関する附随の裁判にかかる新設規定に変容する前から存在し、婚姻事件の訴えにつき直接の適用があるのみならず、養子縁組事件および親子関係事件の訴えにも準用される条文である（同法二六条、三二条一項）。それ故、同法第一五条が前掲各裁判当時の規定内容に改正されるや、俄然養子縁組事件および親子関係事件につき準用のない同条による附随裁判の申立て（訴えではない。）が同法第一六条の「仮処分」の本案となるに至ったとは、到底解することができない。因に、同法第一六条は、立法上の不備がある奇怪な規定であって、(7)同条の「仮処分」が本質上も民事保全法上の通常の仮処分（einstweilige Verfügung）であると解すれば、人事訴訟手続法上の離婚の訴えや認知の訴えがその本案に当たるものと説明することが理論上困難となる。この種の訴えにおいて原告勝訴の判決が確定しても、判決の内容が仮処分のそれを包摂することにならないからである。むしろ同法第一六条は、同法上の各種の訴えが提起された後の段階で、受訴裁判所が民事保全法上の仮処分の要件に捉われることなく命じ得る、特殊の仮の処分（einstweilige Anordnung）に関する規定であったもので、その手続につき同法の規定が「準用」（直接の適用ではない。）されるに過ぎなかったと解すべきであろう。

（1）　後注(5)掲記の裁判例のほか、菊井維大「仮処分と本案訴訟」民訴講座四巻一一三一頁、兼子一「特殊仮処分の手続」民訴雑誌一号三〇頁、同・増補強制執行法三〇三頁、野間繁「被保全権利」吉川還暦記念(上)一八七頁以下、中村修三「家事事件の保全処分」判タ八六号二四頁以下、西山俊彦・新版保全処分概論三六頁以下、山田隆子「財産分与請求権の保全方法」兼子還暦記念(上)七一〇頁以下、山崎末記「家事審判事項を本案とする保全処分」宮崎＝中野編・仮処分の基礎一四頁以下。

（2）　Stein-Jonas-Schumann, ZPO 20. Aufl. Einl Rdnr. 457 ; Schlegelberger, FGG 7. Aufl. § 1 Rdnr. 15 ; Keidel-Kunze-Winkler-Amelung, FG 12. Aufl. § 1 Rdnr. 6-8 ; Jansen, FGG 2. Aufl. § 1 Rdnr. 85 ; Baur, Freiwillige Gerichtsbarkeit 1. Buch § 2 B Ⅲ 5 ; Bärmann, Freiwillige Gerichtsbarkeit § 6 Ⅱ 1, 2.

（3）　Baur, Studien zum einstweiligen Rechtsschutz S. 8 ; Stein-Jonas-Grunsky, ZPO 20. Aufl. vor § 916 Rdnr. 24 ; MünchKomm ZPO/Heinze, § 919 Rdnr. 4 ; 鈴木忠一「非訟事件の裁判及び訴訟上の和解の既判力」非訟事件の裁判の既判力一六三頁以下、同「非訟事件の裁判と執行の諸問題」非訟・家事事件の研究三六頁以下、山木戸克己「家事審判と保全処分」家族法大系Ⅰ三一〇頁以下、三ケ月章「戦後の仮処分判例の研究」民事訴訟法研究二巻三八頁以下、宮脇幸彦「非訟事件と保全訴訟」民事法の諸問題三四二頁以下、岡垣学「非訟事件を本案とする仮処分」村松還暦記念(下)二三一頁以下、中野貞一郎「通常仮処分か特殊仮処分か」強制執行・破産の研究二七〇頁。

（4）　鈴木忠一「非訟事件の裁判と執行の諸問題」非訟・家事事件の研究三七頁以下、宮脇幸彦・前掲注(3)三四七頁、市川四郎「財産分与請求」総合判例研究叢書民法(3)一二六頁、岡垣学・前掲注(3)二三七頁以下、同「人事訴訟における仮処分の性質」山木戸還暦記念(上)三一七頁以下、太田豊・家事・人事事件に関する保全処分の研究二四四頁以下。

（5）　本文掲記の裁判例のほか、最高裁民事部長昭和二三・一二・二二回答・最高裁通達通知回答上八〇頁の一、中島一郎「人事訴訟事件を本案とする仮処分」村松還暦記念(下)二七六頁以下、中野貞一郎・前掲注(3)二七〇頁以下。

（6）　この項の記載は、おおむね拙稿「家事審判手続と民事訴訟」仮差押・仮処分に関する諸問題一九〇頁以下、同「財産分与請求の裁判手続」本書・八一頁以下のそれを踏襲しているが、若干の補正を施した点もある。その補正は、中島一郎・前掲注(3)二六八頁以下、中野貞一郎・前掲注(3)二六五頁以下に多くを負っている。なお、拙稿「人事訴訟と民事保全」本書三一七頁以下。

（7）　わが人訴法一六条に相応する現行ドイツ民訴法六二〇条は、文言上も einstweilige Verfügung ではなく einstweilige Anordnung の規定である。同条は、一九七六年 Vereinfachungsnovelle によって新設され、その後数次の部分的改正を経た規定であるが、その前身に当たる同法六二七条の旧規定が明文上 einstweilige Anordnung に関するものに変容するに至った沿革については、中野貞一郎・前掲注(3)二七三頁以下に詳しい。なお、さらにその後の沿革につき前掲注(6)拙稿・本書三二四頁以下。

――中野先生古稀祝賀（一九九六年）所載――

2
財産分与請求の裁判手続

一　はじめに
二　財産分与請求にかかる非訟事件の裁判
三　具体的内容形成前の財産分与請求権に関する民事訴訟
四　具体的内容形成後の財産分与請求権に関する民事訴訟
五　財産分与と離婚慰籍料との関係についてのいわゆる包括説に対する疑問
六　財産分与請求を本案とする仮差押、仮処分

一　はじめに

婚姻の取消または離婚の場合における財産分与に関しては、該制度の施行以来かなりの判例、学説が積み重ねられているけれども、主として実体法理論と手続法理論とが交錯する分野にかかる議論に接するとき、今ひとつあきたらぬ感がすることがしばしばであるので、若干の問題点を指摘して私見を披瀝し、大方の批判を仰ぎたい。

二　財産分与請求にかかる非訟事件の裁判

婚姻の取消または離婚の場合における財産の分与に関する処分は、家事審判法第九条第一項乙類第五号の家事審判事項に編入されているから、人事訴訟手続法第一五条第一項ないし第三項（人訴法三二条）により婚姻の取消または離婚の判決において該処分を付加することが認められているのを唯一の例外として、財産分与に関する終局的裁判を訴訟手続でなすことはできないと解するのが一般である(1)。しかし、後に詳述するとおり普通裁判所が通常の民事訴訟手続をもって財産分与請求に関する裁判をなし得る場合がかなりあることは、これを否定することができない。このことを理解するためには、そもそも家事審判または人事訴訟手続法第一五条（人訴法三二条）の附随的裁判においてなし得る財産の分与に関する処分とはいかなるものかについてはっきりした認識をもつことが必要である。

民法第七六八条は、「協議上の離婚をした者の一方は、相手方に対して財産の分与を請求することができる（第一項)。前項の規定による財産の分与について、当事者に協議が調わないとき、又は協議をすることができないときは、当事者は、家庭裁判所に対して協議に代わる処分を請求することができる。ただし、離婚の時から二年を経過したときは、この限りでない（第二項)。前項の場合には、家庭裁判所は、当事者双方がその協力によって得た財産の額その他一切の事情を考慮して、分与をさせるべきかどうか並びに分与の額及び方法を定める（第三項)」と規定しており、この規定は、同法第七四九条において婚姻の取消につき、同法第七七一条において裁判上の離婚につきそれぞれ準用されている。そして家事審判法は、その第九条第一項乙類第五号において、以上民法の各規定による財産の分与に関する処分を家事審判事項と定めているにすぎない。以上の次第で、婚姻の取消または離婚の場合の財産分与請求権は、第一次的には当事者間の協議をもって、右協議が調わないときまたは協議をすることができないときに第二次的に家事審判をもって具体的内容を有するものとして形成されるのである。しかし、その具体的内容形成に先行すべき基本たる財産分与請求権（その性質については後述する）がそもそも存在していたのかどうかを確定する裁判、さらに協議または審判により具体的内容形成を見た財産分与請求権が現存するのかどうかを確定する裁判、ことに分与された財産の給付請求権の存否を確定する給付または確認の裁判がいずれの裁判所においていかなる手続によりなされるのかについては、民法になんらの規定も存在せず、家事審判法は、これを家事審判手続から除外しているものと解される。かくて家庭裁判所が婚姻の取消または離婚の場合の財産の分与につき家事審判手続によりなし得る裁判は、申立てを不適法として却下する場合を除くならば、当事者間の協議に代わる処分として、分与をさせるべきかどうか、ならびに、分与の額および方法を定めるという形において具体的内容を具えた財産分与請求権を創設するところの形成裁判に他ならない。

ところで、家庭裁判所が財産分与請求権の具体的内容形成をなすに当っては、民法第七六八条第三項に従い「当事者双方がその協力によって得た財産の額その他一切の事情」を考慮しなければならないのであるが、立法者は、そのいわゆる一切の事情とは何かについて画一的な説明をなすことを意識的に避けており、また、かくして考慮に入れた事情から「分与をさせるべきかどうか並びに分与の額及び方法を定める」についてもなんらの基準も示していないのである。すなわち家庭裁判所は、立法者から付与された広範な裁量権に基づき事案に適合した処分を選択することにより財産分与請求権の具体的内容形成をなし得るものであるが、その態様としては、金銭の一時払または分割払を命ずることのほか現物給付や債権譲渡を命ずることもあり得るし、これらの給付を一定の条件にかからしめたり相手方からの反対給付にかからしめることも可能であろう。分与をさせるべきでないと定めるのも、家庭裁判所が裁量権を行使して財産分与請求権に消極的な具体的内容を付与する一種の形成処分にほかならない（この点については後にまた触れる）。いずれにせよ以上に見られる家庭裁判所の判断作用は、具体的事実を抽象的法規に照らして三段論法により画一的な結論を導き出すところの本来の意味での司法（Rechtsprechung）の作用ではない。また申立人は、審判前にあって自己の欲するとおりの具体的内容を有する財産分与請求権の形成に向けられた私法上の権利たる形成権（Gestaltungsrecht）を有するものでない。彼は、その申立てにおいて分与さるべき財産の種類、数額や給付の方法を指定することができるけれども、それは、裁判所に対する提案以上の意味を有するものでないから、裁判所は、申立人の提案に拘束されることなく、全く別の種類の財産の分与を命じたり、時には申立てに掲げられた額を上回る分与を命ずることも可能である(2)。以上によれば財産分与に関する家事審判事件は、本質的に非訟事件であると認めなければならず、家事審判法がこれを非訟事件によらせることとしたのは、理論上も首肯し得るものである(3)。

次に、家事審判規則第五六条は、財産分与に関する審判につき同規則第四九条の準用があるものとし、この審判において金銭の支払、物の引渡、登記義務の履行その他の給付を命ずることができる旨規定しているのであるが、このことは、財産分与の審判が非訟事件の形成裁判であるというこれまでの記述の正当性を阻害するものでない。そもそも家事審判規則上の給付命令は、その附随的性質と手続構造にかんがみ、外観上の類似にもかかわらず、給付請求権の存在を終局的に確定して、この点につき既判力を伴うべき一般の給付判決とは異質のものである。もし右給付命令またはその申立てを棄却する審判が非公開の家事審判手続をもって給付請求権の存否を終局的に確定するものであるならば、その制度は、憲法第三二条、第八二条に違反することになるし、私権の存否を終局的に確定する裁判が訴訟手続によらねばならぬとする民事訴訟法その他の法律の建前を最高裁判所規則により変更するものである意味においても、許されないであろう。家事審判法第八条も、かかる内容の規定をも最高裁判所規則で定めることを許容した趣旨には解されない。

財産分与を命ずる審判中になされる給付命令の性質が上記のとおりのものとするならば、該審判の主文においても基本たる財産分与請求権の形成裁判と附随的裁判たる給付命令とは截然と区別して記載し（例えば、「申立人が相手方に対して有する何年何月何日離婚に伴う財産分与請求権の内容を……と定める〈一項〉。相手方は、申立人に対し前項記載の金員をその記載の履行期までに支払い、かつ、同項記載の不動産につき右財産分与を原因とする所有権移転登記手続をせよ〈二項〉」とするがごとし）、かつ、理由中には給付命令の根拠条文を示すなどして給付請求権の存在を終局的に確定する趣旨でないことを明らかにしておくことが望ましい。しかるに、従前の実務においてはこの点の配慮が乏しく、単に「相手方は、申立人に対し金何円を支払え」といったように形成裁判と給付命令とを合体させ、通常の給付判決と同様の表現形式をとっているものが大部分である。それが単なる表現の問題にとどまっているのであれば、特に非難するに足りないであろうけれども、その背景に、家事審判が財産分与請求権の存否を終局的に確定する裁判であり、これにつき民事訴訟を全面的に排除するものであるという錯覚がひそんでいるのであれば、事は重大である。

以上に述べたところは、人事訴訟手続法第一五条第一項ないし第三項（人訴法三二条）により、婚姻の取消または離婚の判決において付随的処分として財産分与請求権内容形成の裁判をなし、かつ、これに基づく給付を命ずる場合についてもおおむね妥当する。これらの附随的処分は、形式上訴訟手続でなされるにもかかわらず、財産分与請求権の存在を終局的に確定してこの点につき既判力を伴うべき訴訟事件の裁判ではなく、本質的には家事審判の代用物たる非訟事件の裁判と認むべきものである(4)。このことは、人事訴訟手続法第一五条（人訴法三二条）第一項自身が財産分与の処分と並べて子の監護に関する処分をも婚姻の取消または離婚の判決中になし得る旨明言していること、同法第七条（人訴法一七条、一八条）が婚姻取消、離婚の訴えに併合しまたはその反訴として提起し得る訴えの種類を限定していることに徴し、疑を容れる余地がない。しかるに従来の裁判例や学説において、人事訴訟手続法第一五条（人訴法三二条）が婚姻の取消または離婚の訴えにおいてこれと併合して財産分与の請求をなし得ることを規定したものとなすのを散見するが、少くともその表現において妥当を欠くものと評せざるを得ない。

(1) 東京高裁昭和三五・五・二六決定・下級裁民集一一巻五号一一六〇頁、宮崎地裁昭和二九・一二・七判決・下級裁民集五巻一二号一九八八頁、我妻・親族法一六二頁、市川「財産分与請求」総合判例研究叢書民法(3)一一五頁以下、同「財産分与の額および方法」中川還暦記念・家族法大系Ⅲ五六頁。

(2) ドイツにおいても、夫婦共有財産たる家財の離婚後における分配は、裁判所が関係人の申立てに基づき非訟事件手続により「公平かつ合理的に (gerecht und zweckmäßig)」定めることになっており (§ 8 Verordnung über

die Behandlung der Ehewohnung und des Hausrats nach der Scheidung)、学者は、その申立てが裁判の内容、範囲を厳格に拘束するものでないと説いている（Lent, Freiwillige Gerichtsbarkeit（Ein Studienbuch）2. Aufl., § 11 II；Baur, Freiwillige Gerichtsbarkeit 1. Buch, § 17 IV 1 a.）。

（3）　山木戸「審判」家族問題と家族法Ⅶ二一八頁以下、鈴木「非訟事件の裁判の既判力」同標題書五五頁。石川「家事審判事項としての財産分与請求権の問題点」法学研究三三巻二号五〇一頁以下は、右に反し財産分与請求の審判事件がいわゆる真正訴訟事件であるとなすが、その論証は、簡に過ぎる。そして、真正訴訟事件とは非訟事件手続によりながら申立人の主張する私権の存否につき終局的確定の裁判をなすことを目的とする本質的には訴訟事件であって、その裁判は、既判力を伴う点において通常の非訟事件の裁判と異なる（Hebscheid, Freiwillige Gerichtsbarkeit 5. Aufl. usw.）という一般の理解に従う限り、石川説を採る余地はない。

（4）　最高裁昭和四一・七・一五判決・民集二〇巻六号一一九七頁、鈴木・前掲注（3）。

三　具体的内容形成前の財産分与請求権に関する民事訴訟

婚姻の取消または離婚の場合における財産の分与に関する家事審判ならびに人事訴訟手続法第一五条（人訴法三二条）の附随の処分が本質的に非訟事件の形成裁判にほかならないとすれば、その形成の前提として具体的内容が未決定の財産分与請求権という一つの権利が存在し得るものかどうかが問題となる。我妻教授は、これを肯定し、婚姻取消または離婚という事実のほかに財産分与請求権を構成すべき婚姻中の共同財産の清算、離婚後の生活扶養、いわゆる離婚慰藉料の三要素のうちのいずれかを成立させる事実があるならば、財産分与請求権が当然に生ずるのであるが、その存否を終局的に確定する裁判は、非公開で対審構造をとらぬ非訟事件手続に基く家事審判で足りるとされる[1]。しかし、具体的内容形成が未了の財産分与請求権も一個の私権たる資格を有することを肯認するのであれば、その存否を終局的に確定する裁判は、憲法第三二条、八二条により当然対審、公開の手続に基いてなさるべきであり、現行の法体系の下においてその手続は、通常の民事訴訟手続であると解するのほかはあるまい。

上記の我妻説に反対し、鈴木忠一氏は、財産分与請求権が協議または非訟事件の裁判によって始めて形成されるものであり、その協議または非訟事件の裁判以前には私権たる実質を具えた財産分与請求権なるものが存在しないとされる[2]。この見解に従えば、具体的内容形成以前の財産分与請求権の存否にかかる確認訴訟のごときは、もとより許される余地がなく、現に同氏によって否定されているのである。同氏によれば、現行民法上の夫婦間の同居請求権、婚姻費用分担請求権、扶養請求権についても同様の考え方が妥当するというのであり、進んで、わが旧法上の夫婦間の同居の訴え、扶養の訴え、ドイツ民事訴訟法第六〇六条以下の夫婦共同生活回復の訴え（Klage auf Herstellung des ehelichen Lebens）も、その実質は形成の訴えであり、これに基づき一定の給付が命ぜられても、それは形成的給付であって、一般の確認的給付とは性格を異にするとされる[3]。

上記の鈴木氏の見解は、極めて鋭い洞察力に基くものであるが、その結論を採ることにはなお躊躇せざるを得ない。私は、同氏のいわゆる形成的給付の理論に対する理解が不十分であることをおそれるのであるが、その形成的給付とは、要するに形成プラスその形成の結果たる給付の意味にほかならないのであり、その給付には特別の性格が認められないのではなかろうかと臆測する。ただ、その給付が現行人事訴訟手続法第一五条第二項（人訴法三二条二項）または家事審判規則上の附随的裁判において命ぜられているとき既判力を伴うものでないことは、前述のとおり私も認めるのであるが、それは、該裁判の附随的性格と手続構造に関する法規の内容からもたらされる帰結にほかならず、給付請求権そのものが内容的に既判力に親しまぬからというのではない。少くともわが旧法上の同居の訴え、扶養の訴えやドイツ法上の夫婦共同生活回復の訴えに基づいて言い渡された判決が確定したとき、その前提として裁判官の権利創設権能に基く形成作用があったことを認めるにせよ、請求認容の場合は給付請求権の存在が、請求棄却の場合は給付請求権の不存在が既判力を伴って確定するという結論は、通説とともに認めざるを得ない。またその前提として、こうした同居請求権や扶養請求権が判決以前にも私権として存在し得るということも、当然これを肯認すべきであろう。それ故、わが旧民法上の扶養請求権に基づく民事訴訟法上の仮差押、仮処分は、当然認められていたはずであるし、ドイツ法上も扶養請求権に基づく仮差押、仮処分が許されぬとなす説があることを知らないのである。

かくて私は、協議または非訟事件の形式裁判による具体的内容付与前の財産分与請求権も私権たる実質を有するものであると考え、(4) 右の結論においては我妻説に同調するものである。このように具体的内容が定まらないでも私法上の権利たる実質を有することにつきおそらくは何人も疑わぬであろう例としては、民法第三八八条の地代決定前の地上権を挙げることができる。またわれわれは、その結論の当否については争の存するところであるが、最高裁判所大法廷の有名な家事審判の合憲性に関する昭和四〇年六月三〇日の二つの決定（民集一八巻四号一〇八九頁以下、同一一一四頁以下）に見られる多数意見において、協議または家事審判による具体的内容形成前の夫婦間の同居請求権ならびに婚姻費用分担請求権の存否が、それ自体で民事訴訟の訴訟物になると説示されていること、また、同じく最高裁判所大法廷の昭和三三年三月五日判決（民集一二巻三号三八一頁以下）に見られる少数意見には、罹災都市借地借家臨時処理法第二条により設定されまたは同法第三条により譲渡されたけれども、未だ協議または非訟裁判所の同法第一五条の裁判による具体的内容形成がなされる前の借地権の存否が、それ自体で民事訴訟の訴訟物になるとするものがあることを想起すべきである。なお、こうした私権たる実質を有する財産分与請求権は、私見によれば我妻説と異なり、婚姻の取消または離婚の事実が存在するだけで当然に旧夫婦相互間に発生するものである。それで、例えば離婚をした者の一方が家庭裁判所に財産分与の審判を申し立てたところ、家庭裁判所が「当事者双方がその協力によって得た財産の額その他一切の事情を考慮して、分与をさせるべき」でないという結論に達したときには、申立人の財産分与請求権そのものの存在を否定することにより申立てを不適法として却下するのでなく、既存の抽象的な分与請求権にゼロの具体的内容を付与するところの形成裁判をなすのが正しいと考える。(5)

右に述べたように、財産分与請求権が具体的内容形成前にあっても私権たる実質を有するのであれば、その存否につき既判力のある判決を求めて通常の民事訴訟を提起することは、憲法上、訴訟法上当然許されるものと解しなければならない。例えば財産分与請求権の放棄の有無が争われるような場合、その請求権の存否につき既判力のある積極的または消極的確認判決を求めて民事訴訟を提起することは、実際上の必要と法律上の利益があるものと考える。そして非訟事件の裁判所は、民事訴訟の既判力のある判決に拘束されるものであるから、さきに財産分与請求権の存否につき既判力のある判決がなされたときは、これに抵触するところの家事審判をなし得ないわけであるし、また、財産分与の審判がなされた後にこれと矛盾する民事訴訟の判決が確定したときは、さきの審判は、非訟事件に特有の事情変更を理由とする再審に準ずる申立てにより取消を免れぬものである。(6)

(1)　我妻・親族法一五六頁、一六五頁。

(2)　鈴木「非訟事件の裁判と執行の諸問題」非訟・家事事件の研究一三頁以下、同「夫婦同居等の審判に関する諸問題」同書八二頁以下。

(3)　鈴木「非訟事件の裁判の既判力」同標題書五六頁以下、同「夫婦同居等の審判に関する諸問題」非訟・家事事件の研究六六頁以下。

（4）　同旨？　山木戸「審判」家族問題と家族法Ⅶ二一八頁以下。

（5）　異説――鈴木「夫婦同居等の審判に関する諸問題」非訟・家事事件の研究八三頁は、本文掲記の場合裁判所が分与請求権を形成しないのであるとする。

（6）　Schlegelberger, Gesetz über die Angelegenheitender freiwilligen Gerichtsbarkeit 7. Aufl., § 18 Rn. 22; Keidel-Winkler, FGG 10. Aufl., § 18 Rn. 2; Baur, Freiwillige Gerichtsbarkeit 1. Bunch, § 24 C; Habscheid, Freiwillige Gerichtsbarkeit 5. Aufl., § 27 Ⅲ; Pikart-henn, Lehrbuch der Freiwilligen Gerichtsbarkeit, D Ⅲ 7; 鈴木「非訟事件に於ける裁判の無効と取消・変更」非訟事件の裁判の既判力九五頁以下、同「扶養の審判に関する問題」一七二頁以下、一九一頁以下。

四　具体的内容形成後の財産分与請求権に関する民事訴訟

協議をもって具体的内容形成がなされた財産分与請求権に基づく給付の訴えが許されることには、おそらく異論がないであろう。しかし、非訟事件の裁判をもって具体的内容形成がなされた財産分与請求権に基づく給付の訴えについては、前述のとおりこれを許すべきでないと解するのが一般である。しかし、家事審判にせよ人事訴訟手続法第一五条（人訴法三二条）の裁判にせよ、これをもって財産分与請求権の具体的内容形成をなす場合附随の給付命令をも附加するのが通例であるが、理論上はこうした給付命令をしない裁判もあり得るわけであり、それでも違法ということはできない。このように非訟事件の裁判において財産分与請求権の具体的形成がなされただけの場合、分与財産の給付を求める訴えが許されることは当然であろう。また、財産分与につき給付命令を伴った審判や離婚判決がなされたとしても、これらの裁判の原本および執行力のある正本が滅失した場合には、

四　具体的内容形成後の財産分与請求権に関する民事訴訟

財産分与請求権の具体的内容形成がすでに完了している以上さらに同じ形成裁判を求めることはできないから、該請求権の満足を得るための適切な法的手段としては既往の形成内容に従って分与財産の給付を求める訴えを提起する以外になく、その訴えは、当然許されねばならない。さらに、財産分与につき給付命令を伴った審判や離婚判決が確定してその原本および正本が現存する場合にあっても、その裁判は、形成された給付請求権の存在につき既判力を有しないから、該給付請求権の存在につき既判力を有する判決を求めて民事訴訟を提起することが許されぬはずはあるまい。ただしその場合、原則として確認の訴えだけが許され、給付の訴えは、権利保護の必要を欠き許されないが、債務者からさきの裁判を債務名義とする強制執行につき請求異議の訴えが提起されて右執行に障碍があるときのような特別の場合に限り例外として許されると解すべきであろうか。原告が債務名義たる執行証書を得ている場合でも、周知のとおり大審院の判例は、その証書に表示の執行債権にかかる給付の訴えを適法と認めており[1]、通説もこれに賛成しているが[2]、ドイツでは右の場合においておおむね上記の私見と同様に解するのが一般である[3]。

　実務で時に問題となるのは、原告が協議または非訟事件の裁判による財産分与請求権の具体的内容形成前に該請求権に関する民事訴訟を提起してきた場合である。それが訴訟裁判所において非訟事件の形成裁判をなすことを求めるものであれば、管轄違の訴えというべきである。これを不適法として却下すべきか、それとも家庭裁判所に移送し得るかについては説が分れているが[4]、最高裁判所の判例は、周知のとおり却下説をとっている[5]。しかし、原告の訴えが協議または非訟事件の形成裁判の確定に先だって自己の希望する具体的内容に従った財産分与請求権の存在につき既判力のある確認または給付の判決を求めるものであれば、未だかかる請求権の形成がないことを理由に請求棄却の実体判決をなすべきである。いずれにせよ裁判所は、原告の訴えがいかなる趣旨のであるかを十分に確めて措置を誤らぬようにする必要がある。従来の裁判例については未だ個別に当って十分な検討をしていないが、以上の点に対する認識を欠いているものがあるかもしれない。

婚姻取消または離婚前における財産分与請求の訴えは、将来の給付の訴えであって、すでに協議で財産分与請求権の具体的内容形成を終えているときは、予め請求をなす必要が認められる限り許されるものと考える。これを認容して婚姻の取消または離婚の成立を停止条件に分与財産の給付を命じた判決には仮執行の宣言を付することが理論上可能である[6]。人事訴訟手続法第一五条第一項ないし第三項（人訴法三二条）に従い婚姻の取消または離婚の判決中になされた財産分与の附随的裁判には仮執行の宣言を付し得ないと解されているが[7]、それは、この場合における財産分与の内容実現の論理的前提となる婚姻の取消または離婚の効力発生が当該附随的裁判を伴った基本たる婚姻取消または離婚の判決にかかるべきものであるからにほかならず、右と異なり婚姻の取消または離婚の効力発生が分与財産の給付を命じた判決の確定、未確定とは無関係に生じ得る場合においては別様に解するのが相当なのである。問題は、財産分与請求の訴を婚姻の取消または離婚の訴と併合して提起し得るかどうかである。異論はあり得ると思うが、人事訴訟手続法第七条第二項の併合禁止規定（人訴法一七条も同趣旨）は、かかる便法を認めぬ趣旨と解するのが相当であろう。

（1）　大審院大正七・一・二八判決・民録二四輯六七頁、同昭和一八・七・六判決・法学一三巻二号一三八頁。

（2）　菊井・民事訴訟法(下)二二六頁、兼子・条解民事訴訟法二二六条二、菊井＝村松・民事訴訟法Ⅱ二二六条〔1〕八b、岩松＝兼子編・法律実務講座民事訴訟編二巻四〇頁、斎藤・民事訴訟法概論一七六頁、小山・民事訴訟法二一二頁、新堂・民事訴訟法一七七頁。

（3）　Stein-Jonas-Münzberg, Kommentar zur Zivilprozeßordnung 19. Aufl. § 794 IX; Baumbach-Lauterbach-Albers,

Zivilprozeßordnung 29. Aufl, § 794, 1 B；Rosenberg-Schwab, Zivilprozeßrecht 10. Aufl. § 93 Ⅳ 2 a；Schönke-Baur, Zwangsvollstreckungs-, Konkurs- und Vergleichsrecht 8. Aufl. § 14 Ⅵ；A. Blomeyer, Zivilprozeßrecht, Erkenntnisverfahren, § 35 Ⅱ. なお、三ケ月・民事訴訟法六一頁は、こうしたドイツにおける通説に賛成する。

（4）　却下説——Stein-Jonas-Schönke, Kommentar zur Zivilprozeßordnung 18. Aufl., vor § 1 Ⅲ 3；Rosenberg, Lehrbuch des deutschen Zivilprozeßrechts 9. Aufl, § 13 Ⅲ 2 a；Schönke-Schröder-Niese, Zivilprozeßrecht 8. Aufl., § 12Ⅲ；Baur, Freiwillige Gerichtsbarkeit 1. Buch, § 2 B Ⅳ 2；鈴木「非訟事件の裁判の既判力」同標題書一七頁。移送の可能性を認める説——Stein-Jonas-Pohle, Kommentar zur Zivilprozeßordnung 19. Aufl. vor §1 Ⅲ 3 a；Rosenberg-Schwab, Zivilprozeßrecht 10. Aufl. § 13 Ⅲ 1 a；Keidel-Winkler, Freiwillige Gerichtsbarkeit 10. Aufl., § 1 Rn. 6；Habscheid, Freiwillige Gerichtsbarkeit 5. Aufl., § 7 Ⅲ 1；derselbe, Zum Streitverfahren der freiwilligen Gerichtsbarkeit, JZ 1954 S. 691；Pikart-Henn, Lehrbuch der freiwilligen Gerichtsbarkeit, B Ⅰ 3.

（5）　最高裁昭和三八・一一・一五判決・民集一七巻一一号一三六四頁、同昭和四四・二・二〇判決・民集二三巻二号三九九頁。

（6）　戸根「家事審判手続と民事訴訟」仮差押・仮処分に関する諸問題（司法研究報告書一四輯四号）一八一頁の旧説を改める。

（7）　神戸地裁昭和二六・二・一五判決・下級裁民集二巻二号二〇二頁、長野地裁諏訪支部昭和二六・六・二五判決・下級裁民集二巻六号八〇八頁、東京地裁昭和三一・六・七判決・下級裁民集七巻六号一五〇〇頁、市川「財産分与請求」総合判例研究叢書民法(3)一二九頁、菊井＝村松・民事訴訟法Ⅰ一九六条〔1〕八、岩松＝兼子編・法律実務講座民事訴訟編五巻一五八頁。反対——秋田地裁昭和三六・一二・二五判決・民集一二巻一二号三一九四頁、浜「財産分与の訴訟上の取扱い」司法研修所創立一五周年記念論文集(上)一四五頁。

五 財産分与と離婚慰藉料との関係についてのいわゆる包括説に対する疑問

以上に説明したとおり、私は、財産分与請求の訴えが許される場合をかなり広く認めるものであるが、このことは、もとより財産分与請求に頼らず旧来の離婚慰藉料の請求の方途によることを認めぬ趣旨ではない。ところで、近時財産分与と離婚慰藉料との関係については判例、学説において各種各様の見解が公にされ、帰一するところを知らない。そして最近の有力説によれば、財産分与請求権は、夫婦共同生活継続中の潜在的共通財産の清算、婚姻解消後の扶養に加えて離婚慰藉料の要素も包摂した一個の包括的な請求権だというのである。(1) このいわゆる包括説は、立法の沿革に動かしがたい根拠が認められる由であるところ、私は、この点につき不勉強なので実体法理論の基本に立ち入って論争の渦中に身を投ずる気持はないのであるが、右の説をとる論者が手続法との関連においてなす議論には到底承服しがたい点があるので、以下においてこれを指摘することとしたい。

包括説の論者は、財産分与請求をなし得る事案においてその申立てによらず離婚慰藉料だけを独立に請求することが許されぬとまではいわないのであるが、紛争処理の一回性を強調し、例えば原告が人事訴訟手続法第七条第二項により離婚の訴えに併合して「訴ノ原因タル事実ニ因リテ生シタル損害賠償ノ請求」の訴えを提起している場合は、裁判所は、釈明権を行使して損害賠償の請求を財産分与の申立てに移行させることに努めよという。(2) さらにこの包括説の影響を受けた一部の裁判所におけるある時期の扱いでは、事件受理の段階からすでに右釈明権行使の結果を先取りするかのごとく、離婚の訴えの訴状において明白に慰藉料請求が記載されていても、該請求についての申立手数料としては、請求額の多寡を問わず(旧)民事訴訟費用等に関する法律別表第一第一五項の家事審判法第九条第一項乙類に掲げる事項の審判の申立てのそれに準じ一律に金三〇〇円を徴収していたのを私は知っている。(3) しかし慰藉料請求の訴えは、疑もなく既判力を伴う訴訟事件の判決の申立てであり、財産分与に関する非訟事件の裁判の申立てとは全く異質のものである。前者を後者に移行させるように努めるというのは、ひっきょう原告に対して訴えの取下げを促すことに帰し、ここに至ってはもはや裁判所に許された釈明権の行使とは全く異質の措置であり、原告の裁判を求める権利を不当に軽視するものといわなければならない。離婚の訴えに併合して提起された慰藉料請求の訴えについての手数料にかかる前示の取扱が極めて恣意的なものであることも、多言を要せずして明らかであろう。

また包括説の論者は、あるいは「すでに調停・審判または人訴（一五条）の手続で財産分与請求が認められた後には、請求（拙注―離婚そのものによる損害の賠償請求）を是認する余地がないのみならず、すでにこれらの手続が開始した後は、それらの手続を優先させる（訴を却下する）のが制度の目的に適する」といい、(4) あるいは「慰藉料のみの支払を請求したければ――財産分与の包括説的理解を得れば、そのようなことは通常起こり得ないはずであるが――財産分与の内容を慰藉料的要素につき限局すればよく（包括説はこのことを可能にする）、また反対に、財産分与が慰藉料的要素を含んで得られた場合は、もはや慰藉料の請求をあとから独立にする利益が失われると解すべきで、いずれにせよ、財産分与のほかに慰藉料請求を独立に認める要をみない」という。(5) しかし、すでに繰り返し述べたように、財産分与に関する家事審判および人事訴訟手続法第一五条（人訴法三二条）の裁判は、本質的に非訟事件の裁判なのであるから、これによって形成された具体的内容を有する財産分与請求権の存在につき既判力を伴い得ないものである。したがって、右財産分与請求権が慰藉料的要素を包摂することを肯認するにしても、これに関する非訟事件の裁判の後または同裁判の手続中に別に慰藉料請求権の存在につき既判力を有する民事訴訟の判決を求めて訴えを提起することは、当該許されると考えたいのであるが、それが何故いけないのか、私にはその論拠を理解することができない。論者は、財産分与に関する家事審判または人事訴訟手続法第一五条（人訴法三二条）の裁判の内容および効力には非訟事件の裁判たる性質からもたらされる一定の限界があることを忘れ、国民から実体私法上の権利の存否につき対審、公開の手続を経た既判力のある裁判を求める憲法上の権利を奪うかのごとき立論をなしているものと評すべきである。

（1）我妻・親族法一四九頁以下、来栖「離婚による慰藉料の請求が認められるか――慰藉料請求権と財産分与請求権との関係」法学協会雑誌七四巻二号二〇一頁、高野・財産分与の研究（司法研究報告書一四輯七号）、同「財産分与と離婚慰藉料」ジュリスト五〇〇号二一〇頁。

（2）我妻・親族法一五七頁。なお、川島「離婚慰藉料と財産分与との関係」我妻還暦記念・損害賠償責任の研究上二七九頁参照。

（3）離婚の訴えに併合して慰藉料請求の訴えが提起された場合、手数料につき本文掲記の取扱いをしていた裁判所も、それ以外の点では慰藉料請求の訴えを全く通常の民事訴訟の提起と見てこれにつき判決している例を見たことがあるが、立場が一貫していないものというべきである。

（4）我妻・親族法一五七頁。

（5）高野「財産分与と離婚慰藉料」ジュリスト五〇〇号二一二頁。

六　財産分与請求を本案とする仮差押、仮処分

財産分与請求を本案とする民事訴訟法上の仮差押、仮処分については、従来から判例、学説においてはなはだ多岐な論議がなされており、私もかつて所見の一端を公にしたことがあるが[1]、旧稿を読み返してみると随所に欠

陥、誤謬が目につく。しかし根本的な改稿は、家事審判事項または非訟事件一般を本案とする仮差押、仮処分の問題を扱うものとして後日に期することとし、本稿では他の記載部分との繁簡の権衡も考慮してごく概括的な記述をなすにとどめたい。

広く財産分与に関する裁判の申立てといっても、前述したところから明らかなように、その態様としては、㈠家事審判法第九条第一項乙類第五号の家事審判の申立て、㈡人事訴訟手続法第一五条第一項ないし第三項に基づく婚姻の取消または離婚の判決に付随する処分の申立てのほかに、㈢協議または上記の非訟事件の裁判による具体的内容形成前の財産分与請求権の存在または不存在確認の訴え、㈣具体的内容形成を終えた財産分与請求権の存在または不存在確認の訴え、㈤該請求権に基づく給付の訴えがある。そして、以上のうち第三の具体的内容形成前の財産分与請求権にかかる存否の確認の訴えについては、これを本案とする仮差押または係争物に関する仮処分が許されぬことはいうまでもないし、仮の地位を定める仮処分として許される種類のものがあるとも想定することができない。第四の具体的内容形成を終えた財産分与請求権にかかる存否の確認の訴えについては多少問題であるが、確認の訴の本案適格に関する一般の理解に従えば、消極的確認の訴えが仮差押および係争物に関する仮処分の本案たり得ないのを例外として、これを積極に解すべきであろう(2)。第五の具体的内容形成を終えた財産分与請求権に基く給付の訴えが仮差押、仮処分の本案たり得ることは、いうまでもない。以上は、仮差押、仮処分の本案適格のある訴えの範囲に関する一般論に何も附加するところのない議論であるが、従来財産分与請求を本案とする仮差押、仮処分に関連してはほとんど等閑に附されているところなので、あえて記述したものである。そして私は、財産分与請求にかかる仮差押、仮処分が許されるのは、右に述べた本案適格のある民事訴訟の提起が背景となっている場合に限られると考えるのである。

財産分与請求に関するものを含め一般に非訟事件手続でなされる家事審判事件が民事訴訟法上の仮差押、仮処分の本案たり得ると解する説は、家事審判制度の施行後絶えることがないけれども、根拠がないものである。(3)立法者は、すべての民事事件を訴訟裁判所と非訟裁判所とに峻別して分配しているのであり、非訟裁判所が訴訟裁判所の所管事件につき裁判することも訴訟裁判所が非訟裁判所の所管事件につき裁判することも、ともに裁判権(Gerichts-barkeit)の侵害として許さるべきでない。(4)そして民事訴訟法上の仮差押、仮処分は、同法の体系の一部を構成するものとして訴訟裁判所の分配された事件であり、訴訟裁判所が訴訟手続により存否の裁判をなす請求のためにのみ許されるものである。民事訴訟法の制定者は、同法上の仮差押、仮処分が非訟裁判権を有する非訟裁判所に分配された事件を本案としてなされることを予定していたものではない。(5)非訟裁判所に分配された事件の裁判前に保全的処分を必要とする場合は、ひとしく非訟事件手続によってこれをなすべきものとして特別の規定が設けられているのが一般であり(例えば商法第五八条第二項、非訟事件手続法第一三五条ノ二、商法第三八六条第一項第九号・第二項、非訟事件手続法第一三五条ノ二四以下、商法第四五四条第一項六号・第二項、非訟事件手続法第一三六条以下(会社法五四〇条一項・二項・五四一条ないし五四三条、八二五条一項))、たまたまそうした特別規定が欠けているものについても、民事訴訟法上の仮差押、仮処分によることができると解するのは誤である。(7)(6)

以上に述べたところに対しては、人事訴訟手続法第一五条(人訴法三二条)により婚姻の取消または離婚の判決中に財産分与を命ずるときのように、性質上非訟事件と目すべきものが実定法上訴訟手続により裁判される場合について疑問を挟む余地があり、判例、学説においては、非訟事件を本案とする仮差押、仮処分が原則的には許されぬとしても、この場合は例外的に許されるとなす見解が有力である。(8)しかし、婚姻の取消または離婚の判決中に掲げられる財産分与に関する処分も、本質において非訟事件の裁判である以上、これが形式的に確定しても既判力を伴わぬものであるから、人事訴訟手続法第一五条の財産分与に関する裁判の申立も、仮差押、仮処分の本案としての適格に欠けるものと解すべきであろう。(9)

（1）　拙稿「家事審判手続と民事訴訟」仮差押・仮処分に関する諸問題（司法研究報告書一四輯四号）一八六頁以下。

（2）　Stein-Jonas-Grunsky, Kommentar zur Zivilprozeßordnung 19. Aufl, § 926 Ⅲ；菊井「仮処分と本案訴訟」民事訴訟法講座四巻一二三一頁以下、吉川「保全処分の取消と起訴命令」保全処分の研究三一七頁以下。

（3）　東京家裁昭和三二・九・二七決定・家裁月報九巻九号三五頁、同昭和三三・五・二三判決・同月報一〇巻五号五二頁、浦和地裁熊谷支部昭和三九・一・三〇判決・下級民集一五巻一号八八頁、菊井「仮処分と本案訴訟」民事訴訟法講座四巻一二三四頁、兼子「特殊仮処分の手続」民事訴訟雑誌1三〇頁、同・増補強制執行法三〇三頁、野間「被保全権利」吉川還暦記念・保全処分の体系(上)一八七頁以下、柳川・新訂保全訴訟一一八頁、中村「家事事件の保全処分」判例タイムズ八六号二四頁以下、西山・保全処分概論三四頁以下、山田「財産分与請求権の保全方法」兼子還暦記念・裁判法の諸問題七一〇頁以下、山崎「家事審判事項を本案とする保全処分」宮崎＝中野編・仮処分の基礎一四頁以下。

但し、以上各説の論拠は、必ずしも一様でなく、結論においても非訟事件一般につき本案適格を認めるものとそのうち争訟的性格のものに限り本案適格を認めるものとがある。さらに、非訟事件につき本案適格を否定する原則論によりながら非訟事件の裁判により将来形成さるべき請求権を本案とする仮差押、仮処分についてはこれを認むべしとする趣旨かと思われるものもあるが、その場合民事訴訟法第七四六条（民保法三七条）の起訴命令を受けて提起すべき訴えとしては家事審判のような非訟事件の裁判の申立てで足りるのか将来の給付の訴えその他の訴訟の提起を必要とするのかは、必ずしも明らかでない。もし後者とするのであれば、一般論として私もあえて反対するものでないが、さような将来の給付の訴え等が現実に認容される場合があるとは容易に想定することができない。以上の点に関する認識につき、拙稿「家事審判手続と民事訴訟」仮差押・仮処分に関する諸問題（司法研究報告書一四輯四号）一八一頁、一九二頁の見解を改める。

(4) Stein-Jonas-Pohle, Kommentar zur Zivilprozeßordnung 19. Aufl., vor § 1 Ⅲ 3.

(5) Stein-Jonas-Pohle, Kommentar zur Zivilprozeßordnung 18. Aufl., vor § 919 Ⅰ 1 a ; Stein-Jonas-Grunsky, Kommentar zur Zivilprozeßordnung 19. Aufl., vor § 916 Ⅱ 6 ; Keidel-Winkler, Freiwillige Gerichtsbarkeit 10. Aufl. ; 鈴木「非訟事件の裁判及び訴訟上の和解の既判力」非訟事件の裁判の既判力一六三頁以下、同「非訟事件の裁判と執行の諸問題」非訟・家事事件の研究三六頁以下、山木戸「家事審判と保全処分」家族法大系Ⅰ三一〇頁以下、三ケ月「戦後の仮処分判例の研究」民事訴訟法研究二巻三八頁以下、宮脇「非訟事件と保全訴訟」民事法の諸問題三四二頁以下、岡垣「非訟事件を本案とする仮処分」村松還暦記念・仮処分の研究下二三一頁以下。

(6) 家事審判規則第二三条、第三〇条、第五六条の二、第七四条、第八六条、第九二条、第九五条、第一〇六条、第一二六条の各種審判前の仮の処分に執行力および形成力が認められるかどうかにつき争いのあることは、周知のとおりであり、これを積極に解する論者は、こうした仮の処分に関する規定の存在を非訟事件を本案とする仮差押、仮処分の許されぬことの根拠に援用している（鈴木「非訟事件の裁判および訴訟上の和解の既判力」非訟事件の裁判の既判力一六四頁、なお、岡垣「非訟事件を本案とする仮処分」村松還暦記念・仮処分の研究(下)二三三頁参照)。これに対し私は、執行力のある仮の処分に関する特別規定のあるところに仮差押、仮処分が許されぬという原則論を承認するものであるが、家事審判規則上の仮の処分には執行力がないという説に左袒するので、家事審判事件については仮の処分の規定が欠けているにひとしいと考えたい。

(7) 非訟事件を本案とする民事訴訟法上の仮差押、仮処分が許されないという原則に対しては、いわゆる真正訴訟事件につき疑問を挟む余地がないではない。真正訴訟事件とは、非訟事件手続によりながら申立人の主張する私権の存否につき終局的確定の裁判をなすことを目的とする本質的には訴訟事件であって、その裁判も既判力を伴う点において通常の非訟事件とは異なるからである。しかしこの種の事件も、実定法上非訟事件に編入されて訴訟裁判所の所管事項から外されている限り、民事訴訟法上の仮差押、仮処分の本案たり得ぬと解する方が立法者の意思に合致するであろう。私は、以前右と別様の見解を述べたことがある（拙稿「仮差押、仮処分と本案」日弁連特別研修叢書昭和五一年度四三九頁以下）が、これを撤回する。その際私は、仮差押、仮処分の本案たり得べき真正訴訟事件の例として商法上の各種査定事件を挙げたが、これについては同法第三八六条第一項第九号、第二項、第四五四条第一項第五号の保全処分に関する規定があることを忘れていたもので、その意味でも誤りである（この項は、本書所収「人事訴法と民事保全」三一一頁で改説した）。

（8）　東京高裁昭和三五・四・二八判決・下級裁民集一一巻四号九五四頁以下、同昭和三五・五・二六決定・同集一一巻五号一一六〇号以下、鈴木「非訟事件と執行の諸問題」非訟・家事事件の研究三七頁以下、宮脇「非訟事件と保全訴訟」民事法の諸問題Ⅰ三四七頁、市川「財産分与請求」総合判例研究叢書民法(3)一二六頁、岡垣「非訟事件を本案とする仮処分」村松還暦記念・仮処分の研究(下)二三七頁以下、同「人事訴訟における仮処分の性質」山木戸還暦記念・実体法と手続法の交錯(上)三一七頁以下、太田・家事・人事事件に関する保全処分の研究（司法研究報告書二八輯一号）二四四頁以下。

（9）　東京地裁昭和三四・二・二七決定・判例時報一三三号一〇頁以下、最高裁民事部長昭和二三・一二・二二回答・最高裁通達通知回答集上八〇頁の一、中島「人事訴訟事件を本案とする仮処分」村松還暦記念・仮処分の研究(下)二七六頁以下、中野「通常仮処分か特殊仮処分か」強制執行・破産の研究二七〇頁以下。

なお本文に記載したところについては、人事訴訟手続法第一六条の規定との関連においてさらに詳論の要があることを認めるが、私見は、未だ熟しない。通説は、同法第一五条による子の監護や財産分与に関する処分の申立を本案として同法第一六条の仮処分をするのだと理解している。これに対し私は、旧稿において同法第一六条の存在の故に財産分与の仮処分が許されることにはならないとし、その根拠として、同条の「子ノ監護其他ノ仮処分」の本案は、(1)同法第一五条の付随の裁判の申立てでなく、(2)婚姻の取消または離婚の訴えであると論じていた「戸根「家事審判手続と民事訴訟」仮差押・仮処分に関する諸問題（司法研究報告書一四輯四号）一九〇頁以下）。右(1)の点は、今でも正しいと思っているが、(2)の点は、これを撤回せざるを得ない。けだし、婚姻の取消または離婚訴訟における原告勝訴の本案判決が確定しても、そのことから論理必然的に子の監護等に関する仮処分の内容の終局的実現がもたらされるわけではないからである。そうすると、同条が民事訴訟法上の通常仮処分の規定であるとすれば、本案なきところに仮処分なしという原則を曲げるわけにゆかないから、同条は、立法者の過誤により理論を無視したところの適用の余地のない規定といえそうである。甚だ奇異な結論と思われるかもしれないが、これを論破することはむずかしい。これに対し上記中島、中野両氏の論稿は、同条が民事訴訟法上の通常仮処分（einstweilige Verfügung）ではなくて特殊仮処分（einstweilige Anordnung）の規定であるとして説得力のある論証を試みている。この見解に従えば問題は解消するのであるが、同条の文言等との関連においてなお検討を必要としよう。

以上の点につき、筆者の最近の見解は、本書所収「人事訴訟と民事保全」三一七頁以下。

——山木戸教授還暦記念（一九七八年）所載——

3 瑕疵のある非訟事件の裁判の確定と訴訟裁判所の判断

——最高裁判例から取材した問題研究——

一　事案の概要
二　嫡出推定と親子関係不存在確認訴訟
三　血縁上の父による特別養子の認知
四　非訟事件の確定裁判の取消し、変更
五　非訟事件の裁判の確定と関連民事訴訟の適否
六　非訟事件の裁判の瑕疵に関する訴訟裁判所の判断の限界

一　事案の概要

今さら採り上げるのは、いささか時機後れの感があるが、最高裁判所平成七年七月一四日第二小法廷判決（平成六年（オ）第四二五号親子関係不存在確認請求事件・民集四九巻七号二六七四頁、判時一五四一号九六頁）と同決定の取り扱った事案は、各種の実体法上および手続法上の問題、とりわけ訴訟と非訟の関連、交錯につき興味のある研究材料を提供した。

1　事案の経過は、次のとおりである。

(1)　A女は、B男との婚姻継続中に懐胎し、昭和五九年三月一四日に姉娘のaを、昭和六二年一月一日に妹娘のbを分娩したので、a、bの双方につきA・B間の嫡出子としての出生届出がなされた。しかし、AとBとは、昭和五七年ころから仲が悪く、家庭内で別居同然の生活を送っていたもので、aの出生直後の昭和五九年三月ころBが転居してからは、完全な別居状態になり、平成二年六月二八日に協議離婚の届出をした。K男は、昭和五八年からA女と懇ろで情を通じており、昭和六一年秋ころからAと疎遠な状態になったが、「自分がa、bの血縁上の父である」と信じ、a、bを認知するのに必要な法的手続に入った。

(2)　第一審判決

Kは、平成三年四月一四日、福島家庭裁判所郡山支部にB・a間およびB・b間の各親子関係不存在確認の調停を申し立て、やがてこの調停申立てを取り下げたが、平成四年六月一一日、福島地方裁判所郡山支部にB、 a、bを共同被告とし、B・a間およびB・b間の各親子関係不存在確認を求める訴えを提起した。同地裁支部は、平成五年三月二六日、Kがa、bの血縁上の父であると認め、Kの請求を認容する第一審判決（判例時報一五〇八号一三〇頁）を言い渡し、この判決のうちB・a間の親子関係不存在を確認した部分は、控訴もなく、そのまま確定した。

しかし、同判決のうちB・b間の親子関係不存在を確認した部分については、後述のように、その後審級を上下して複雑な経過をたどったのであり、手許の資料では、訴訟の終了時期と終局的内容を確知することができない。

(3)　特別養子縁組の審判

Kの右調停申立てに先立つ平成二年、C-Dの夫婦は、福島家庭裁判所郡山支部にbを自分達の特別養子とする審判を申し立てていた。そこでKは同審判事件を担当する審判官に上記親子関係不存在確認の調停申立てと訴えの経緯を示し、審判の猶予を要請する上申をした。しかし、同家裁支部は、この上申に意を用いず、Kにはさらに手続関与の機会を与えぬまま、平成四年一〇月一六日、bをC-Dの特別養子とする審判をした。そして、これに対しKが提起した即時抗告も、仙台高等裁判所平成五年一月一八日決定によって、Kがbの法律上の父たる身分を有するものではないということを理由に、不適法として却下され、結局この特別養子関係を成立させた審判は、前掲親子関係不存在確認訴訟の第一審係属中に確定してしまった（右の抗告審決定に対するKの特別抗告も却下されている）。

(4)　第一次控訴審判決

第一審福島地方裁判所郡山支部の判決は、前述のとおり、Kがbの血縁上の父であると認めて、B・b間の親子関係の不存在を確認したものであるが、前掲の特別養子縁組を成立させた審判が訴えの適否に及ぼす影響については言及しなかった。これに対して控訴審仙台高等裁判所は、次の理由により第一審判決の関係部分を取り消し、Kの訴えを却下した（平成五年一一月三〇日判決・民集四九巻七号二六八一頁、判時一五〇八号一二八頁）。すなわち、既にC-Dを養親とし、bを養子とする特別養子縁組成立の審判が確定している以上、「民法八一七条の九本文によってbと実方の父母との親族関係は終了しているところ、右規定は養父母を唯一の父母とすることによって養子の地位を明確にし、その健全な育成を図ることを目的とするものであり、その趣旨に鑑みると、生理上の父から認知をうけないまま特別養子となった子を、縁組後に右父が認知することは禁止されているというべきであるから、Kがbの生理上の父であるとしても、もはやbを認知することはできないことになる。」と説示した上、右認知をする前提としてB・b間の親子関係不存在の確認を求める訴えは、確認の利益を欠き不適法として却下を免れないとしたものである。

(5)　第一次上告審判決

Kは、上告を提起したところ、上告審最高裁判所は、裁判官全員（根岸重治、中島敏次郎、大西勝也、河合伸一）一致の意見で、原判決を破棄し、事件を原審仙台高等裁判所に差し戻した（最高裁第二小法廷平成七年七月一四日判決・民集四九巻七号二六七四頁、判時一五四一号九六頁）。これが、本稿の冒頭に掲げた判決であって、その判示の内容は、次のとおりである。

「子の血縁上の父は、戸籍上の父と子との親子関係が存在しないことの確認を求める訴えの利益を有するものと解されるところ、その子を第三者の特別養子とする審判が確定した場合においては、原則として右訴えの利益は消滅するが、右審判に準再審の事由があると認められるときは、将来、子を認知することが可能になるのであるから、右の訴えの利益は失われないものと解するのが相当である。

これを本件についてみると、記録によれば、bをC-Dの特別養子とする審判（以下「本件審判」という。）が確定していることは明らかであるが、Kは、bが出生したことを知った直後から自分がbの血縁上の父であると主張し、bを認知するために調停の申立てを行い、次いで本件訴えを提起していた上、本件審判を行った福島家庭裁判所郡山支部裁判官も、Kの上申を受けるなどしてこのことを知っていたなどの事情がうかがわれる。右のような事情がある場合においては、Kについて民法八一七条の六ただし書に該当する事由が認められるなどの特段の事情のない限り、特別養子縁組を成立させる審判を担当する審判官が、本件訴えの帰すうが定まらないにもかかわらず、bを特別養子とする審判をすることは許されないものと解される。なぜならば、仮に、Kがbの血縁上の父であったとしても、bを特別養子とする審判がなされたならば、bを認知する権利は消滅するものと解せざるを得ないところ（民法八一七条の九）、Kがbを認知する権利を現実に行使するためとして本件訴えを提起しているにもかかわらず、右の特段の事情も認められないのに、裁判所がKの意思に反してbを特別養子とする審判をすることによって、Kが主張する権利の実現のみを閉ざすことは、著しく手続的正義に反するといわざるを得ないからである。

そして、bの血縁上の父であって、右の特段の事情が認められない場合には、特別養子縁組を成立させる審判の申立てについて審理を担当する審判官が本件訴えの帰すうが定まるのを待っていれば、Kは、bを認知した上で、事件当事者たる父として右審判申立事件に関与することができたはずであって、本件審判は、前記のような事情を考慮した適正な手続を執らず、事件当事者となるべき者に対して手続に関与する機会を与えることなくなされたものといわざるを得ないことになる。そうであれば、Kがbの血縁上の父であって、右の特段の事情が認められない場合には、本件審判には、家事審判法七条、非訟事件手続法二五条、民訴法四二九条、四二〇条一項三号（新民訴法三四九条、三三八条一項三号）の準再審の事由があるものと解するのが相当であって、本件審判が確定したことの一事をもって本件訴えの利益は失われたものとした原審の判断は、法令の解釈を誤り、ひいては審理不尽の違法を犯したものといわざるを得ない。」

(6)　第二次控訴審判決

そこで、事件の差戻しを受けた仙台高等裁判所は、事実審理の上、あらためてKの訴えを不適法として却下した（平成八年九月二日判決・判例評論四七一号六頁、民商一一六巻一号九七頁）。

同裁判所は、DNA鑑定まで経由してKがbの血縁上の父であると断定したが、Kのbに対する暴力やC－Dの庇護下におけるbの安定した生活環境の事実を認定して、「本件においては、Kにつき民法八一七条の六但書に該当する事由が存在するというべきであるから、bの特別養子縁組申立事件を担当した家庭裁判所において、Kの提起した親子関係不存在確認の調停あるいは訴訟の帰趨を見極める以前にした本件審判であっても、これを目して、必ずしも手続的正義に反したものとまでいう必要はないと解される。そうすると、本件審判は手続上誤りがなく、準再審の事由は存在しないというべきであるし、他にも本件審判の効力を覆すべき事情は認められないから、本件審判の確定によりbの実方の親族関係は、血縁上の父である公算の大きいKとの関係でも終了したことになる。したがって、本件親子関係不存在確認の訴えの利益は消滅したというほかない。」と説示したのである。

(7)　第二次上告審判決

Kは、さらに第二次控訴審判決に対し上告を申し立てたところ、上告審最高裁判所は、裁判官（千種秀夫、園部逸夫、尾崎行信、元原利文、金谷利廣）一致の意見で、再び原判決を破棄し、事件を控訴審に差し戻した（最高裁第三小法廷平成一〇年七月一四日判決・裁判所時報一二二三号九頁、判時一六五二号七一頁、判タ九八四号九九頁。最高裁判例集の相当号には登載されていないが、裁判所時報の登載を経由した裁判例としては異例である）。その判示の内容は、次のとおりである。

「第一次上告審判決は、確かに、本件の訴えの利益の有無を判断するに当たり、……準再審の事由の有無についても審理すべき旨を説示している。ただ、その際考慮すべきは、本件審判についての本来の準再審事由は、子の血縁上の父に特別養子縁組を成立させる審判手続に関与する機会を与えなかったことであると解されることである（民訴法三四九条、三三八条一項三号参照）。しかし、血縁上の父であっても、民法八一七条の六ただし書に該当する事由が認められるなどの特段の事情が認められる場合は、このような父の同意を要することなく特別養子縁組を成立させることができるから、第一次上告審判決は、本来の再審事由から右の特段の事情がある場合を除外すべき旨を付加したものと考えられるのである。

本件親子関係不存在確認訴訟は、Kが本件審判についての準再審手続において本件養子縁組の成立の取消しを求める適格を取得するために提起したものと考えられるところ、第一次上告審判決は、本件の訴えの利益を判断するためには、本件審判に関する準再審の事由の有無を決すべきものと判示しているかにみえる。しかし、右準再審手続は、元来審判をした裁判所の専属管轄に属するものであり（民訴法三四九条、三四〇条）、準再審事由の有無も、最終的には準再審裁判所が判断するものである。そして、仮に、原審が準再審の事由が認められないとして訴えの利益を否定し、本件訴えを却下したならば、Kはこれにより本件審判についての準再審のみちを閉ざされる結果に至る。一方、民法八一七条の六ただし書に該当する事由は、本来はその性質上、家庭裁判所が審判の手続において判断すべき事柄であり、また、科学調査制度等を有する家庭裁判所が判断するのに適した事項である。これらの諸点を考慮すると、第一次上告審判決の意味するところは、本件の訴えの利益の有無を判断するに当たり、準再審の事由がないことが明白である場合は格別、準再審の事由がないとはいえず準再審開始の可能性がある場合には、子の血縁上の父と主張する者に対し、準再審のみちを閉ざさないよう配慮すべきことを説示したものと考えられるのである。

そのことは、本件について、民法八一七条の六ただし書に該当する事由が在るか否かを判断するに当たっても同様であって、もしそのような明白な事由が存在し、もはや家庭裁判所の判断を要しないと判断される場合には、訴えの利益を否定することができるが、右ただし書に該当することが明白な事由の存在するとはいえない場合には、訴えの利益を否定することはできないと解するのが相当である。これを本件について見ると、前記原審の（bがかつてKから冷遇され、今はC−Dの庇護下に安住の場を得ているという）認定事実をもってしては、いまだ、Kがbを虐待し又は悪意で遺棄したなどの右ただし書に該当することが明白であるとすべき事由が存在するとはいえないから、これのみをもって直ちに本件の訴えの利益を否定するのは相当とはいえず、これと異なる見解に立って本件につき訴えの利益を否定した原審の判断には、法令の解釈を誤った違法があり、この違法は原判決の結論に影響を及ぼすことが明らかである。」

2　本件事案の中心をなす第一次上告審判決は、すでに多数の学者、実務家による評釈、紹介の対象となっている（①池尻郁夫・判例評論四七一号二頁、②上原敏夫・NBL五九一号五八頁、③佐上善和・民商法雑誌一一六巻一号八五頁、④鈴木正裕・私法判例リマークス一三号一二四頁、⑤中川高男・法学教室一八六号別冊二五頁、⑥本間靖規・法学教室一八六号七〇頁、⑦南敏文・判例タイムズ九一三号一五〇頁、⑧綿引万里子・最高裁判例解説民事編平成七年度

（下）七六八頁）。諸家の所説は、単なる判例の紹介にとどまるものを除き、すべて本第一次上告審判決に賛成し、これに先行する家事審判と判決を手続保障軽視の観点から論難することを主眼としたものである。しかし、その後の事案の過程では、第二次控訴審判決と第二次上告審判決が、諸家の論及外のところで第一次上告審判決に内在する問題点を浮き彫りにしたし、論ずべき事項は、極めて多岐、広範にわたっている。

私は、第一次上告審判決の結論には賛成であるが、その説示理由とこれに賛意を表する諸家の見解には、多くの点で根本的に異論を有するものである。本稿は、第一次上告審判決を主たる評釈の対象としつつ、必要に応じその前後各審の判決にも目を向け、手続の全過程から各種関連の法律問題を摘出し、これに対する論述を試みるものにほかならない。

二　嫡出推定と親子関係不存在確認訴訟

まず、本稿の主題から若干それる事柄であり、訴訟の過程では問題視されなかったらしいが、第一審裁判所がKの請求を認容してBと姉娘aとの間の親子関係不存在も確認し、この判決部分が控訴もなく確定した点を取り上げたい。

本件の事実関係によれば、姉娘のaは、A女がB男との婚姻中に懐胎した子であるから、民法第七七二条第一項により、Bの子と推定されるものといわねばならない。AとBとは、かねて不仲で家庭内で別居同然であったが、BがA方から転居して完全に別居状態となったのは、aの出生直後であったというのであるから、この程度の事情から同条項によるaの嫡出推定を否定することは、到底できないであろう。しかるに本件の事案において、その嫡出性を否認し得る唯一の適格者たるBは、同法第七七四条による嫡出否認の訴えを提起していないようであり（提起しても、同法第七七七条の出訴期間徒過による訴え却下を免れなかったであろう）、当然の帰結としてその原告勝訴判決確定の事実もない。それ故、aの嫡出推定を覆す形成の効果が未だ生じていないから、法律上はB・a間の親子関係の存在を否定し得ない筋合いである。第一審裁判所は、K・a間の血縁上の父子関係の存在を肯認したことに幻惑されて上記の法理論を看過したのか、あるいは、あえて意識的にこの法理論を無視したのかは、判然としないが、いずれにせよB・a間の親子関係の不存在を確認したのは、明らかに誤判であったといわなければならない。すべからくKの該親子関係不存在確認の請求は、これを理由なしとして棄却すべきであった。(1) 嫡出否認の訴えの原告適格者と提起期間に関するわが法の制限規定（民法七七四条、七七七条、七七八条、人訴法四一条）が狭きに過ぎることは、識者のひとしく認めるところであるが、現行法上は、上記の結論を承認せざるを得ない。立法論は、本稿の主眼でなく、私のよくするところでもないが、本件の事案におけるKのような血縁上の父にも原告適格を認め、子の出生（昭和五九年三月）から七年もたった後（平成三年四月調停申立て）に嫡出性を争うことも許すのは、当を得ないであろう。

なお、妹娘のbも、AがBとの婚姻中に懐胎した子であるが、出生の三年位前からAとBが別居しているので、bについては民法第七七二条の嫡出推定が働かないと解すべきであろう。(2)

（1）　本文掲記のような場合や非嫡出子が認知請求によらず親子関係存在確認の訴えを提起した場合、従来の裁判例では、おしなべて請求棄却ではなく訴え却下の訴訟判決をしている。例えば、最高裁平成二年七月一九日判決・判例時報一三六〇号一一五頁、同平成五年一〇月一二日判決・判例時報一四八六号六九頁、同平成一〇年八月三一日判決（二件）・裁判所時報一二二六号一〇頁、判例時報一六五五号一一二頁、判例タイムズ九八六号一六〇頁、同平成一二年三月一四日判決・判例時報一七〇八号一〇六頁、大阪高裁昭和五一年九月二一日判決・判例時報八四七号六一頁、東京高裁平成一〇年三月一〇日判決・判例時報一六五五号一三五頁等。しかしこれは、誤りである。これらの事案における原告は、何も単なる自然血縁的親子関係の存否確認を求めているのではなく、やはり扶養、相続等に影響を及ぼす法律上の親子関係の存否確認を求めていると解するのが、彼の合理的意思に合致する。ただその請求は、嫡出否認や認知による形成の効果が発生する前にその効果を先取りして親子関係の存否を云々するという誤った論理に立脚したもので、有理性（Schlüssigkeit）を欠くから、棄却を免れないのである（兼子一「親子関係の確認」民事法研究一巻三五三頁、拙稿・姫路法学一三号一四九頁、同・ジュリスト平成五年度重要判例解説一三七頁）。

（2）　最高裁昭和四四年五月二九日判決・民集二三巻六号一〇六四頁。

三　血縁上の父による特別養子の認知

1　本件の中心課題は、bを特別養子とする審判の確定後にbの血縁上の父たるKが提起した、戸籍上の父たるBとbとの間の親子関係不存在確認の訴えの適否にほかならない。そして、第一次上告審判決は、「子の血縁上の父（K）は、戸籍上の父（B）と子（b）との間に親子関係が存在しないことの確認を求める訴えの利益を有するものと解されるところ、その子（b）を第三者の特別養子とする審判が確定した場合においては、原則として右訴えの利益は消滅する」と説示し（右の原則に対する例外にも言及するが、これについては後に詳述する）、何故この場合に訴えの利益が消滅するかといえば、別の箇所の所述によると、民法第八一七条の九によれば、該審判の確定に基づき特別養子縁組が成立すると、これによって血縁上の父（K）が養子（b）を認知する権利は消滅するからというのである。各審級の裁判所も、この見解に準拠しており、第二次控訴審判決は、より詳しく、

「子を第三者の特別養子とする審判が確定した場合においては、それによって子と実方の父母との親族関係すなわち嫡出或いは非嫡出の親子関係も終了するのであるから（民法八一七条の九）、認知前のいわゆる未然的親子関係も当然に終了すると解すべきであるし、右親子関係終了の趣旨が、養父母を唯一の父母とすることによって養子の地位を明確にし、その健全な育成を図ることにあることを考慮すれば、特別養子縁組の成立後は、たとえ、その子に戸籍上の子とは別に血縁上の父がいたとしても、もはやその者が子を認知することは許されないと解すべきである。」と説示している。そして、公刊の文献も、おおむねこの認知権消滅説を支持しており(1)、その理由とするところは、上記の判示と大同小異であって、なお、特別養子縁組により既往の認知に基づく非嫡出子関係も終了する以上、その後の認知は、本来の効力を生ぜず、法律上の利益を欠く行為であるとの説明を附加するものもある。

2　しかし私見によれば、本件の事案は、上記の認知権消滅説が根拠に乏しいことを窺わせるものである。各審級の裁判所がひとしくこの見解を固持したことが、訴訟の紛糾をもたらした原因にほかならない。

(1)　A女は、B男との婚姻継続中に懐胎し、bを分娩したので、bにつきA・B間の子として出生届出がなされたことから、bの血縁上の父であると主張するKは、bを認知するためにB・b間の親子関係が存在しないことの確認の訴えを提起したところ、その訴訟の係属中に、bを第三者の特別養子とする縁組を成立させる家事審判が確定したというのが、本件の経緯である。それで、民法第八一七条の九によれば、かりにBがbの血縁上の父であっても、B・b間の親子関係は、特別縁組の成立によって終了したものであり、いずれにせよ、その後の時点でB・b間の親子関係が存在しないことは、動かすことができない。そして、もしKの提起した訴えが単純に現時点における右親子関係の不存在確認を求めるものであれば、その結論は、身分関係の現状に吻合しており、これを争う関係人はいないであろうし、争っても仕方がないことであるが、それだけに無意味であり、民法第八一七条の九の規定があるので、Kが特別養子であるbとの間に将来にわたる親子関係を形成すべく認知し得る前提にもならない。したがってその訴えは、確認の利益を欠く不適法なものといわざるを得ないであろう。しかし、実際のKの訴えは、そんなものではない。疑うべくもなく、彼は、Bではなく自分こそがbの血縁上の父であるという理由で、もっぱらbを特別養子とする縁組を成立させた家事審判が確定する前に基準点をおき、B・b間の親子関係が存在しなかったことの確認を求めているのである。本件の事案においては、Kの提起した親子関係不存在確認の訴えの意味合いをこのように解した上で、その適否を判断すべき筋合いといわねばならない。

(2)　そこで、特別養子縁組の成立後に血縁上の父が養子を認知することができるかの問題に立ち戻って考える。各審の判決と通説は、前述のとおりこの点につき認知権消滅説を採っているのであるが、それは、特別養子縁組後は血縁上の父と養子との間に法律上の親子関係を認める余地がないことを唯一の論拠とするものであり、私見によれば、「認知は、出生の時にさかのぼってその効力を生ずる。」という民法第七八四条本文の規定を看過している点において、根本的な誤謬を犯している。認知にはこの遡及効が認められることから、父の死亡後もすでに現存しない親子関係の形成を目的とする認知の訴えが許されるし（民法七八七条ただし書）、子の出生時以降の扶養料負担の問題も生ずるのである（同法八七七条）。私は、特別養子縁組が成立するや俄然認知の遡及効が消滅するに至る所以を知らない。特別養子縁組の成立後に血縁上の父が養子を認知することは、認知の遡及効を前提とし、養子の出生時から特別養子縁組成立時までに期間を限って親子関係を形成させるものにほかならず、審判によって形成された場合の認知は、養父母を唯一の父母とすることによって養子の地位を明確にしその健全な育成を図るという、特別養子の制度の趣旨に背馳するものではない。判旨の背景をなす特別養子縁組成立による認知権消滅説は、いわれがないものである。

(3)　以上の次第で、Kの提起したB・b間の親子関係不存在確認の訴えにおいて、原告勝訴の判決が確定すると、bの戸籍上の父たるBの存在という障碍が除去されることにより、Kにおいてbを認知することができるのみならず、さらにこの認知の結果、特別養子縁組を成立させた確定家事審判につき、養子となるbの父であるKの同意（民法八一七条の六）を欠く瑕疵（判旨によれば準再審事由）が付着していたと主張することにより、――現実の審判取消しの成否は次の段階の問題として――、少なくともその取消しの審判を求める資格を取得するに至るわけである。それ故この訴えは、過去の法律関係の確認の訴えであるが、即時確認の利益に欠けるところがなく、適法であったといわなければならない。

（1）　細川清「改正養子法の解説（四）」法曹時報四一巻七号八七頁、大森政輔・新版註釈民法二四巻六二九頁、鈴木正裕・前掲一2④評釈一二六頁、本間靖規・前掲一2⑥解説七一頁、南敏文・判例タイムズ八八二号一五〇頁、綿引万里子・前掲一2⑧解説七七三頁。

四　非訟事件の確定裁判の取消し、変更

本件の事案においては、特別養子縁組を成立させた確定家事審判につき、養子bの血縁上の父と主張するKの同意と手続関与を欠いていたことが問題となっており、第一次上告審以降の判決は、この確定審判に対しては、さらに一定の要件が具われば準再審の申立てが許されるという見解を採っている。しかし私は、この準再審許容

説が非訟事件手続法の基礎理論に照らし誤りであると信ずる。

1　第一次上告審以降の判決は、本件の特別養子縁組形成の確定審判に準再審事由を肯認するについて、いずれもその根拠条文を旧民事訴訟法第四二九条、第四二〇条第一項第三号（新民訴法三四九条、三三八条一項三号）に求めている。しかし、同号の「法定代理権、訴訟代理権又ハ代理人カ訴訟行為ヲ為スニ必要ナル授権ノ欠缺アリタルトキ」とは、本来「当事者」の代理人を想定した文言である（ドイツ民訴法五七九条一項四号参照）。これに特別養子縁組形成の審判手続における父母の同意（民法八一七条の九）ないし陳述聴取の欠缺（家審規六四条の七）を結びつけるのは、決して分りやすい論法ではない。判旨の外延は判然としないが、もし準再審に服する非訟事件の裁判の範囲を後見人選任、過料といったもろもろの非紛争的性格の事件一般にもひろく認める前提に立つのであるならば、さらに問題であろう。以上はさておき、より根本的には、民事訴訟事件と非訟事件との手続領域の分離を前提とする法制の下で、家事審判のような非訟事件の裁判が確定したとき、ここに民事訴訟法の再審に関する規定の準用を肯定することにより、適法に準抗告を申し立てることが可能なのであるかという、避けられぬ重大な論点がある。本件の各審の判決は、これにつきいとも簡単に積極説を採用しているのであるが、私見は、全く反対である。以下に項をあらためて詳述する。

2　周知のとおり、非訟事件の確定裁判に対する準再審の適否という問題については、従来から論争が絶えないが、その焦点は、日独双方の法制を通じ、民事訴訟法とは異なり非訟事件手続法典に再審に関する直接の規定が欠けていることにある。

（1）　第一次上告審判決は、積極説の論拠として、家事審判法第七条、非訟事件手続法第二五条、旧民事訴訟法第四二九条（新民訴法三四九条）の規定を羅列しているだけである。判例理論の確立していない重要な法律問題に対する法律審の裁判として、すこぶる粗略に過ぎる感を否めない。判旨とひとしく民事訴訟法の再審に関する規定を非訟事件に準用する根拠として非訟事件手続法第二五条、旧民事訴訟法第四二九条（新民訴法三四九条）を挙げるのは、わが国の通説に共通であるけれども、(1) 根拠に乏しい。非訟事件手続法第二五条は、その文言から明らかなとおり、非訟事件に民事訴訟法の抗告に関する規定の準用を認めたものであって、再審に関する規定の準用を認めてはいない。そして旧民事訴訟法第四二九条（新民訴法三四九条）は、再審に関する規定であって、抗告に関する規定ではない。右両条を連結させて非訟事件の裁判に対する準再審を認めるのは、牽強付会の論法である。(2) 後述のとおり、ドイツの学説は、非訟事件の裁判にも再審に服するものがあることを認める傾向にあるが、いずれもその論理を非訟事件手続法（Gesetz über die Angelegenheiten der freiwilligen Gerichtsbarkeit）の明文規定の拡張ないし歪曲解釈ではなく、直截に訴訟と非訟に通ずる手続法の一般原則から認められる救済の必要に求めているのであり、この方が疑いもなく筋が通っている。

（2）　そもそもドイツ非訟事件手続法に再審の規定を欠いているのは、同法の制定当時、適用の対象が非紛争的性格の事件に限られ、その裁判が既判力に親しむ余地もなかったことに由来するのであり、立法者の不用意な遺脱ではない。そのため、かつては学説においても非訟事件の裁判に対する再審の可能性を否定するのが一般であった。(3) ところが、近時の立法において非訟事件に紛争的性格の事件が数多く附加されるに及び、その確定裁判に民事訴訟法所定の再審事由が付着する場合の救済の必要が痛感され、学説でも、再審に服する非訟事件の裁判の範囲を漸次拡大して認める傾向が進んできた。現在では、実定法上は非訟事件に編入されているが、本質的には民事訴訟事件であってその確定裁判には既判力が伴うと解されているところの、いわゆる真正争訟事件（echte od. pivatrechtliche Streitsachen）については、その確定裁判に対し、格別の排除規定がない限り、民事訴訟法の再審に関する規定の準用を肯定することに異論を見ない。(4) さらに、再審規定の準用を許す非訟事件の裁判を上記の範囲に限定している少数説(5)に対し、有力説は、真正争訟事件に属しない非訟事件の裁判に対しても、非訟事件手続法に定められたすべての救済手段（抗告、異議、ドイツ非訟法一八条（日非訟法一九条）による裁判の変更、後述の事情変更による裁判の変更）が途絶しているならば、再審を許すべきものとしている。(6) しかし、ドイツの諸学説は、いずれも決して本件の各審の判決やわが国の通説が言外に意識しているかもしれぬ無条件の準用肯定説を安易に採用しているのではない。

(3)　私は、右に概観したドイツの学説の類型にあって、民事訴訟法の再審に関する規定の準用を許す非訟事件の裁判は、厳格に真正争訟事件の範囲に限られるとする説にもっとも共感を覚える。この見地によると、本件で問題になっている民法第八一七条の二、家事審判法第九条第一項甲類第八号の二の特別養子縁組形成の審判は、もとよりいかなる意味においても真正争訟事件の裁判というを得ないから、これに対する適法な準再審の可能性を引き出す余地はない。次に、ドイツの多くの学者は、真正争訟事件以外の非訟事件の裁判にも民事訴訟法の再審規定の準用が許されるものがあるとしているが、それは、前述のとおり、当該裁判に対しあらゆる非訟事件手続法上の救済手段が閉ざされているときという留保条件を附しているのである。それは、民事訴訟と非訟事件との手続領域分離を念頭に置いた配慮にほかならないが(7)、例外的にせよ、全くの非紛争的性格、ことに申立てによらず職権によって開始し得る非訟事件の裁判にも再審規定の準用を認めているのは、理論の透明性を欠くものと評しなければならない。(8) また、この説においても、非訟事件の確定裁判に対する非訟事件手続法上の救済手続として事情変更による裁判の取消し、変更の途があることを否定しておらず、これが認められる場合は準再審が排除されるというのであるから、この法的手段が可能な場合を後述のように適切に解すれば、現実に真正争訟事件以外の非訟事件の裁判で準再審に服するものは、稀有ないし皆無に帰するであろう。[9]

3　特別養子縁組を成立させた家事審判が確定したときは、事情変更による取消し、変更（Abänderung wegen veränderter Umstände）に服するものである。

(1)　非訟事件の裁判は、一定の（多くは継続的性質の）法律関係の存在を前提に後見性と合目的性の見地から裁量をもって定める措置にほかならない。それで、裁判所がある非訟事件の裁判をした後にその裁判の基礎となっていた前提事情に変更が生ずると、当初の裁判が現状に適合せず、これを維持しては不当と考えられるに至ることがある。そうした場合には、裁判所が自らの既往の裁判を取り消しまたは変更することができるというのが、権威のある学説が認めている理論である。[10]ちなみに、非訟事件手続法第一九条による裁判の取消し、変更は、このように本来正当な非訟事件の裁判が告知後の事情変更により不当になった場合を想定したものではない。それ故、事情変更による非訟事件の裁判の取消し、変更は、同法条による取消し、変更とは全く別個のもので、両者は、截然と区別する必要がある。[11]同法条の場合と異なり、ここでは、対象となった非訟事件の裁判が即時抗告に服する場合（同条三項）でも形式的確定力を有するに至った後でも、[12]その変更が許されるのである。

(2)　問題は、裁判所が裁判の告知時点で既に存在していた事情を後に知り、もしこの事情を事前に知っていたならば当該裁判をしなかったであろうと認められる場合である。真正争訟事件外の非訟事件の裁判には既判力がなく、事情変更による取消し、変更については民事執行法第三五条第二項のような制限規定もないから、「事情変更」の意味内容は、柔軟に解して差し支えない。上記の場合は、――ドイツの判例、学説では、裁判後に上級裁判所の法解釈が変更した場合もそうであるというが――、問題の裁判が形式的確定力を有するに至れば、非訟事件手続法第一九条によることはできないが、これを取り消しまたは変更することは必要で、かつ許されるものと解するのが相当である。(13) 分りやすい典型的な例は、非訟事件の原裁判に民事訴訟法所定の再審事由の附着していることが判明したときであって、その故に、非訟事件の裁判について準再審という別の救済手段を認めることは、実益もないと思うのであるが、事情変更による取消し、変更が許される場合は、原裁判に再審事由が存在するときに限らない。

(3)　本件の事案は、bにかかる特別養子縁組形成の審判において、bの血縁上の父であると主張するKの同意と手続関与が欠けていることが問題となっているところ、審判の時点ではKによるbの認知が実現していないのであるから、正確には上記(2)の場合に該当しない。しかし、右の認知が実現した暁には、当該審判につきまさに問題の点が事情変更による取消し、変更の申立事由を構成するに至るのである。

(4)　非訟事件の確定裁判が事情変更により第二次裁判をもって取り消されまたは変更されたとき、この取消し、変更に遡及効が認められるかという問題がある。民事訴訟の再審申立てを認容した裁判には遡及効があると解されている。(14) 非訟事件の裁判の事情変更による取消し、変更に関しても、原裁判に再審事由が附着している場合につき、「此の事由の存在が裁判当時知られてゐたならば原裁判は為されず又は結論を異にしていた筈であり而も斯る不当な原裁判の為されたのは、裁判所側に重大な過失があるか乃至は相手方又は第三者の違法乃至反道徳的な行為が原因となってゐるのであるから、原裁判の存在を当初より否定しなければ正義の要求に合致しない」として遡及効を肯定する説もあるが、(15) 通説は、諸般の類型事例に則した考察を遂げた上、遡及効を否定すべきものとしている[16]。原裁判に再審事由が附着するのは、裁判所、当事者または第三者の責に帰すべき事由があった場合に限らないと考えるから、少数説は、必ずしも当を得たものということができず、詳説は避けるが、法的安全を重んずる見地から通説に組したい。本件の事案に則していうと、特別養子縁組形成の審判が確定した後に養父母が養子の法定代理人としてなした財産処分は、審判が事情変更により取り消されても無効に帰するものではないわけである（ドイツ非訟法三二条参照）。

（1）岡村玄治・非訟事件手続法五六頁、中島弘道・非訟事件手続法七一頁、兼子一＝松浦馨・条解民事訴訟法四二九条、斎藤秀夫＝加藤新太郎・注解民事訴訟法四二九条〔四〕二。

（2）鈴木忠一「非訟事件に於ける裁判の無効と取消・変更」非訟事件の裁判の既判力九九頁、伊東乾＝三井哲夫編・注解非訟事件手続法二五条Ⅱ6〔豊泉貫太郎〕。

（3）Z.B. Keidel, FGG 6. Aufl. § 18 Bem. 14.

（4）Keidel/Kunze/Winkler/Schmidt, FG 14. Aufl. § 18 Rdnr. 67; Baur, Freiwillige Gerichtsbarkeit 1. Buch § 32 Ⅰ; Lent, Freiwillige Gerichtsbarkeit 2. Aufl. § 19 Ⅱ 11.; Habscheid, Freiwillige Gerichtsbarkeit 7. Aufl. § 25 Ⅳ 1; Jansen, FGG 2. Aufl. § 18 Rdnr. 46; Bumiller/Winkler, FG 4. Aufl. § 18 Bem. 9; Bärmann, Freiwillige Gerichtsbarkeit § 34 I 2; Pikart/Henn, Lehrbuch der Freiwilligen Gerichtsbarkeit S. 138; Brehm, Freiwillige Gerichtsbarkeit 3. Aufl. Rdnr. 391.

（5）Baur, a.a.O. § 32 Ⅱ; Jansen, a.a.O. § 18 Rdnr. 40; Pikart/Henn, a.a.O. S. 104.

（6）Hw Müller, Deutsche Notar-Zeitschrift 1953 S. 187; Schlegelberger, Gesetz über die Angelegenheiten der freiwilligen Gerichtsbarkeit 7. Aufl. vor § 19 Rdnr. 7; Keidel/Kunze/Winkler/Schmidt, a.a.O.; Lent, a.a.O.; Habscheid, a.a.O.; Bumiller/Winkler, a.a.O.; Bärmann, a.a.O..

（7）鈴木忠一「非訟事件に於ける民訴規定の準用」非訟・家事事件の研究三七九頁。

（8）Baur, a.a.O..

（9）　Baur, a.a.O..
（10）　Schlegelberger, a.a.O. § 18 Rdnr. 22; Keidel/Kunze/Winkler/Schmidt, a.a.O. § 18 Rdnr. 24-32; Baur, a.a.O. § 24 A Ⅱ 2b, B Ⅰ 1, C; Habscheid, a.a.O. § 27 Ⅲ; Pikart/Henn, a.a.O.　S. 103; Brehm, a.a.O. Rdnr. 384-386; 東京高裁昭和五〇年一月三〇日決定・判例時報七七八号六四頁、鈴木忠一「非訟事件に於ける裁判の無効と取消・変更」非訟事件の裁判の既判力九五頁以下。
（11）　重複した過料の確定裁判の職権による取消しの可否を論じた最高裁平成一六年一二月一六日決定・判例時報一八八四号四五頁、判例タイムズ一一七二号一三九頁は、非訟法一九条による裁判の取消し、変更と事情変更によるそれとの理論的峻別に対する明確な認識を欠いた裁判例である。同決定の評釈：拙稿・民商法雑誌一三二巻六号九五一頁。
（12）　非訟事件の裁判が形式的確定力を有するに至った後には、非訟法一九条による取消し、変更は許されない。Schlegelberger, a.a.O. § 18 Rdnr. 5; Keidel/ Kunze/Winkler/Schmidt, a.a.O. § 18 Rdnr. 13, 14, § 31 Rdnr. 1, 2; Baur, a.a.O. § 24 B Ⅱ 3; Habscheid, a.a.O. § 27 Ⅱ 2 c; 鈴木忠一・前掲注(10)論文一一四頁。
（13）　Schlegelberger, a.a.O. § 18 Rdnr. 22; Keidel/Kunze/Winkler/Schmidt, a.a.O. § 18 Rdnr. 31; Habscheid, a.a.O. § 27 Ⅲ 6 b.　A. M.: Lent, a.a.O..
（14）　Stein/Jonas/Grunsky, ZPO 21. Aufl. vor § 578 Rdnr. 28, § 590　Rdnr. 13; Rosenberg/Schwab/Gottwald, Zivilprozessrecht 16. Aufl. § 158 Rdnr. 4, § 160 Rdnr. 33.
（15）　鈴木忠一・前掲注(10)論文一〇二頁。
（16）　Schlegelberger, a.a.O. § 18 Rdnr. 29; Keidel/Kunze/Winkler/Schmidt, a.a.O. § 18 Rdnr. 34ff.; Baur, a.a.O. § 24 B Ⅴ, § 32 Ⅱ c; Habscheid, a.a.O. § 27 Ⅳ; Bärmann, a.a.O. § 21 Ⅱ 5.

五　非訟事件の裁判の確定と関連民事訴訟の適否

1　前述のとおり、本件の第一次上告審判決は、「子bの血縁上の父であるKは、戸籍上の父Bとbとの間の親子関係不存在の確認を求める訴えの利益を有するが、既にそのbを第三者の特別養子とする審判が確定すると、bを認知する権利がなくなるから、原則として右訴えの利益が消滅する」と説示しており、各審級の判決も、これに従っている。私がこの養子縁組成立による認知権喪失の効果を否定するものであることは、既に詳述したところであるが、右の認知権喪失説を前提とするのであれば、判旨の推論は、次に指摘する点を除くと、まずは正当と認めなければならない。しかし同判決は、これに「原則として」という留保文言を付し、後述のとおり、続けて然らざる例外の場合があることを説示しているので、問題となるのである。

そもそも立法者は、民事事件を訴訟裁判所と非訟裁判所とに截然と分配しており、相互の混交を認めていない。(1) 人事訴訟法第三二条も、訴訟裁判所と非訟裁判所との資格兼併の規定であって、前者が後者の職分を吸収している関係ではなく、ここでは婚姻解消の訴訟と附帯処分の事件とが別の手続原則に準拠するのである。(2) 右は、国家の裁判権（Grichtsbarkeit）の分掌であるから、一方が他方の権限を侵犯することは許されず、例えば、訴訟裁判所は、その判決において非訟裁判所による既存の裁判の当否を事後審査する権限を有するものではない。(3) それ故、非訟裁判所の確定裁判に伴う形成の効果は、常に訴訟裁判所を含むすべての国家機関を拘束するという確たる理論が成立するのである。(4) この基本原理に徴すれば、本件の事案においては、既に特別養子縁組を形成した非訟裁判所の裁判が確定しているのであるから、判旨の認知権喪失の前提理論を採るのであれば、訴訟裁判所は、その判決において、右裁判の無効を認定するのでない限り、血縁上の父が当該養子を認知し得る例外的場合の存在することを認めてよいはずはない。そうすると、第一次控訴審裁判所が、おそらくはその審理の過程で、右の確定審判には後に第一次上告審判決が指摘した審理手続上の疎漏があったことを認識していたものと思うが、その審判の拘束力に従い、血縁上の父による認知の不能を理由に養子と戸籍上の父との間の親子関係不存在確認の訴えの利益を否定したのは、その限りで理論に忠実な裁判であったということができる。諸家は、この控訴審判決をひとえに手続保障の観点から論難しているのであるが、それは、問題の焦点を見誤ったものといわなければならない。

2　しかるに第一次上告審判決は、上記の判示に続けて、「右（bを特別養子とする）審判に準再審の事由があると認められるときは、将来、（Kにおいて）子（b）を認知することが可能になるのであるから、右（親子関係不存在確認）の訴えの利益は失われないものと解するのが相当である。」という。この説示は、同判決の核心をなすもので、諸家によっても支持されている。私は、前述のとおり、判旨の前提をなす認知権喪失説に反対であるし、特別養子縁組形成の審判における父母の同意、手続関与の欠缺を旧民事訴訟第四二〇条第一項第三号（新民訴法三三八条一項三号）の再審事由に結びつけることには懐疑的で、さらに、そもそも非訟事件の裁判については、再審による取消し、変更の途を否定するものであるが、一般論として、問題となる非訟事件の確定裁判に民事訴訟法所定の再審事由に該当する瑕疵が付着しておれば、それが事情変更による取消し、変更の事由になることには、異論を挟むものでない。しかし、認知権喪失説を採り、特別養子縁組形成の審判につき父母の同意、手続関与の欠缺が準再審による取消原因となるという前提に立っても、判旨の理論構成には多大の難点が存在する。

（1）　そもそもある裁判に再審ないし準再審の事由が付着しているということは、その裁判が取り消されまたは変更される可能性があることを意味するだけで、その取消し、変更に先立ち裁判が無効であると認める趣旨ではない。本件の事案におけるbを特別養子とする確定審判に準再審の事由があるとしても、現実にはこれによる審判の取消し、変更申立てもないのであれば、当該審判が依然効力を保っており、認知権喪失説によれば、血縁上の父であるKがbを認知し得ないという状況に変わりがないはずである。

（2）　鈴木正裕氏（一2掲記④の評釈一二七頁）は、右と同旨の論拠で第一次上告審判決の理論構成に難があると指摘しながら、同判決の結論を正当としている。その所述は、同判決が準再審の事由として指摘している事実関係があるときは、bを特別養子とする審判がKに対する関係で一部無効と認めるのが相当であると説き、その根拠に旧人事訴訟手続法第一八条第二項（新人事訴訟法二四条二項）の規定の趣旨を援用し、Kは、bを認知した後、家庭裁判所に、審判の一部無効を理由として、準再審の申立てに準じた再審査の申立て（いかなる類型の申立てであるのかは、明確にされていない。）をすることができるというものである。

しかしながら、鈴木氏の審判一部無効説は、誤りである。確かに、民事訴訟の判決が各種特別の場合に無効であると解されているのと同様、非訟事件の裁判にも無効の場合があることは、一般に承認されているところであり、この点の理論を体系的に説明した文献もある。[5]しかし、本件の事案で問題の特別養子縁組形成の審判につき第一次上告審判決と諸家が指摘する瑕疵とは、審判官が養子となるべきbの血縁上の父と主張するKの手続関与を認めず、その陳述を聴かなかった点（家事審判規則六四条の七参照）にほかならない。私は、後述のとおり、K・b間の法律上の親子関係が確定していない時点における同審判につき、（当不当の問題は別として）上記の点を手続上の瑕疵と認めることにも賛成し難いのであるが、判旨と諸家の立場を承認しても、立法者は、この場合に家事審判法第七条、非訟事件手続法第二五条、旧民事訴訟法第四一四条、第四一三条、第三九五条第一項第三号、第四二九条、第四二〇条第一項第三号（新民訴法三三一条、三三〇条、三一二条二項四号、第三四九条、第三三八条第一項第三号）により審判に対する抗告、再抗告、準再審の理由が成立すると認めていることになり、その反面の帰結として、審判の当然無効を認めていないものと断ずべきである。(6) ドイツの学者も、一様に非訟事件の裁判の前提手続における代理権の欠缺、審尋請求権（Anspruch auf rechtliches Gehör）の侵害が裁判の無効事由になるものでないと解しており、(7) 異説のあることを知らない。鈴木氏は、自説の論拠として旧人事訴訟手続法第一八条第二項（新人訴法二四条二項）の規定を援用しているけれども、同規定による請求棄却の確認判決と、当事者以外の者にも効力が及ぶことを本質とする形成審判、ことに実方との親族関係の終了をもたらす養子縁組設定のそれ（民法八一七条の九）とを同列に置いて論ずるのは、失当であろう。また、上記の関係的審判無効論に基づく同氏の所説によれば、本件の事案において、Kは、bを認知した後（bを特別養子とした審判がKとの関係で無効なら、この認知も可能になる。）、bを特別養子とした確定審判につき再審査を申し立てることができ、この申立てを受けた家庭裁判所は、Kに特別養子縁組に同意するかどうかを聴き、その他必要な審査を遂げて、然るべき裁判をすることになるが、以前の審判が正当であると考えるとき、（その効力を維持し）Kの再審査申立てが却下されるのは致し方がないというのである。そうすると右の場合、認知に基づくK・b間の実親子関係は、先行する特別養子縁組設定の審判確定時に遡って終了するのか、再審査申立を却下した審判の告知時をもって終了するのか、それとも、K・b間の実親子関係とKとの関係では無効とされる確定審判に基づくC－D・b間の養親子関係とが並存することになるのか、いずれにせよ難しい議論が避けられないであろう。

(3)　もっとも、第一次上告審判決は、先行の確定審判に準再審事由が附着しておれば、これに基づき審判が取り消される前でもKがbを認知し得るという趣旨ではないらしい。本件の調査に当たったと思われる最高裁判所調査官の解説（綿引万里子・一２掲記⑧の解説七七四頁）によれば、「子（b）を第三者の特別養子とする審判が確定した場合であっても、その審判に準再審の事由がある場合には、戸籍上の父（B）と子（b）との間の親子関係不存在を確認する判決を得た血縁上の父（K）は、準再審の手続によって子（b）を特別養子とする審判を覆した上で、子（b）を認知することが可能となると考えられ、この場合には、右の親子関係不存在の確認を求める訴えの利益（確認の利益）は失われないということができる。」というのであり、さらに別の箇所（同解説七八〇頁）には、Kの準再審申立適格を肯定する根拠として、「審判確定前における戸籍上の父（B）と特別養子となった子（b）との間の親子関係不存在を確認する判決を得た血縁上の父（K）は、特別養子縁組を成立させる審判が取り消されれば、直ちに子（b）を認知する法的地位を取得するものといえるから、特別養子縁組を成立させる審判の取消しを求める利益を有すると解するのが相当であろう。」という補足説明も見られる。

同調査官の解説は、第一次上告審判決の意味内容を正確に伝えたものと推測されるが、その論理には混乱と飛躍がある。

家事審判規則第六四条の七によれば、家庭裁判所は、特別養子縁組の成立に関する審判をするには、「養子となるべき者の父母」その他一定範囲の資格を有する利害関係人の陳述を聴かなければならないのであるが、そこにいう「父母」とは、もとより法律上父母と認められる者のことであり、Kのような特別養子となるべきbを未だ認知していない単なる血縁上の父は、これに含まれない。同解説は、彼がbとその戸籍上の父（B）との間の親子関係不存在確認判決を得ておれば、準再審申立適格が認められるとする。しかし、その場合でも、彼が必要的陳述聴取の相手方たる「養子となるべき者の父母」に該当することになるとは説明されておらず、それでは、彼の陳述の事前聴取を経ずに本件の特別養子縁組を成立させた確定審判につき、どの点に準再審の事由を主張することができるというのであろうか。

また同解説は、前に引用したとおり、血縁上の父が既に子とその戸籍上の父との間の親子関係不存在確認判決を得ていると、「特別養子縁組を成立させる審判が取り消されれば、直ちに子を認知する法的地位を取得するものといえるから、特別養子縁組を成立させる審判の取消しを求める利益を有する」とするが、未だ当該「親子関係不存在を確認する判決を得ていない血縁上の父については、特別養子縁組を成立させる審判が取り消されても、子を認知することができないのであるから、右審判に対する準再審の申立適格を認めることはできない」ともいう（同解説同頁）。しかし、同解説の論法によれば、後者の場合の血縁上の父についても、該審判が取り消されると、その取消しの審判手続（判旨では準再審、私見では事情変更に基づく手続）と並行の、または事後の提起にかかる訴訟において、戸籍上の父と子との間の親子関係不存在確認判決を得た上で、子を認知するのに障碍がないはずであるから、審判取消しの申立適格も認められて然るべきである。逆に、この場合の審判取消申立適格を否定するのであれば、前の親子関係不存在確認判決が先行する場合でも、未だ法律上の父とはいえぬ者にかかる審判申立適格を否定するのでなければ、論理が一貫しないであろう。

（1） Stein/Jonas/Schumann, ZPO 20. Aufl. Einl Rdnr. 457; Schlegelberger, FGG 7. Aufl. § 1 Rdnr. 15; Keidel/Kunze/Winkler/Schmidt, FG 14. Aufl. § 1 Rdnr. 12–14; Jansen, FGG 2. Aufl. § 1 Rdnr. 85; Baur, Freiwillige Gerichtsbarkeit § 2 B Ⅲ 5; Habscheid, Freiwillige Gerichtsbarkeit 7. Aufl. § 4 Ⅲ 1.

（2） Stein/Jonas/Schlosser, ZPO 21. Aufl. § 624 Rdnr. 2; MüunchKomm ZPO 2. Aufl./Finger, § 623 Rdnr. 39ff.; Rosenberg/Schwab/Gottwald, Zivilprozessrecht 16. Aufl. § 166 Rdnr. 24; Jauernig, Zivilprozessrecht 28. Aufl. § 91 Ⅳ 2.

(3) Schlegelberger, a.a.O. § 16 Rdnr. 10. 遺産分割の審判確定後、訴訟裁判所が前提問題たる相続権の存否や遺産の範囲につきどのような判決をしても、審判の効力を直接左右するものでないと解すべきであるから、これは、事後審査に当たらない。最高裁昭和四一年三月二日大法廷決定・民集二〇巻三号三六三頁の説示は、誤りであるか、誤解を招き易いものである。鈴木忠一「扶養の審判に関する問題」非訟・家事事件の研究一七三頁、拙稿「訴訟と非訟」本書五〇頁以下。

(4) Rosenberg/Schwab/Gottwald, a.a.O. § 11 Rdnr. 19, 20; Schlegelberger, a.a.O.; Keidel/Kunze/Winkler/Schmidt, a.a.O. § 1 Rdnr. 43; Baur, a.a.O. § 2 B Ⅵ 3 a; Habscheid, a.a.O. § 29 Ⅱ.

(5) Habscheid, Fehlerhafte Entscheidungen im freiwilligen Gerichtsbarkeit, NJW 1996 S. 1787ff.; derselbe, Freiwillige Gerichtsbarkeit 7. Aufl. § 25; 鈴木忠一「非訟事件に於ける裁判の無効と取消・変更」非訟事件の裁判の既判力七二頁以下。

(6) 鈴木忠一・前掲注(3)論文八〇頁。

(7) Keidel/Kunze/Winkler/Zimmermann, FG 14. Aufl. § 7 Rdnr. 44; Jansen, a.a.O. § 7 Rdnr. 26; Baur, Freiwillige Gerichtsbarkeit § 27 B Ⅰ 3 a, b; Habscheid, Freiwillige Gerichtsbarkeit 7. Aufl. § 25 Ⅱ 2 f; Bärmann, Freiwillige Gerichtsbarkeit § 24 Ⅳ 2 c; Pikart/Henn, Lehrbuch der Freiwilligen Gerichtsbarkeit S. 97.

六　非訟事件の裁判の瑕疵に関する訴訟裁判所の判断の限界

1　本件事案の経緯は、Kがbの血縁上の父であると主張し、戸籍上の父であるBとbとの間の親子関係不存在確認を求める調停を申し立て、さらにその確認を求める訴えを提起し、bを特別養子とする審判の申立事件を担当する審判官に以上の事情を明らかにして、審判を猶予するよう上申したのであるが、家庭裁判所がこの上申を無視してKの手続関与を認めず特別養子縁組を成立させる審判をし、これが確定したというものである。第一次上告審判決は、この家庭裁判所の措置を手続的正義に反するものとして激しく論難し、その故に右の審判には、民法第八一七条の六ただし書に該当するなどの特段の事情がない限り、家事審判法第七条、非訟事件手続法第二五条、旧民事訴訟法第四二九条、第四二〇条第一項第三号（新民訴法三四九条、三三八条一項三号）の準再審の事由があり、これがB・b間の親子関係不存在確認の利益を肯定するのに繋がるとする。そして、諸家も、一様にこの判断に賛意を表しているのである。

しかし、上記の確定審判に加えた判旨と諸家の論難は、私見によれば過剰であり、しかもその論理構成は、幾多の難点を抱えている。そもそも家庭裁判所が、審理の手続と帰結に影響を及ぼしかねぬKの上申を無視し、問題の特別養子縁組を成立させる審判をしたのは、私見においても妥当性を欠いた措置であるが、それが直ちに手続の違法に繋がるものであったとは思えない。前述のとおり（五2(3)）、未だbを認知していない単なる血縁上の父にすぎぬKは、家事審判規則第六四条の七所定の必要的陳述聴取の相手方たる「養子となるべき者の父母」に該当しないからである。また、確定家事審判にかかる取消し、変更事由を構成する瑕疵の存否について、訴訟裁判所が説示のような形で判断をしたことも、当を得ない。以下に項をあらためて詳述する。

2　そもそも訴訟裁判所の判決が確定し、かつその既判力をもった内容が、申立てによって開始した先行する非訟事件の確定裁判における前提問題に対する判断と矛盾し、または当該非訟事件の審理手続に一定要件を具備した違法原因があることに帰着するならば、その非訟事件の確定裁判は、関係人からの申立てにより取消し、変更を免れぬ場合がある。そして、その取消し、変更の申立手続が何であるかについては、前述のとおり争いがあり、判旨は、これを準再審の申立てであるとし、私見は、事情変更による申立てであるとしているのであるが、いずれにせよ、問題の取消し、変更事由の存否につき終局有権的に判断するのは、あくまでも非訟裁判所であって、訴訟裁判所ではない。したがって、非訟事件の確定裁判の取消し、変更を視野においた民事訴訟が提起された場合、もし原告勝訴判決が確定すれば、その判決の既判力が非訟裁判所を拘束するため、先行する非訟事件の確定裁判に対するなんらかの取消し、変更申立事由（判旨では準再審事由、私見では事情変更）の存在が論理的に導き出され得るとき、換言すれば、変更申立事由が原告勝訴判決の確定を停止条件として生じ得るのであれば、その訴えの利益（多くの場合確認の利益）は、当然に肯認されるのである。訴訟裁判所は、右訴えの利益の存否を確定するに際し、具体的に非訟事件の裁判につき取消し、変更申立事由があるかどうかを判断するを要するものでなく、また、そうした判断をすること自体が誤りである。本件の場合、もしKの勝訴判決が確定してB・b間の親子関係不存在が既判力を伴い確認されるとき、それが先行するC–D・b間の養子縁組形成の確定審判にかかる取消し、変更申立事由の成立に繋がるならば、Kの訴えの利益は、当然肯認されて然るべきであろう。しかし、（判旨の見解に従い）先行の確定審判の拘束力によりKがbを認知し得ぬとの前提に立つならば、私見によってもKの勝訴判決が審判取消し、変更事由に繋がらないから、訴えの利益を否定しなければならないのである。

本件の第一次上告審判決、ならびに、これに続く第二次控訴審判決および第二次上告審判決は、いずれも、訴訟裁判所と非訟裁判所との権限の分掌と相互不可侵に立脚した前示の理論に思いを致さず、各判決の間に表現の濃淡の差こそあれ、訴訟裁判所が先行の家事審判に対する準再審事由の存否につき具体的に判断し、その結果が積極であれば訴えの利益を肯定し、消極であれば訴えの利益を否定するという方向を誤った論理を採用しているのである。第二次上告審判決中には然らずとするような文言も見られるが、判旨の全体に徴すれば、右の点に関し基本的には第一次判決の立場を踏襲していることが明らかである。

3　第一次上告審判決、第二次控訴審判決および第二次上告審判決が先行の家事審判に対する準再審事由の存否についてしている判断自体にも、明白な誤謬がある。

(1)　本件の事案において、bを特別養子とする縁組を成立させた確定家事審判につき準再審事由が想定されるとすれば、それは、家事審判官が審判前にbの血縁上の父と主張するKの陳述を聴かなかったことにほかならず、判旨によれば――私見によれば前述のとおり当否疑問であるが（四1、五2(3)）――、旧民事訴訟法第四二九条、第四二〇条第一項第三号（新民訴法三四九条、三三八条一項三号）の準用に根拠が認められるとする。そして、そもそも再審ないし準再審の事由は、その要件事実が客観的に認められたとき当然に成立するのであり、旧手続において裁判官が裁判前に再審ないし準再審事由に当たる事実を知りまたは知り得べかりしものであったかどうか、当該事実が存在する蓋然性がある場合に調査その他の然るべき措置を怠ったかどうかは、結論に関わりのないことである。しかるに第一次上告審判決は、審判官が、bを特別養子とする縁組を成立させる審判の前に、bの血縁上の父と主張するKから審判の猶予方上申を受け、Kが既にbの認知のためにB・b間の親子関係不存在確認を求める調停申立てと訴訟提起をしていることを知っていたとの事実を指摘し、然るが故に、特段の事情がない限り、この審判には準再審の事由があると説示している。右は、再審ないし準再審事由の成立要件に関する基本的理解の欠如に胚胎する謬論であり、もしKが審判官に上記のような上申をしていなければ準再審事由が成立しなかったという結論（鈴木正裕・前掲評釈は、これをやむを得ずとして容認する）に帰するものである。その跛行的な論理には到底賛成することができない。

(2)　また第一次上告審判決は、bの血縁上の父たるKについて民法第八一七条の六ただし書に該当するところのbの利益を著しく害する事由が認められるときは、bを特別養子とする縁組を成立させた審判に準再審の事由が成立しないというのであるが、これも、筋の通らない説示である。

再審ないし準再審の手続は、(i)再審の訴えまたは準再審の申立ての適否および再審、準再審事由の存否の審理と、(ii)右が積極に認められた場合において原裁判を維持すべきか取消し、変更を相当とすべきかの本案の再審理の二段階に分かれる。この点は、新民事訴訟法において条文上明確であるが(三四五条ないし三四八条、三四九条二項)、旧民事訴訟法下においても観念上そうであったはずである。分りやすくするため本件に則し便宜新法下を前提にして述べると、Kが準再審の申立てにおいて法定の準再審事由を主張していなければ(例えば、通説を前提にし、Kが、「自分は、必要な親子関係不存在確認判決を得ておらず、認知もしていないが、bの血縁上の父に間違いない。」とだけ主張している場合)、準再審の申立てが不適法として却下され(三四五条一項、三四九条二項)、申立てが適法と認められても、準再審事由の存在が認められなければ(例えば、Kがbを認知したと主張していても、両者間の血縁上の父子関係や認知の事実が証拠上認められない場合)、準再審の申立て(請求)が理由なしとして棄却され(三四五条一項、三四九条二項)、準再審事由があると認められると、準再審開始の決定がなされるのであり(三四六条、三四九条二項。ただし、旧民訴法下ではこの明示的決定がなされない。)、ここまでが第一段階である。それが終わってから第二段階として、特別養子縁組形成の原審判を維持すべきか否かに関する本案の再審理に入り、そこで民法第八一七条の六、家事審判規則第六四条の七に従い、家庭裁判所がKの陳述を聴き、Kが特別養子縁組の成立に同意するかどうか、同意がなくても、民法八一七条の六ただし書に定めるKによる虐待、悪意の遺棄その他bの利益を著しく害する事由があるかどうかを調査する順序になる。以上は、審判が準再審に服するという判旨を前提とした記述であるが、私見の事情変更説によっても、原裁判の取消し、変更の手続においては、(i)申立ての適否と事情変更の存否にかかる審理と、(ii)事情変更が具体的に原裁判の取消し、変更に繋がるかの審理の二段階が想定されるのである。いずれにせよ、Kについて同条ただし書に定める事由があるかどうかは、bを特別養子とする縁組を成立させた審判が相当かどうかの本案の判断事項にほかならず、準再審事由（私見での事情変更）の存否とは関わりのない事柄と断ずべきである。もしKの提起した親子関係不存在確認訴訟の審理に当たる訴訟裁判所が、Kにつき同条ただし書該当の事由を肯認し、どうせ特別養子縁組形成の確定審判が準再審で取り消されることはあり得ないという理由で、訴え却下の判決をするにおいては、訴訟裁判所が本来家庭裁判所（非訟裁判所）のなすべき判断を権限侵犯により先取りした結果が終局的なものとなるわけである。到底承服し得る議論ではない。

しかるに最高裁判所は、第一次控訴審判決を破棄して事件を原審に差し戻すに際し、Kにつき民法八一七条の六ただし書に該当する事由があれば、先行の特別養子縁組を成立させた審判に対する準再審事由の成立を妨げるというあらずもがなの判断を示したので、差戻しを受けた仙台高等裁判所は、Kにかかる同条ただし書該当事由の有無につき実質的審査を遂げ、詳細な理由を付して積極の判断を示し、これに基づく論理的帰結として、先行家事審判に対する準再審事由の成立を否定し、同審判の確定によりKの提起した訴えにつき利益が消滅し不適法に帰したとして、再びこれを却下する第二次控訴審判決を言い渡したのである。この判決が最高裁判所の第二次上告審判決によって破棄され、事件が再び控訴審に差し戻されたのは、結果的に幸いであったと思うが、その破棄理由の説示には理解し難い点がある。それは、「第一次上告審判決は、本件の訴えの利益を判断するためには、元本件審判に関する準再審の事由の有無を決すべきものと判示しているかにみえる。しかし、右準再審手続は、元来審判をした裁判所の専属管轄に属するものであり……第一次上告審判決の意味するところは、本件の訴えの利益の有無を判断するに当たり、準再審の事由がないことが明白である場合は格別、準再審の事由がないとはいえず準再審開始の可能性がある場合には、子の血縁上の父と主張する者に対し、準再審のみちを閉ざさないよう配慮すべきことを説示したものと考えられるのである。そのことは、本件について、民法八一七条の六ただし書に該当する事由が在るか否かを判断するに当たっても同様であって、もしそのような明白な事由が存在し、もはや家庭裁判所の判断を要しないと判断される場合には、訴えの利益を否定することができるが、右ただし書に該当することが明白な事由の存在するとはいえない場合には、訴えの利益を否定することはできないと解するのが相当である。これを本件について見ると、前記原審の（bがかつてKから冷遇され、今はC-Dの庇護下に安住の場を得ているという）認定事実をもってしては、いまだ、Kがbを虐待し又は悪意で遺棄したなどの右ただし書に該当することが明白であるとすべき事由が存在するとはいえないから、これのみをもって直ちに本件の訴えの利益を否定するのは相当とはいえず、……」というのである。しかし、第一次上告審判決の文言に徴すれば、民法八一七条の六ただし書該当の事実を肯定して訴えの利益を否定すべき場合をさように制限的に認めたものとは容易く読み取ることができず、差戻しを受けた仙台高等裁判所が、第二次控訴審判決において同規定該当事実の存否につき実質的に審査した結果を詳細に説示したのは、その内容の当否はともかくとして、無理からぬところであったといえる。そして、第二次上告審判決の上記説示は、苦渋の所産と推察され（その故にこの判決が公の判例集に登載されていないのであろうか?）、事案の妥当な解決方向を示したものと思うが、制限的にせよ、民法八一七条の六ただし書に該当する場合を準再審事由の否定原因とする見地から脱却していないのは、不徹底であり、誤りといわねばならない。

4 訴訟手続の受継に関する裁判の問題点

一　序　説
1　本稿の目的
2　判決主義と決定主義
二　受継申立て却下の裁判は決定事項か
1　受継申立て却下を訴訟指揮上の裁判とする見解
2　受継申立て却下の裁判を決定ですることの不合理性
3　判例、通説における決定主義の不徹底
4　受継申立て却下の裁判に対する上訴
三　判決後の受継を命ずる裁判は決定事項か
1　はじめに
2　受継を命ずる裁判と先行の終局判決との関係
3　受継を命ずる裁判を決定ですることの不合理性
4　受継を命ずる裁判に対する上訴
四　受継の許否に関する審理の手続
1　必要的口頭弁論
2　弁論主義と職権調査
五　むすび——立法論の一斑——

前注

本稿は、旧民事訴訟法（大正一五年法律第六一号）の施行中に起草したもので、本文中に「現行民事訴訟法」といっているのは、この旧民事訴訟法のことである。そして論述の主題は、その第二一八条の解釈論にほかならないが、同条の規定内容は、ほとんどそっくり現行民事訴訟法第一二八条に踏襲されているので、旧稿を本書に再録するにあたっては、あえて条文表記の訂正と論旨の変更をしていない。

一 序説

1 本稿の目的

中断した訴訟手続の受継に関する裁判の形式、運用等について、大正一五年法律第六一号による改正前の旧民事訴訟法は、ドイツ民事訴訟法の建前を踏襲して明文の規定を置かなかったが、ドイツでは、中断した訴訟手続の受継申立ての許否の裁判をすべて判決（中間判決または終局判決理由中の判断を含む。）をもってすべきものと解されており(1)（以上については、さらに後に詳述する。）、わが旧民事訴訟法下の運用も同様であったはずである。しかるに現行民事訴訟法は、その第二一八条において、「訴訟手続ノ受継ノ申立ハ裁判所職権ヲ以テ之ヲ調査シ理由ナシト認メタルトキハ決定ヲ以テ之ヲ却下スルコトヲ要ス（第一項）裁判ノ送達後中断シタル訴訟手続ノ受継ニ付テハ其ノ裁判ヲ為シタル裁判所裁判ヲ為スコトヲ要ス（第二項）」と規定したので、同条第一項により中断した訴訟手続の受継申立てを却下する裁判のみならず、同条第二項により口頭弁論の終結(2)後に中断した訴訟手続の受継の申立てを認容する裁判も、決定をもってなされる扱いになった。そして確立した判例によれば、同条第二項により受継を許した決定に対しては独立した抗告の申立てが認められず、終局判決に対する上訴が唯一の不服申立方法であるというのであり（大審院昭和九・七・三一決定・民集一三巻一四六〇頁、同昭和一三・七・二二判決・民集一七巻一四五四頁）、この見解は、大方の学説によっても支持されている。(3)

ところが、控訴審の終局判決言渡後送達前に敗訴被告が死亡して訴訟手続が中断し、原告の申立てにより死亡被告の長女に訴訟手続の受継を命ずる決定がなされたところ、その長女が、基本たる判決の当否を論議せず、相続放棄を理由にひたすら受継決定の違法を訴える手段として上告を提起した事案が現われ、最高裁判所昭和四八年三月二三日第二小法廷判決（民集二七巻二号三六五頁）は、前示従来の判例理論を踏襲しつつ、こうした場合の「受継決定に不服のある新当事者は、終局判決に対する上告をもって適法に右受継決定のみの破棄を求めることができるものと解するのを相当とする。」と判示した。私は、かつてこの判決の評釈を試み（民商七〇巻四号六六七頁）、そもそも民事訴訟法第二一八条第二項に基づき訴訟手続の受継を命ずる裁判は、決定でなく、独立して上訴の対象となる補足判決（Zusatzurteil）をもってなすべきもので、この案件における控訴審裁判所の受継決定は、違式の裁判であったと論述した。しかし文献は、おおむね右最高裁判決の見解に賛成であり、(4)若干の論者は、私見を評して該裁判を決定をもってするという従来の判例、実務と整合しないのが難点であるとしている。右は、もとより批判の体をなしたものでないけれども、私は、かねて旧稿の説明が不十分であることに気付いていたし、さらに熟考の結果、旧稿がむしろ論旨不徹底であり、訴訟手続受継に関する裁判のすべてを通じ、現行法下においてもこれを決定でなし得る場合は存在しないとの結論に到達した。(5)本稿は、右の趣旨で標記の問題につき再論を試みるものである。

(1) RG. Urt. v. 9. 4. 1906, RGZ 68. Bd. S. 256 ; Stein-Jonas-Schumann, ZPO 20. Aufl. § 239 Rdnr. 30-34, 45-48 ; Münchkomm ZPO/Feiber, § 239 Rdnr. 32-37 ; Baumbach-Lauterbach-Hartmann, ZPO 50. Aufl. § 239 Bem. 2 Eb, bb ; Seuffert-Walsmann, ZPO 12. Aufl. § 239 Bem. 1 i, k ; Thomas-Putzo, ZPO 17. Aufl. § 239 Bem. 4, 5; Zöller-Stephan, ZPO 14. Aufl. § 239 Rdnr. 8-10 ; Hellwig, System des Deutschen Zivilprozeßrechts 1. Teil S. 597 f. ; Rosenberg-Schwab-Gottwald, Zivilprozeßrecht 15. Aufl. § 126 I 3.

(2) 民事訴訟法第二一八条第二項は、裁判の送達後訴訟手続が中断した場合、その裁判の確定を促す必要があるから、その裁判をした裁判所が受継の明示的裁判を別になすべき旨を規定したものであるが、同じ必要は、判決言渡後送達前、さらに遡って口頭弁論終結後判決言渡前に訴訟手続が中断した場合にも生ずるから、同条項の適用があると解されている（本文後記の最高裁判決、上田・判時七一二号編綴判例評論一七六号一一九頁の同判決批評、兼子・判例民事法二三三頁、兼子＝竹下・条解民事訴訟法二一八条3(1)、菊井＝村松・民事訴訟法二一八条3イ、斎藤＝小室＝西村＝林屋編・注解民事訴訟法二一八条三㈢(1)〔遠藤・奈良・林屋〕、岩松＝兼子編・法律実務講座民事訴訟編六巻一六八頁）。

(3) 兼子・前掲注(2)二六二頁、二六四頁、菊井・判例民事手続法四八頁、兼子＝竹下・前掲注(2)二一八条3(2)、菊井＝村松・前掲注(2)二一八条3ハ、斎藤ほか編・前掲注(2)二一八条三㈢(2)〔遠藤・奈良・林屋〕、岩松＝兼子編・前掲注(2)同頁。

(4) 柳川・法曹時報二八巻九号二一三頁、高見・法協雑誌九二巻九号一二一七頁、中島・別冊ジュリスト民訴法判例百選Ⅱ四〇六頁、兼子＝竹下・前掲注(2)二一八条3(2)cd、菊井＝村松・前掲注(2)二一八条2ロ。稲守・別冊ジュリスト民訴法判例百選〈第二版〉も同旨？　なお、本判決の説示に反対の評釈として、上田・前掲注(2)批評、右田＝武部・判例タイムズ三〇〇号六三頁。

(5) 柏木「訴訟要件と訴訟内紛争」民訴雑誌一九号一二〇頁、一四三頁は、本文掲記の結論と同旨のすぐれた論稿である。本稿も、これに負うところが多い。

2　判決主義と決定主義

判決は、原則として必要的口頭弁論に基づいてこれをし（民訴法一二五条一項本文（現行民訴法八七条一項本文））、必ず言渡しをもって告知しなければならない（同法一八八条（現行民訴法二五〇条））のに対し、決定は、原則として口頭弁論を経由せずまたは任意的口頭弁論に基づいてこれをし（同法一二五条一項但書（現行民訴法八七条一項但書））、裁判所の相当と認める方法をもって告知すれば足りる（同法二〇四条一項（現行民訴法一一九条））。裁判をその対象の類型によって判決と決定のいずれに分配するかは、ある程度まで立法者の裁量に属するが、いやしくも原告の請求の当否や訴えの不適法を終局的に確定する裁判は、判決たるを要するというのが手続法の基本原則である。中断した訴訟手続の受継申立ての許否の裁判が判決事項か決定事項かも、上記の基本原則との関連において考察しなければならない。そして私見によれば、ドイツ民事訴訟法（およびわが旧民事訴訟法）の下において受継の許否の裁判が判決をもってなすべきものと解されているのは、該裁判の性質、効力に根拠をもつ合理的結論であるということができる。現行民事訴訟法がこれに反して決定主義を採用しているとすれば、それは、立法者の省察不十分を物語るものにほかならず、また、決定主義を貫くと実際上不合理な結果を招く場合も想定されるのである。

二　受継申立て却下の裁判は決定事項か

1　受継申立ての却下を訴訟指揮上の裁判とする見解

受継の申立てを理由なしとして却下する裁判については、これを訴訟手続を進行させるか否かの単なる訴訟指揮上の裁判であるとする見解が有力である。(1) しかしその論拠は、該裁判を決定事項とする旨の現行民事訴訟法第二一八条第一項の文言と無関係ではあるまいと推測されるが、諸家の全く明らかにするところでない。受継の申立てを却下するということは、中断の存続を認めて訴訟手続の進行を拒否することを意味するから、これが訴訟指揮上の裁判であると短絡に考えたのかもしれないが、受継を申し立てまたは申し立てられた者と相手方当事者との間では、受継申立て却下の裁判は、訴え却下の裁判と等しく本案の審理と裁判を終局的に拒否するものにほかならない。そうとすれば右裁判は、訴訟指揮上の裁判の類型に入れられている他の裁判とは明らかに異質のものといわねばならない。

(1)　兼子・条解民事訴訟法（旧版）二一八条二1、兼子＝竹下・条解民事訴訟法二一八条2(1)、菊井＝村松・民事訴訟法二一八条2イ、斎藤＝小室＝西村＝林屋編・注解民事訴訟法二一八条三(二)(1)〔遠藤・奈良・林屋〕。

2　受継申立て却下の裁判を決定ですることの不合理性

受継申立て却下の裁判の性質については、さらに考察の必要がある。

(1)　Hellwig（System des Deutschen Zivilprozeßrechts 1. Teil S. 597）は、争いのある法律関係における承継を否定して受継の申立てを却下する裁判が、承継人と主張しまたは主張される者が訴訟物たる権利義務の主体であることを否定するところの本案判決（Urteil zur Hauptsache）であり、当事者の破産による中断の場合のように訴訟追行権の否定により受継の申立てを却下する裁判も、(2) 彼の訴権論の立場から実体判決（sachliches Urteil）であるとする。(1) しかし、これに対する反対説（de Boor, Stein-Jonas-Schumann）(3) によれば、承継を否定して受継の申立てを却下する裁判の場合も、承継人とされる者に係争の権利が帰属しまたは彼に対して訴訟物たる請求が存立するかではなく、その判断の前提をなすところの、彼が前当事者によるまたはこれらに向けられた請求につき訴訟追行の適格（Legitimation）を有するかどうかが問題となっているにすぎないというのである。兼子教授（「訴訟承繼論」民事法研究一巻七一頁）も Hellwig の所説に反対して、「訴訟の承継を否認する事は唯其の場合の前当事者と承繼人との間の訴訟中の承繼関係不存在を理由として当該訴訟を承繼する適格を否定するに止るから、究極的に當事者が当該訴訟の所謂訴訟物の主體たるや否やを確定する本案判決以前の問題でなければならぬ。故に寧ろ訴訟判決の性質を有するのである（此の點訴の變更を不適法とする新訴却下の判決と同様である）。随つて承継人は当該訴訟を利用して争へざるに止り、却下の判決を受くるも既判力は生じないから、別訴によつて自己が承繼人となつた場合と同一の主張を爲すことを妨げない。蓋し両訴は元来争を異にしているゐると見るべきであるから。此の點例へば訴訟繫属前の承繼人が又は之に對し、訴訟の承繼の原因ありとの主張ありし場合を考へて見れば瞭然とするであらう。」という。

(2)　承継を否定して受継の申立てを却下する裁判の性質に関しては、おそらく Hellwig の見解が正当でなく、反対説に従い右裁判が申立人またはその相手方にかかる訴訟追行の適格を否定するものにすぎぬと解すべきであろう。(4) しかしそうとしても、該裁判は、論者の主張するように訴え却下の訴訟判決の性質を有するから、本来判決事項を対象とするものといわなければならない。そして私見によれば、「承繼人は当該訴訟を利用して争へざるに止り、却下の判決を受くるも既判力は生じないから、別訴によつて自己が承繼人となつた場合と同一の主張を爲すことを妨げない。」という兼子説は、誤りである。確かに自己を承継人と主張する者が受継申立て却下の裁判を受けても、当該訴訟の訴訟物につき当然に既判力の拘束を受けるものではない。しかし、彼が中断中の当該訴訟の訴訟物につき相手方当事者との間で既判力を伴う勝訴の判決を得るためには、その訴訟手続の受継を申し立てる以外に方途がないはずである。当事者たる自然人の死亡、法人の合併による訴訟手続の中断の場合（民訴法二〇八条、二〇九条（現行民訴法一二四条一項一号、二号））は、包括承継人が当然にその訴訟の新当事者になり、当事者の訴訟能力の喪失、法定代理権の消滅による中断の場合（同法二一〇条（現行民訴法一二四条一項三号））は、当事者の変動自体がないのであり、その余の事由による中断の場合（同法二一一条、二一二条、二一四条、二一五条（現行民訴法一二四条一項四号ないし六号））にあっても、法定の受継すべき者を原告または被告として同一訴訟物につき新訴訟が提起されたならば、旧訴訟の判決と新訴訟の判決とで既判力の及ぶ主観的範囲に相違はない（同法二〇一条二項（現行民訴法一一五条一項二号）参照）。いずれにせよ、受継の申立てに代え中断中の訴訟と同一の訴訟物につき更に訴えを提起するにおいては、民事訴訟法第二三一条（現行民訴法一四二条）の二重訴訟の禁止規定に触れるものといわざるを得ず、新訴は、不適法として却下されることを免れないであろう。(5)

(3)　前段で述べたところを要約すれば、受継申立て却下の裁判は、申立人に対し中断中の訴訟の訴訟物につき本案の審理、裁判を受けることを究極的に拒否する効果を伴うものである。そうした結果も、申立て却下の裁判が必要的口頭弁論の手続に基づき言渡しにより告知される判決をもってなされるのであれば、むしろ当然のことといわねばならない。しかし、この裁判が民事訴訟法第二一八条第一項の明文に従い口頭弁論の経由を要件としない決定をもってなされるのであれば、はたしてその合理性を説明することができるのであろうか。却下決定は、同法第四一〇条（現行民訴法三二八条一項）の通常抗告に服するとされるが、その抗告審においても対審、公開の手続保障はない。しかも却下決定が高等裁判所でなされたときは、抗告そのものが許されないのである（裁判所法七条二号参照）。かくては受継の申立人に対して適正手続による裁判を受ける権利を拒否するに帰し、その結果は、憲法第三二条、第八二条違反以外の何物でもないであろう。

（1）細野・民事訴訟法要義二巻四三四頁もHellwigと同旨。
（2）De Boor, Zur Lehre vom Parteiwechsel（1941）S. 128.
（3）Stein-Jonas-Schumann, ZPO 20. Aufl. § 239 Rdnr. 28.
（4）兼子「訴訟承繼論」民事法研究一巻七〇頁、同・民事訴訟法体系三一二頁。なお、三ケ月・民事訴訟法（法律学全集）二九一頁、（弘文堂）三三九頁参照。
（5）繋属中の訴訟の判決の既判力が及ぶ第三者が同じ訴訟物につき提起した別訴は、二重起訴の禁止に触れる。Stein-Jonas-Schumann, a.a.O. § 261 Rdnr. 55；MünchKomm ZPO/Lüke, § 261 Rdnr. 52；Rosenberg-Schwab-Gottwald, Zivilprozeßrecht 15. Aufl. § 100 Ⅲ 1 b.

3　判例、通説における決定主義の不徹底

もっとも判例、通説は、わが現行民事訴訟法上の受継申立て却下の裁判に関しても決定主義に徹底しているわけではない。

(1)　口頭弁論の終結前に訴訟手続が中断して受継の申立てがなされ、裁判所が申立てを理由があると認めたときは、特に相手方がこの点を争わない限り明示の裁判をせずに弁論手続を続行すれば足りることは、日独を通じ異論を見ない。但し、相手方が受継の当否を争ったときは、中間判決（独民訴法三〇三条、日民訴法一八四条（現行民訴法二四五条））をもってまたは終局判決の理由中で受継の申立てを認容する旨の判断を明示するというのが、ドイツにおける一般の理解である。(1) わが国では何故か特にこの点に言及した文献が見当たらないけれども、別異に解されているわけではないと考える。ただ、裁判所が右の中間判決をしたときはこれに拘束されるから、自らあらためて受継の申立てを却下することができなくなる点に留意すべきである。

(2)　以上は、それでよいのであるが、裁判所が受継の申立てを理由があるものと認め、または理由があるかもしれないと考え、一旦申立人と相手方を呼び出して手続を進めた後、その申立てを理由がないものと認めるに至ったときが問題である。受継の申立てに対する裁判の手続一般については後に詳述するが、私見によれば、裁判所は、適式の受継の申立てがあれば当然に申立人と相手方を呼び出して必要的口頭弁論の手続で受継の許否につき審理し、その申立てが理由がないと認めれば却下の判決をするまでであって、右の判決に先立ち受継申立てを理由ありと黙示の裁判がなされたと見る余地もない。そして判例、通説も、上記の場合には民事訴訟法第二一八条第一項の明文どおり常に決定で受継申立て却下の裁判をすれば足りるとは考えておらず、判決をもって訴訟追行の資格のない者を訴訟手続から排除することを明らかにすべきであるとしている。(2) ただ、その判決が常に終局判決であるのか、承継を伴わない中断の場合は中間判決であるのか、判決の主文において何を具体的に示すのかなどは、論者によって一定していないが——同条第二項による明示の受継を許す決定が先行しておれば、これを取り消した上あらためて——、受継の申立ての却下を宣言するという見解が有力のようである。こうした受継申立て却下の判決をもってなお訴訟指揮上の裁判であると強弁する者は、いないであろう。いずれにせよ、受継申立て却下の裁判について決定主義がこれに徹し得ない欠陥的要素を包含していることは、判例、通説によっても明らかである。

(1)　Stein-Jonas-Schumann, ZPO 20. Aufl. § 239 Rdnr. 30 ; Müunchkomm ZPO/Feiber, § 239 Rdnr. 32, 34 ; Baumbach-Lauterbach-Hartmann, ZPO 50. Aufl. § 239 Bem. 2 Eb, bb ; Rosenberg-Schwab-Gottwald, Zivilprozeßrecht 15. Aufl. § 126 I 3 a (1).

(2)　大審院昭和一四・一二・一八判決・民集一八巻一五三七頁、大阪高裁昭和三八・一一・一二判決・民集一六巻八号六七九頁、兼子・判例民事訴訟法二五三頁、兼子＝竹下・条解民事訴訟法二一八条2(2)ロ、菊井＝村松・民事訴訟法二一八条2ロ、斎藤＝小室＝西村＝林屋編・注解民事訴訟法二一八条三(二)3〔遠藤・奈良・林屋〕、岩松＝兼子編・法律実務講座民事訴訟編六巻一六五頁。

4　受継申立て却下の裁判に対する上訴

(1)　私見のとおり、中断した訴訟手続の受継申立てを却下する裁判が判決でなければならないとすれば、この裁判は、当然一般原則に従い控訴または上告に服するものである。

(2)　次に、従来の判例、通説に従い受継申立て却下の裁判が決定をもってなされた場合、この裁判は、私見によればいわゆる違式の裁判（inkorrekte od. fehlerhafte Entsheidung）になるといわなければならない。

ところで、違式の裁判に対する不服申立てが何によるべきかについては、古来論争いが絶えない。概していえば、違式の裁判に対しては、その裁判が現実になされた形式の種別に従い、例えばそれが判決であれば控訴または上告により、決定であれば抗告により不服を申し立てよとする主観説（subjektive Theorie）と、その裁判が本来なすべかりし正しい形式の種別に従い不服申立方法を選ぶべしという客観説（objektive Theorie）とが対立していたところ、大正一五年法律第六一号により現行民事訴訟法第四一一条（現行民訴法三二八条二項）の規定が新設され、前者の主観説によるべき旨の立法的解決を見たものであると説明する見解が有力である。しかし、裁判所法第七条第二号の規定ができて、高等裁判所の決定に対する抗告の途が全般的に閉塞してしまったと一般に考えられているから、高等裁判所が判決事項につき過って決定または命令で裁判をした場合、上記の有力説によれば、この裁判に対して上訴を提起するすべがないという極めて不合理な結果を容認しなければならなくなった。中野教授（「公正な手続を求める権利」民訴雑誌三一号二六頁、裁判手続の現在問題五〇頁）は、右の点に着目して、「決定・命令をなし得ない事項について決定・命令をした責めは、裁判所にある。その結果たる不利益を当事者に帰せしめて救済の途をふさぐことは許されず、不利益を受ける当事者は、公正な手続を求める権利に基づいて、高等裁判所の違式の決定・命令に対する特別抗告によりその取消しを求めることができると解すべきであろう。」とする。すこぶる卓見であり、賛意を禁じ得ないが、裁判所法第七条第二号の文言解釈上問題であるとの反論が予想される。より根本的には、高等裁判所以外の下級裁判所による違式の裁判の場合にも通ずる一般論として、ドイツの判例、学説で広く承認されているいわゆる最恵待遇の原則（Grundsatz der Meistbegünstigung）の理論[1]を日本法の下においても妥当するものとして採用し、控訴、上告と抗告との競合、選択を許すべきではないかと考える。

（1）Stein-Jonas-Grunsky, ZPO 20. Aufl. Allg. Einl. vor § 511 Rdnr. 23 ff.; MünchKomm ZPO/Rimmelspacher, vor § 511 Rdnr. 49 ff.; Baumbach-Lauterbach-Albers, ZPO Grundz. § 511 Bem. 4 Bc; Rosenberg-Schwab-Gottwald, Zivilprozeßrecht 15. Aufl. § 135 II 2; Jauernig, Zivilprozeßrecht 22. Aufl. IX 72; Blomeyer, Zivilprozeßrecht 2. Aufl. § 96 II; Thomas-Putzo, ZPO 17. Aufl. Vorbem. § 511 2.; 斎藤編・注解民事訴訟法（旧版）四一一条二〔斎藤〕。

三　判決後の受継を命ずる裁判は決定事項か

1　はじめに

本稿の冒頭で述べたとおり、判例、通説によれば、民事訴訟法第二一八条第二項により口頭弁論の終結後に中断した訴訟手続の受継を命ずる裁判も、決定をもってするのであって、この決定に対しては独立した抗告の申立てが許されず、終局判決に対する上訴をもって唯一の不服申立方法とするというのであるが、私見によれば、該裁判は、決定でなく、独立して上訴の対象となる判決をもってなすべきものである。この点については、旧稿での所述を変改するのでないが、論旨をさらに明らかにすることを試みたい。

2　受継を命ずる裁判と先行の終局判決との関係

民事訴訟法第二一八条第二項により口頭弁論の終結後に中断した訴訟手続の受継を命ずる裁判が、先行する終局判決を補完してこれと一体をなす構成部分となるというのは、争いを見ない正しい見解であり[1]、それ故にドイツでは、この場合の受継を命ずる裁判が補足判決（Zusatzurteil）であるといわれている。それはよいが、さらに進んで、同条項の受継決定は、その性質に照らし終局判決に対する関係で事後的な中間判決に準じたものにほかならぬとする見解が、受継決定がそれだけでは独立の上訴に服しないことを説明するため有力に主張されている[2]。この説は、論者の引用する Seuffert-Walsmann の注釈書（ZPO 12. Aufl. § 239 Bem. 1 k）に由来するものと思われるが、同書の関係部分の記述は、さして明確なものでなく、受継を命ずる補足判決が独立の上訴に服しないというドイツにおいてはむしろ少数説の見解を根拠付けるため、中間判決を比喩的に引き合いに出したものにすぎない。しかし、中間判決は、時期的にも終局判決の前になされ、前者が後者の内容を拘束する関係にあり、その故に中間判決に対する独立の上訴が許されないのであるから、事後的に終局判決に附加してなされる受継の裁判を中間判決と等質のものと見てこれに対する独立の上訴を許さないというのは、到底正しい推論とは思えない。受継を命ずる裁判が先行する終局判決の構成部分になるというのは、前述のとおり正しいけれども、この判決から事後に附加された受継の裁判部分を取り除いても、残余部分は、別の受継の裁判をもって補完される可能性を具えており、それ自体独立の裁判の性質を失うものではあるまい。そもそも事後的中間判決というのは、言葉自体の矛盾であり、無用の概念構成である。

受継を命ずる裁判に対する上訴の問題については、さらに項をあらためて論ずる。

（1）Stein-Jonas-Schumann, ZPO 20. Aufl. § 239 Rdnr. 34; MünchKomm ZPO/Feiber, 239 Rdnr. 36; Rosenberg-Schwab-Gottwald, Zivilprozeßrecht 15. Aufl. § 126 I 3 a〔5〕; Thomas-Putzo, ZPO 17. Aufl. § 239 Bem. 4 b, aa; 大審院昭和一三・七・二二判決・民集一七巻一四五四頁、斎藤・民事訴訟法概論三三五頁、小山・民事訴訟法三八二頁。

（2）兼子・判例民事訴訟法二六二頁、同・民事訴訟法体系二九〇頁、兼子＝竹下・条解民事訴訟法二一八条3⑵イ、菊井・判例民事手続法四八頁、菊井＝村松・民事訴訟法二一八条3ハ、斎藤＝小室＝西村＝林屋編・注解民事訴訟法二一八条三㈢2〔遠藤・奈良・林屋〕、岩松＝兼子編・法律実務講座民事訴訟編六巻一六八頁。

3　受継を命ずる裁判を決定ですることの不合理性

⑴　判例、通説は、おしなべて民事訴訟法第二一八条第二項の受継の裁判を必ず決定をもってなすべきものと解しているのであるが、少なくとも同条項の「裁判ノ送達後中断シタル訴訟手続ノ受継ニ付テハ其ノ裁判ヲ為シタル裁判所裁判ヲ為スコトヲ要ス」という文言からは、この裁判を常に決定をもってなすべしという結論は出て来ない。むしろ決め手となるのは、該裁判の法律上の性質と効力である。

⑵　本稿の序説で紹介した最高裁判所昭和四八年三月二三日判決・民集二七巻二号三六五頁は、「（民事訴訟法第二一八条第二項の）受継決定は、終局判決の名宛人たる当事者を新当事者に変更する効果を伴なうものであるから、……（受継決定が破棄されなければ）……終局判決は新当事者に対する関係において確定する」といっている。

その判示自体には賛成であるが、新当事者が判決表示の当事者の真の承継人でなくても、彼に対して判決の既判力、執行力が及ぶという趣旨まで含むのかどうかは、必ずしも判然としない。

(a)　この点については、受継決定が本来訴訟追行権の面を規整する裁判にすぎないから、判決の既判力および執行力の拡張とは無縁であると解する立場も考えられる。そうすると、受継決定があっても、例えば承継執行分の付与に当たっては、付与機関において受継決定が拘束されることなく承継の事実の有無を認定することができ、かつ、若干の学説(1)が認めているとおり、受継決定に表示された新当事者（債務者側の承継の場合）またはその相手方（債権者側の承継の場合）においても承継の事実を争って執行文付与に対する異議の申立て（民執法三二条）または訴え（同法三四条）を提起し得るということになる。この考え方は、敗訴の側に立った者（新当事者の場合もその相手方の場合もある）の立場を保護するものであるが、その反面で、勝訴の側に立った従前のまたは新当事者の利益を害することが甚だしい。給付判決の場合は、受継決定があれば恐らく承継執行文が容易に得られ、これに対する異議が常に認容されるわけでないから、まだよいが、確認判決の場合に新当事者に対する既判力の拡張が認められないというのでは、受継決定を得ることは、せいぜい中断していた訴訟を終了させて、既判力獲得のための新訴訟を提起するにつき相手方から訴訟繋属の抗弁（民訴法二三一条（現行民訴法一四二条））が提出されることを事前に排除する方策であるとしか説明し得ないであろう。

(b)　逆に、受継の裁判が必要的口頭弁論を経た判決でなく決定でなされても、終局判決の既判力、執行力が判決に表示されていない新当事者に及ぶと解するにおいては、敗訴の側に立った従前のまたは新当事者の手続法上の権利を害する所以である。前掲最高裁判所判決が「（控訴審の終局判決言渡後送達前の）受継決定に不服のある新当事者は、終局判決に対する上告をもって適法に右受継決定のみの破棄を求めることができる」と判示しているのは、上記の点の障害を若干軽減するものであるが、決して十分とはいえない。この判決の事案では、控訴裁判所における審理不尽の事由が認められて受継決定の破棄、原審差戻しの結論になったのであるが、差戻し後の控訴審において受継の許否につき、さきに紹介した判例、通説（前述二3(2)）の扱いで必要的口頭弁論の手続で審理し判決で裁判する運びになったのか、それとも決定手続で審理、裁判されることになったのかは、必ずしも判然とせず、後者の場合はやはり前記の問題が残ったはずである。また、上告が適法であったとしても、原審における審理不尽が認められず、法律審の上告裁判所が原審の書面審理による事実認定に羈束されるにおいては、上告棄却の結果が必定であり、受継決定に不服のある者が受継原因の有無につき前同様に手続上の権利を害されたことにならざるを得ない。右判決とこれを支持する論者は、こうした点に問題があることを看過しているのである。

要するに困難の原因は、終局判決後の受継の裁判を決定でするところにある。これを必要的口頭弁論に基づく判決をもってすべきものとすれば、問題が氷解するのである。

（1）　菊井＝村松・民事訴訟法二一八条3ハ、斎藤＝小室＝西村＝林屋編・注解民事訴訟法二一八条三2〔遠藤・奈良・林屋〕。

4　受継を命ずる裁判に対する上訴

(1)　民事訴訟法第二一八条第二項により口頭弁論の終結後に中断した訴訟手続の受継を命ずる裁判が、先行する終局判決に附加される補足判決（Zusatzurteil）をもってするのが正しいとすれば、この補足判決に対する上訴をどのようにするのかが問題となる。受継を命ずる判決は、先行する終局判決の本案の構成部分となるものであるから、両判決を同時に共通の上訴の対象となし得ると解することには異論がないが、通説は、さらに先行の終局判決を差し置き受継を命ずる判決だけを独立の上訴の対象とすることもできると考えている(1)。そしてこれは、正しい見解であると信ずる。先行の終局判決は、事後に附加された受継の裁判部分を除外しても独立した裁判の性質が失われるものでなく、第二の受継の裁判で補完される可能性を具えているし、受継の判決を終局判決に先立つ中間判決と等質視することも正しくない（前述2）から、先行の終局判決自体に格別の不服原因がないのであれば、敢えてこれを上訴の対象に組み入れる必要と理由がないからである。もっともさきに触れたとおり（前述2）、ドイツにおいても受継を命ずる判決が先行する終局判決から独立して上訴に服することを否定する少数説がある(2)。

(2) 私見のとおり、口頭弁論の終結後に中断した訴訟手続の受継を命ずる裁判が判決でなければならないとすれば、判例、通説に従い該裁判が決定をもってなされた場合、この受継決定は、違式の裁判にほかならない。前掲最高裁判所昭和四八年三月二三日判決の事案における控訴審の受継決定は、正にその例であった。そして違式の裁判に対する不服申立方法については、前述（二4(2)）のとおり最恵待遇の原則の理論を適用すべきであるから、受継決定は、独立して控訴または上告に服することになる。右最高裁判決の判旨に従い終局判決に対する上訴をもって受継決定のみの破棄を求めた事案があれば、その上訴人の合理的意思から直截に受継決定だけを上訴の対象としたものと解するのが相当であろう。

（1） Stein-Jonas-Schumann, ZPO 20. Aufl. § 239 Rdnr. 34; Thomas-Putzo, ZPO 17. Aufl. § 239 Bem. 4 b, aa; Rosenberg-Schwab-Gottwald, Zivilprozeßrecht 15. Aufl. § 126 I 3 a (5).

（2） Seuffert-Walsmann, ZPO 12. Aufl. § 239 Bem. 1 k. Zustimm.?: MünchKomm ZPO/Feiber, § 239 Rdnr. 36.

四　受継の許否に関する審理の手続

1　必要的口頭弁論

中断した訴訟手続の受継申立ての許否の裁判は、決定主義を採る通説の立場では口頭弁論を経由せずまたは任意的口頭弁論に基づきなされるのが原則であるが（民訴法一二五条一項但書（現行民訴法八七条一項但書））、裁判所が受継の申立てを理由ありとする前提で申立人と相手方を呼び出し手続を進めた後、その申立てを理由がないものと認めるに至ったときは、判決をもって訴訟追行の資格のない者を新訴訟手続から排除する旨を宣言すべきであると解されている（前述三3）ので、この場合の判決前の手続に関する限りでは必要的口頭弁論が行われるわけである。右に対比し、受継の申立ての許否の裁判が常に判決でなければならないとする私見の立場では、適式の受継の申立てがあれば当然に期日を指定して申立人と相手方を呼び出し、例外なく必要的口頭弁論の手続で受継の許否につき審理することになる（同条項本文。勿論受継と無関係の本案の審理を同期日で並行して進めることは妨げない）。これは、ドイツの文献記述においても均しく当然の事理とされているところであり、敢えて引用の要を見ない。

2　弁論主義と職権調査

民事訴訟法第二一八条第一項には「訴訟手続受継ノ申立ハ裁判所職権ヲ以テ之ヲ調査シ」と規定されているが、そこでいわれている「職権調査」の意味内容には多分に問題がある。

(1)　まず、受継申立ての許否に関する裁判所の調査が職権によるとは、相手方の申立てまたは異議をまたないことをいうとの説がある[(1)]。しかし、相手方の申立てや異議がなくても、裁判所は、受継の許否について結論を出さねばならないから、そのために必要な調査をなし得るというのは、原告の請求が失当であれば被告の申立てがなくても必要な調査を経て請求棄却の判決をなし得るのと同然で、全く当然の理といわねばならない。その趣旨は、例えば、被告が訴訟要件欠缺の具体的事由を主張しなくても裁判所が職権調査で同じ事由を認めることにより訴えを却下し得るというのと、似て非なるものである。受継の許否に関する裁判所の職権調査の意味内容が論者の主張の範囲を出ないのであれば、通常の用法での職権調査とは別の概念を導入したものであり、民事訴訟法第二一八条第二項でわざわざこれを明記した理由がわからなくなる。ただし、私見が結論において右の説に近似することは、後述のとおりである。

(2)　実務では、受継申立てを受けた裁判所が職権調査の名をもってかなり突っ込んだ事実審理を弁論外で行なっており、本稿でしばしば引用する最高裁判所昭和四八年三月二三日判決も、その審理が必要である旨を明言している。そして、この線にそったある文献[(2)]によれば、「当事者が証明書類を十分提出しなかったような場合には、例えば、債権調査期日に破産債権を争った債権者があったかどうかについて、あるいは相続がどうなっているかについて、破産裁判所または家庭裁判所に調査の嘱託（二六二条）をするなど、職権による証拠調をしなければならない。したがって、権利関係の承継その他受継の原因事実について当事者間に争いがなくとも、当事者に上記のような公の証明書（戸籍謄本、家庭裁判所の決定、調停調書、商業登記簿謄本等）を提出させるのが普通の取扱いである。職権調査は、受継の申立が適法かどうか、理由があるかどうか等全部についてなされる。例えば、相手方が、相続放棄期間（民九一五条〜九一七条）前に、相続人に対し受継の申立をした場合には、相続人が単純承認をしたとみなされる事実（同九二一条）の有無を必ず調査しなければならない（大判昭和一五・一二・一七民集一九巻四一三三頁）。」というのである。ここでは当事者の書証提出と職権証拠調とが渾然記述されている嫌いがあるが、要するに職権調査が裁判所の職権による事実の探知、証拠調べを一般的に可能とする職権探知に踏み込むべきであるとの趣旨に理解される。

立法者が訴訟手続受継に関する裁判の手続における「職権調査」の必要を明記したのは、その裁判を決定である前提での書面審理と密接に関連しているものと推測される。受継の申立ては、必ず相手方に通知されるが（民訴法二一七条（現行民訴法一二七条））、口頭弁論が開かれないのであれば、受継の原因事実につき相手方の自白ないし擬制自白も期待し難く、勢い事実の調査に関する裁判所の積極的役割が前面に出るからである。そこからさらに進んで、前記のような職権調査が職権探知に踏み込むべきであるとの実務感覚と学説も生ずることになる。但し、一般の実務家がこうした考え方に徹底しているかどうかは疑問である。例えば、裁判所が証拠不十分のまま不用意に受継原因たる権利承継の事実を一応認め受継申立人と相手方を口頭弁論期日に呼び出したところ、結果的には同期日において相手方が当該権利承継の事実を自白した事案を想定すれば、この場合の自白が単なる徴憑ではなくて裁判所の事実認定を拘束するものであると考える向きが多いであろう。

(3)　そもそも訴訟上の意味での職権調査（Prüfung von Amts wegen）とは、訴訟要件の具備や上訴の適否に関する判断の場合のように、対象となる事項につき当事者の申立てがなくても裁判所が斟酌することをいうのである。しかしそれは、当然に職権探知主義（Untersuchungsmaxime）の適用を意味するものではない[(3)]。弁論主義の適用がある訴訟においては、当事者の主張しない事実を積極的に訴訟資料とすることはできず、また、判断の基礎となる事実の存否を職権証拠調べにより探知することも、原則として許されないのである。職権探知が許されるか否かは、対象事項が公益に関連する度合いによって定まる。確かに受継申立ての許否を判断するにつき、新訴訟追行者たるべき法定代理人、新受託者、破産管財人等にかかる訴訟能力、代理権その他の資格の欠缺が問題となる場合、(当否疑問であるが)通説によれば、これに関しては職権探知による事実の調査が許されることになるのであろう。しかしそれは、調査の対象事項の公益性に由来する訴訟法の一般理論の帰結にほかならず、(4) 民事訴訟法第二一八条第一項の「裁判所職権ヲ以テ之ヲ調査シ」という文言が然らしめるものではない。受継申立ての許否を判断すべき大部分の案件においては、訴訟物にかかる権利、義務の包括承継の有無だけが問題となるのであるが、ここでは完全に弁論主義が支配し、承継の事実につき自白があれば、裁判所はこれに拘束され、擬制自白が成立することもあり、争いがあっても、当事者の申出に基づいてのみ証拠調べを施行すべきものである。右に反して承継の事実の有無を職権調査事項ないし職権探知事項と解するのは、明らかに謬論といわなければならない。(5)

(4)　訴訟手続の受継の許否、ことに訴訟物たる権利、義務の承継が受継申立原因となっている場合のそれに関する審理の手続の基調をなすのは、疑いもなく弁論主義であり、民事訴訟法第二一八条第一項が、受継の申立てにつき一般的に「裁判所職権ヲ以テ之ヲ調査シ」と規定していることの合理性には強い疑念を抱かざるを得ない。私は、右が立法者の過誤に起因するものと憶測するものであり、これを無意味の規定と解しても、正しい訴訟の運用が可能であると信ずる。そして、受継の許否に関する裁判の手続において弁論主義が判決の前提たる必要的口頭弁論と結合するにおいては、自白の法理や主張責任、証明責任の分配の原則を適用することにより、職権主義を全面に打ち出した書面審理の場合よりもはるかに合理的で効率のよい審理を期待し得るであろう。(6)

（1）　兼子＝竹下・条解民事訴訟法二一八条1。
（2）　菊井＝村松・民事訴訟法二一八条1。同旨――斎藤＝小室＝西村＝林屋編・注解民事訴訟法二一八条二〔遠藤・奈良・林屋〕、岩松＝兼子編・法律実務講座民事訴訟編六巻一六三頁。
（3）　Stein-Jonas-Leipold, ZPO 20. Aufl. vor § 128 Rdnr. 91 ff.; Münchkomm/Lüke, Einleitung Rdnr. 202 ff. Rosenberg-Schwab-Gottwald, Zivilprozeßrecht 15. Aufl. § 78 V 2; 岩松「民事裁判における判断の限界」民事裁判の研究一二八頁、一三六頁。
（4）　Stein-Jonas-Leipold, a.a.O. § 56 Rdnr. 7, vor § 128 Rdnr. 95; MünchKomm ZPO/Lüke, § 56 Rdnr. 2; Rosenberg-Schwab-Gottwald, a.a.O. § 78 V 2b.
（5）　Stein-Jonas-Schumann, ZPO 20. Aufl. § 239 Rdnr. 21, 29; MünchKomm ZPO/Feiber, § 239 Rdnr. 31, 34; Rosenberg-Schwab-Gottwald, a.a.O. § 126 I 3a.
（6）　しばしば引用する最高裁昭和四八・三・二三判決の事案では、受継申立ての相手方（上告人）が相続放棄による受継資格の否定を主張しているところ、「そもそも、訴訟手続受継の申立の当否については、裁判所は職権をもって調査すべきものであるから、原審が、上告人において民訴法二〇八条二項にいう相続の放棄をなし得る期間を経過しているか否か、換言すれば上告人が自己のために相続の開始があったことを知った日はいつであるか、また上告人の相続放棄を無効とすべき理由はないか等につき審理を尽くすことなく、たやすく上告人が本件訴訟手続を受け継ぐべき者であると認定し、被上告人の訴訟手続受継の申立を理由があると認めて本件受継決定をしたことは違法の措置であるといわなければならない。」と判示されているのであるが、右は、弁論主義の効用を無視した書面審理の弊が露呈されている典型例であるといえよう。

五　むすび――立法論の一斑――

私は、以上の記述において、中断した訴訟手続の受継に関する裁判が、必要的口頭弁論に基づく判決をもってなすべきものとの見解を示したわけであるが、右は、関係法条の文言と従来の通説、実務からかなり距離を置いたものであるから、容易に一般の賛同を得られるであろうとは考えていない。しかし、少なくとも大正一五年改正を経た関係の現行法規が重大な欠陥を有するものであることは、十分に論証し得たものと信ずる。現に進行中の民事訴訟法の改正作業においては、本稿が採り上げた問題点が真剣に検討されることを切望する次第であり、改正の方向は、私見によれば、やはり旧民事訴訟法の建前への復帰でなければならない。しかるに現在の改正法立案過程においては、私の期待とは正反対に、訴訟手続の受継の許否を類似の問題を含む参加の許否等と並べ、本来異質であるべき争点整理の問題として捉え、受訴裁判所でない受命裁判官の権限でもある口頭弁論外の手続による裁判事項とするという発想が公にされている(1)。右は、明らかに事柄の本質を理解せず、憲法第三二条、第八二条違反の結果すら容認するものであり、これに対する反論が多く見られないのであれば、まことに憂慮に堪えない。

(1)　法務省民事参事官室編「民事訴訟手続に関する検討事項」第四、三2(二)①。

―民商法雑誌一〇八巻六号（一九九三年）所載―

5 請求の放棄、認諾に関する現行法上の問題点

一　はじめに
1　本稿の目的
2　若干の準備的記述
二　一方的放棄、認諾行為の容認から生ずる個別的問題点
1　制限的認諾
2　相殺の抗弁と請求の放棄
3　請求の放棄と請求棄却の申立て
4　請求の放棄、認諾に伴う既判力の潜脱
5　請求の認諾に伴う既往の未確定判決の帰趨
三　放棄、認諾調書の既判力
1　概　説
2　裁判でない調書の記載に既判力を認めることの可否
3　放棄、認諾が無効の場合における既判力の否定
4　既判力の否定による放棄、認諾の無機能
5　既判力の否定による憲法第三二条違反の結果
四　むすび

前注

本稿は、旧民事訴訟法（大正一五年法律第六一号）の施行中に起草したものなので、本文中に「現行民事訴訟法」といっているのは、この旧民事訴訟法のことである。そして論述の主題は、その第二〇三条の解釈論にほかならないが、同条の規定内容は、文章表現を改めただけで、そっくり現行民事訴訟法第二六七条に踏襲されているので、旧稿を本書に再録するにあたっては、あえて条文表記の訂正と論旨の変更をしていない。

一 はじめに

1 本稿の目的

請求の放棄、認諾について、大正一五年法律第六一号による改正前の旧民事訴訟法は、その第二二九条において、ドイツ民事訴訟法（一九〇〇年までは第二七七条、第二七八条、現行法では第三〇六条、第三〇七条）の制度を踏襲し、「口頭弁論ノ際原告其訴ヘタル請求ヲ放棄シ又ハ被告之ヲ認諾スルトキハ裁判所ハ申立ニ因リ其放棄又は認諾ニ基キ判決ヲ以テ却下又ハ敗訴ノ言渡ヲ為ス可シ」と規定していた。しかし現行民事訴訟法は、その第二〇三条において、「和解又ハ請求ノ放棄若ハ認諾ヲ調書ニ記載シタルトキハ確定判決ト同一ノ効力ヲ有ス」と規定し、旧法がドイツ法にならい採用していた放棄、認諾判決の制度を廃止した。この法改正の趣旨は、第一に、旧制度下において、請求の放棄または認諾がなされてもこれに対応する放棄判決または認諾判決が申し立てられないとき、訴訟をどのように取り扱うべきかについて疑義があり、ドイツでも学説上争われているので、この点の疑問が生ずる余地をなくし、第二に、当事者の権利自白があった以上、請求の当否につき審判権の制約を受けた裁判所が形式的な放棄判決や認諾判決をする実益が乏しいと観念して、その省略をはかったものである[(1)]。かくして、ここでの立法者の主観的意図は、もとより手続の簡略、効率化を求めたものであるが、そのために判決のないところに判決があったのと同じ効果を与えようとした点は、所詮少なからぬ無理を伴ったもので、訴訟の取扱および法解釈に関して別の様々な疑問点を生む結果となった。そのため、右を短絡、軽率な立法であったと評価する向きが多く、むしろ旧制度の復活が望ましいとする見解も公にされているのである[(2)]。もっとも、実際には請求の放棄、認諾が行われる事案そのものが必ずしも多くないためか、すでに法改正後六〇年をこえているにもかかわらず、該制度の運用にあたって大きな弊害が生じた具体的事例のあることは、あまり聞かないし、これに関するきめ細かい法解釈論および立法論も、従来比較的等閑視されていたように思われる。しかし、現行法上の請求の放棄、認諾の要件および効果については、私なりに子細に検討する限り、制度の欠陥は従来識者によって指摘されていた範囲、程度をこえており、通説的な発想と推論では法の不備に便乗する不誠実な輩に手を貸す奇怪な結論に到達する案件も、いくつか想定することができる。本稿は、以上をめぐる若干の具体的問題点を指摘して関連の法解釈論を試み、大方の批判を仰ぐとともに、近く予定されている民事訴訟法改正のため些かの資料を供する趣旨に出たものである。

（1）　加藤・改正民事訴訟法案概説六四頁。
（2）　三ケ月・民事訴訟法（法律学全集）四四〇頁、同・民事訴訟法（法律学講座双書）五〇七頁、菊井＝村松・全訂民事訴訟法Ⅰ一一六一頁。

2　若干の準備的記述

本論に入るに先立ち、若干の点について簡単な準備的記述をしておく。

(1)　請求の放棄および認諾は、当事者の裁判所に対する一方的表示であって、相手方の受領を必要とせず、その在廷しない場合でもこれをすることができ、相手方が拒絶しても無効とはならないと一般に解されており[(1)]、放棄および認諾を原、被告の双方行為と認める説[(2)]は、少数である。

ところで、従来あまりはっきり意識されていなかった事柄であると思うが、請求の放棄および認諾がこのように相手方の同意を必要としない一方的表示であるということは、沿革的にいうと、旧民事訴訟法およびドイツ法が、放棄または認諾を調書に記載しても直ちに訴訟終了の効果を伴うものでなく、訴訟を終了させるためには、さらに相手方の申立てにより放棄判決または認諾判決をする建前を採用していることを前提として成立したものなのであり、その限りでは全く合理的で、破綻を生じたものでない。ところが立法者は、放棄判決および認諾判決の制度を廃止し、請求の放棄、認諾の調書記載に確定判決と同一の効力を認める現行民事訴訟法第二〇三条の規定を設けながら、放棄、認諾行為の性質と要件に関しては特段の明示的変更の措置を講じなかったのである。そのため、法改正後の判例、学説においても、請求の放棄、認諾行為の性質、要件を旧法時代と別様に解する向きはないのであって、確かに少なくとも法解釈論としては、これに異論を挟むことが困難であると思われる。民事訴訟法第一四四条第一号（現行民訴規六七条一項一号）の規定を虚心坦懐に読めば、請求の放棄、認諾は、それがなされた期日の口頭弁論調書に必ず記載しなければならず、当該期日に相手方が在廷していなくても、また、相手方の同意があってもなくても、放棄、認諾の調書記載を先送りにしてはならぬことが明らかである。また、立法者が請求の放棄、認諾に相手の同意を必要とする趣旨であったならば、訴えの取下げの場合の擬制同意に関する民事訴訟法第二三六条第六項（現行民訴法二六一条五項）と同趣旨の条項を含め、その旨の明文の規定を設けたであろう。しかし、後に具体的に指摘するが、請求の一方的放棄、認諾は、常に必ずしも相手方に利益だけを与えるものでなく、時に表意者に利益をもたらす反面で相手方に不利益を及ぼす場合が存在するのである。それ故、請求の一方的放棄、認諾を安易に容認してその調書記載に確定判決と同一の効力を認め、これに対応する相手方と裁判所の介入による放棄、認諾判決を省略することとした右の立法は、当事者間の衡平に対する配慮に欠けたものといわねばならない。そして、もし現行法の解釈としてもあえて同意必要説を採ることができるのであれば、理論の当否はともかくとして、若干の場合において不合理な結果が避けられることも、後に述べるとおり否定するを得ない。

(2)　旧民事訴訟法およびドイツ民事訴訟法上の放棄判決および認諾判決が確定すれば既判力を伴うことは、疑いないが、現行民事訴訟法上の請求の放棄、認諾を調書に記載したとき、その記載に既判力があるかどうかは、同法第二〇三条の文言解釈をめぐり非常に争われている。そもそも、このような点に疑義を残していること自体が立法の欠陥といえるけれども、法解釈論としては避けて通れない大問題である。そしてこれについては、積極、消極いずれの見解を採用するかにより、放棄、認諾の要件、効力をめぐる個々の問題に対応する結論が異ならざるを得ぬ場合が存在するのであり、その結論の是非を比較考量することが、逆に既判力の有無に関する前提理論を定めるのに有用であると考える。

（1）　Stein-Jonas-Leipold, ZPO 20. Aufl. § 307 Rdnr. 18 ; Rosenberg-Schwab, Zivilprozeßrecht 14. Aufl. § 134 IV 1,4c,V 2c; 岩松＝兼子編・法律実務講座民事訴訟編三巻一七四頁。

（2）　Pagenstecher, Zur Lehre von der materiellen Rechtskraft（1905）, S.287.

二　一方的放棄、認諾行為の容認から生ずる個別的問題点

現行民事訴訟法が、放棄判決および認諾判決の制度を廃して、当事者の一方的な請求の放棄、認諾の調書記載に「確定判決ト同一ノ効力」を付与していることから生ずる疑義、問題点は、甚だ多岐にわたるが、本項の記述は、これらを網羅的に論議するのでなく、任意に選んだ若干の個別的問題に対象を限定するものである。いずれもどちらかといえば特異な案件を想定したものであって、その中には既往のわが国の文献で触れられている事項もあるが、すべて簡単な記述にとどまっており、実際に問題となった事例があるかどうかも知らない。しかし、私としては、序論で述べたところに従い、請求の放棄、認諾に関する既往の法解釈理論に再検討を加え、かつ、は現行法規の制度的欠陥をあらわにする意味において、決して無駄ではない論題を選んだつもりである。

1　制限的認諾 (beschränktes Anerkenntnis)

制限的認諾とは、被告が同時履行、有限責任、履行期未到来等の抗弁を留保しながら原告の請求を認諾することをいうのである。被告がそうした認諾の表示をした場合の取扱については、ドイツにおいて非常に争われているが、ここでは諸説の詳細な紹介と論評を避け、簡単な記述にとどめなければならない。

(1)　元来被告による認諾の表示は、原告の請求そのものを対象として一義的かつ無条件になされる筋合のものであるから、いわゆる制限的認諾なるものを認諾の一態様とするのは観念的矛盾ではないかとの疑義があり、その故に一部の学説は、制限的認諾に法律上の意味を認めるにつき消極的ないし懐疑的である[1]。しかし、ドイツの

判例、通説は、被告が同時履行、有限責任、履行期未到来等の抗弁を留保しつつ請求を認諾する旨を表示した場合、それは、直ちに認諾判決の基礎となるものでないけれども、原告が当該抗弁に符合する限度まで自己の請求を減縮し、例えば、同時履行の抗弁に対応して引換給付の判決を求める申立てをしたときは、裁判所がその趣旨の認諾判決を言い渡すことができると解している。(2) 右の見解によれば、ここでの制限的認諾の対象は、原告の訴訟上の請求そのものではないが、それ自体としては独立して給付または確認の訴えの訴訟物となることができるものであり、これにつき裁判所の審査権を排除することを目的とした制限的認諾は、当事者の処分権限に属することが明らかで、認諾に関するドイツ民事訴訟法第三〇七条の認めぬものでなく、むしろ同条の規定の類推適用に適するものと解されるというのである。それ故、例えば、ドイツ法では請求の認諾と認諾判決の言渡との間に当然時間差を伴うことになるが、その間に被告が認諾を撤回することは、原告の同意がない限り原則として許されないと一般に解されているところ、(3) 上記の判例、通説においては、制限的認諾も当然右の不可撤回性の制約を受けると考えているはずで、このことを明言している文献もある。(4) なお、被告が通常の訴訟において原告の請求債権と関連しない自働債権に基づく相殺を主張しながら請求を認諾したときは、ドイツ民事訴訟法第三〇二条により、手形訴訟において請求債権と関連しまたは関連しない自働債権に基づく相殺の抗弁を主張しながら請求を認諾したときは、同法第五九九条により、(5) いずれも相殺についての裁判を留保した認諾判決（認諾留保判決）をなし得ることが明らかであるが、さらに学者は、被告が通常の訴訟で請求債権と関連する自働債権に基づく相殺を主張しながら請求を認諾したときも、認諾判決の基礎となる制限的認諾が成立すると解しているようである。(6)

(2)　しかしながら、わが現行民事訴訟の下では、認諾判決をすることがなく、請求の認諾は、被告がこれをした当該期日の調書に記載され（同法第一四四条第一号（現行民訴規六七条一項一号））、その調書記載に確定判決と同一の効果が認められるのであるから、上記のドイツで考えられている概念での制限的認諾の表示がなされても、それが請求の認諾にほかならぬと解すべき余地はないであろう。[7] わが国においても、被告が同時履行、有限責任、履行期未到来等の抗弁を保留しつつ請求を認諾する旨を表示すれば、原告がこれに誘引されて、同じ期日または続行期日に請求を被告の抗弁に符合する限度にまで減縮することは、十分に考えられるが、その場合でも法律上の意味のある制限認諾があったと観念すべきではなく、請求の減縮後あらためて被告から認諾の意思を徴するのでなければ、請求の認諾を調書に記載することは許されないと考える。[8] 以上の帰結は、現行法の解釈上やむを得ぬところと考えるが、些か硬直であり、当事者の意向にそわず、訴訟経済の見地に背馳するものであることを否めない。少なくとも立法論としては、被告の上記各種の抗弁を留保した認諾にも、それに相応した一定の効力を附与するのが相当であると信ずる。

（1） Baumbach-Lauterbach-Hartmann, ZPO 46. Aufl. § 307 Anm. 2A ; Häsemeyer, ZZP 85. Bd.（1972）, S.207（226）.

（2） BGH, Urteil vom 5. 4. 1989, ZZP 103. Bd.（1990）, S. 209 mit Anm. von Schiken ; Stein-Jonas-Leipold, ZPO 20. Aufl. § 307 Rdnr. 8 ; Rosenberg-Schwab, Zivilprozeßrecht 14. Aufl. § 134 IV 2 ; Thomas-Putzo, ZPO 15. Aufl. § 307 Aufl. § 134IV 2 ; Thomas-Putzo, aaO. § 307 Anm. 1c, 2 ; M. Wolf, Das Anerkenntnis im Prozeßrecht（1969）, S. 62 ff.; Arens, ZZP 83. Bd.（1970）, S.356（360ff.）.; Schilken, ZZP 90. Bd.（1977）, S.157（S.175ff.）.

（3） Stein-Jonas-Leipold, a.a.O. § 307 Rdnr. 43 ff. ; Baumbach-Lauterbach-Hartmann, a.a.O. Einf. IA vor §§ 306 ff.; Rosenberg-Schwab, a.a.O. § 134 IV 6 ; Thomas-Putzo, a.a.O. § 307 Anm. 3a A. M.——Hellwig, System des Deutschen Zivilprozeßrechts l. Teil S. 446 ff.

（4） Rosenberg-Schwab, a.a.O. § 134 IV 2.

（5） Stein-Jonas-Leipold, a.a.O. § 307 Rdnr. 4 ; Stein-Jonas-Schlosser, ZPO 20. Aufl. § 599 Rdnr. 3 ; M. Wolf, a.a.O. S.

90 ff.

(6) Stein-Jonas-Leipold, a.a.O. § 307 Rdnr. 8.

(7) 岩松＝兼子編・法律実務講座民事訴訟編三巻一六九頁、兼子・民事訴訟法体系二九九頁。

(8) 異説として、中野＝松浦＝鈴木編・民事訴訟法講義三六四頁〔松浦〕は、原告が制限的認諾に合致するよう訴えを変更すれば（私見によれば、これは、訴えの変更ではない）、特段の事情がない限り、その時点で認諾が成立するという。しかしこの説は、ことに制限的認諾と原告がこれに請求を合致させることとが期日を異にしてなされたとき、調書記載をどうするのかという点に疑義を残すものであり、現行法の解釈としては採ることを得ない。

2 相殺の抗弁と請求の放棄

原告が被告の相殺の抗弁を容認するだけの趣旨で請求を放棄する旨の意思表示をした場合、制限的放棄(beschränkte Verzicht) があったといえるが、これに何らかの法律上の効果を認めることができるであろうか。

(1) 上記の問題については、ドイツにおいても制限的認諾とは異なり制限的放棄の行われることが稀であるらしく[1]、特に論述したものが見当らない。それで、私の憶測を述べることになるが、相殺についての裁判を先送りにした留保判決後の手続（ドイツ民事訴訟第三〇二条第四項、第六〇〇条）においては、原告の請求債権の成立を肯認した留保判決が裁判所を拘束し（同法第三一八条）、相殺の抗弁の成否だけが審理の対象となるのであるから、原告が該抗弁を認める趣旨で請求を放棄する意思を表示したとき、被告の申立てにより放棄判決をするのに全く障害がないであろう。留保判決が先行しない手続において原告が相殺の抗弁を認める趣旨だけで放棄の意思を表示したときは、疑問であるが、前述のとおり学説は、被告が請求債権と関連する自動債権に基づく相殺を主張しながら認諾したときでも、認諾判決をすることを認めているようであるから、同じ考え方によれば、右の趣旨の制限的放棄も放棄判決の基礎となり得るはずである。そして、被告が請求債権の成立を認め、原告が相殺の抗弁を認めるのであれば、制限的認諾と制限的放棄とが競合する場合であるから、双方の申立てがあれば、一個の認諾、放棄判決を言い渡すのが合理的であろう。

(2) 以上は、ドイツ法についての議論で、日本法の解釈論には直接役に立つものでない。わが民事訴訟の下では、放棄判決をすることがなく、請求の放棄は、原告がこれをした当該期日の調書に記載され（同法第一四四条第一号）、その調書記載に確定判決と同一の効力が認められるのであるから、上記のような制限的放棄の表示がなされても、これが調書に記載すべき請求の放棄にほかならぬと解すべき余地はないであろう。しかし、この点についても立法論としては、当事者の意向を尊重し、ひいては訴訟経済に資する意味から、制限的放棄にも一定の効果を認めることを考慮するのが相当であると思われる。

（1） M. Wolf, Das Anerkenntnis im Prozeßrecht（1969）, S.9.

3　請求の放棄と請求棄却の申立て

原告は、被告の請求棄却の申立てがなくても請求を放棄することができるであろうか。

(1) 有力な学説は、請求の放棄は、被告が事前に請求棄却を申し立てていることを概念上必要とすると解している（1）が、賛成することができない。この説の主唱者であるPagenstecherによれば、「訴えなくしての認諾が概念上考えられないのは、主張なくしての自白と全く同じである。」「右の類推は、請求の放棄と被告の申立てとの関係についても妥当する。私見によれば、請求の放棄は、被告が請求棄却を申し立てたときはじめて、概念上可能である。……請求棄却の事前の申立てがなくても請求の放棄を考えることができると想定するならば、この場合は、原則として専ら被告の（先行する）申立の反復として現れるところの、放棄に後行する申立てが独立の意味をもつ。」というのである。しかし、認諾ないし認諾判決の論理的前提に原告による訴えの提起を欠くことができないのは、当然であるが、いわゆる請求棄却の申立てなるものは、これなくして同旨の判決をなし得ぬという意味での本来の申立てではないから、これを単純に訴えの提起と対比させ、認諾の場合からの類推をもって放棄の前提に請求棄却の申立てが必要であると断ずるのは、正しい推論であると思えない。わが旧民事訴訟法およびドイツ民事訴訟法の下においては、放棄があっただけでは放棄判決をすることができず、中間で被告が該判決を申し立てる必要があるところ、この申立ては、もちろん放棄の前提事項でなくこれに後行するものであり、また、いわゆる請求棄却の申立てとは違い本来の申立てである。そして、少なくとも被告の申立てによる放棄判決の制度があるところでは、放棄が原告の一方的表示行為であるとの通説が十分に合理性をもって妥当するものであり、放棄の前提に請求棄却の申立てが必要であると論ずることは、論理としてもおかしいし、実益も存しない。ドイツにおいても、おそらく今では右 Pagenstecher の所説を祖述する者がいないのではないかと思う。しかるにわが国においては、放棄が一種の権利自白（Rechtsgeständnis）であるから、まず相手方の権利主張たる請求棄却の申立てがなされていることを概念上必要とするとの説が有力である。[2] しかし、原告がまず訴えの提起を介して訴訟物たる権利の主張をなし、後にその権利が存在しないことを認めるのが請求の放棄なのであるから、請求棄却の申立てがなくても訴訟物が明確であれば放棄の対象も明確になっているはずであり、それでは放棄の表示の段階で既存の概念での権利自白の対象たる「相手方の主張する権利または法律関係」と合致しないから、放棄そのものが概念上成立しないというのは、背理ではなかろうか。どうしても権利の自白の観念との整合性にとらわれるのであれば、放棄判決の制度があるところでは、まず原告の放棄の表示によって直ちに先行的権利自白(antizipiertes Rechtsgeständnis)が成立し、後に被告が請求棄却の申立または放棄判決の申立てをした時点で権利自白が完成すると説明すれば、それで十分であろう。

(2)　請求棄却の申立てがない場合の請求の放棄は、以上に述べた次第で概念上認められぬものでないと思うが、その許否は、放棄判決の制度を廃したわが現行民事訴訟法の下で請求放棄の調書記載に既判力を認める見地に立つ場合、既判力の双面性との関連で困難な問題に逢着するのである。既判力の双面性とは、既判力が勝訴者の利益のみならず不利益にも(敗訴者の不利益のみならず利益にも)作用することをいう。(3)例えば、建物の所有権確認訴訟で勝訴した原告は、その後に相手方から民法第七一七条第一項但書の損害賠償を請求された場合、自己が所有者でないと主張することができないわけである。もっと分かり易い例でいうと、放棄調書の記載に既判力が認められるのであれば、賃貸借の存続を争うと予想される相手方から賃料を取り立てようとする者は、まず賃借権不在確認訴訟を提起して被告が請求棄却を申し立てる前に請求を放棄することにより、後の賃料請求訴訟で被告が目的物件を賃借していないと主張するのを未然に防止し得ることになる。そうした結果は、なんとしてもおかしいから、学者は、請求棄却の申立てがあるまでは請求の放棄が認められず、放棄と認諾が競合すれば、認諾だけが効力を生ずると説いているのであり、(4)それは、十分に理由があるものである。しかし右は、所詮信義則を基調とした利益衡量論であり、前示のような既判力の盗取に通ずる請求放棄に対する有効な防壁は、何も事前の請求棄却の申立てに限られないから、例えば被告の事前の同意を得た請求放棄も許されると解して差し支えないであろう。

以上は、あくまでも既判力肯定説を前提とした議論であって、既判力否定説を採るならば、被告の請求棄却申立や同意がない場合に請求放棄を認めても、弊害が生ずることはない(5)。

(1) Pagenstecher, Zur Lehre von der materiellen Rechtskraft (1905), S. 286f.;

(2) 岩松＝兼子編・法律実務講座民事訴訟編三巻一八〇頁、兼子・民事訴訟法体系三〇二頁、兼子＝松浦＝新堂＝竹下・条解民事訴訟法七一〇頁〔松浦〕、斎藤＝小室＝西村＝林屋編・注解民事訴訟法（第二版）(5)二〇二頁〔斎藤＝渡部＝小室〕。

(3) Hellwig, System des Deutschen Zivilprozeßrechts I. Teil S. 799 f.; 兼子・前掲注(1)三四九頁、同「確定判決後の残額請求」民事法研究一巻三九四頁、新堂・民事訴訟法四二四頁。

(4) 兼子・前掲注(1)三〇二頁、同・前掲注(2)同頁以下、斎藤＝小室＝西村＝林屋編・前掲注(1)同頁。なお、兼子＝松浦＝新堂＝竹下・前掲注(1)同頁参照。新堂・前掲注(2)二四九頁、二五一頁以下は、一方で既判力の双面性からの請求棄却申立前の放棄が認められぬとしながら、他方で放棄調書の記載の既判力を否定しており、首尾一貫しない。

(5) 菊井＝村松・全訂民事訴訟法I一一六〇頁参照。

4 請求の放棄、認諾に伴う既判力の潜脱

請求の放棄、認諾の調書記載に既判力が認められるかどうかは、非常に争われている大問題であるが、これに対する私見は、後に述べることとし、ここでは、一応既判力否定説の前提に立って議論を進めることとする。

(1) 請求の放棄は、原告の、請求の認諾は、被告の裁判所に対する一方的表示行為であり、いずれも相手方の受領を必要とせず、その在廷しない場合でもこれをすることができ、相手方が拒絶しても無効とならないと一般に解されること、これは、もともと放棄判決および認諾判決の制度を設けたドイツ民事訴訟法（およびこれを踏

襲したわが旧民事訴訟）の下で確立し、合理性を有する命題であるが、放棄、認諾判決をしないわが現行民事訴訟法の下でもこれを否定することが難しいことは、前述した（一2⑴）。それでは敗訴必定とみた当事者は、一方的に請求を放棄または認諾することにより、敗訴判決の既判力の拘束を免れることができるわけであるのか。極端な場合を想定すると、第一審、控訴審を通じて敗訴した当事者が、全くいわれのない上告を提起した上、上告裁判所に請求の放棄または認諾の手続のため口頭弁論期日指定の申立てをすれば、民事訴訟法第四〇一条により口頭弁論を経ずに上告棄却の判決をすることを予定していた裁判所も、期日の指定を拒むことができず[1]、該期日において上告人が一方的に放棄または認諾の表示をすると、放棄、認諾を同期日の調書に記載すべきであり、これで訴訟が終了するというのが従来の一般的理解であろう。右の場合、放棄、認諾の調書記載には既判力がないとすれば、請求の放棄、認諾は、既判力潜脱の不逞の目的を達成するのに格好の手段であるということになりそうである。

(2)　上記の結論が不合理であることは、火を見るよりも明らかであって、現行民事訴訟法の施行後六〇年以上を経て未だ右に述べたような事柄が具体的に問題となった事例がないのであれば、幸せであったといわねばならないが、既判力否定論者が問題を避けて通ることは、許されないと考える。⑴　放棄、認諾に相手方の同意が必要であると解すれば、弊害がいくらか是正されることは確かであるが、その見解が現行法の解釈としてかなり無理を伴うことは、さきに述べたとおりである（一2⑴）。また、相手方がうっかり同意を与えて既判力の利益を喪失するおそれがあることも無視し得ないであろう。⑵　例示のような Schikane 的な放棄、認諾は、信義則上許されないと説くことも、一般条項への過度の逃避と思われるし、既判力の排除は、一般周知とはいえぬ理論上の帰結にすぎないから、放棄、認諾をする当事者がすべてこの点につき悪意であると論断することも妥当ではあるまい。

（1）　請求の放棄、認諾は、上告審においてもこれをすることができる。Stein-Jonas-Leipold, ZPO 20. Aufl. § 307 Rdnr. 7 ; Baumbach-Lauterbach-Hartmann, ZPO 46. Aufl. § 307 Anm. 2B.

5　請求の認諾に伴う既往の未確定判決の帰趨

(1)　標記の点に関連する判例として、大審院昭和一二年一二月二四日判決・民集一六巻二〇四五頁の説示によれば、「請求ノ抛棄ハ、確定判決ニ代ル効力ヲ有スルモノナルガ故ニ、若シ上級審ニ於テ為ササルルニ於テハ下級審ノ判決ハ、請求ヲ認容シタルト否トヲ問ハズ、抛棄ノ限度ニ於テハ均シク其ノ効力ヲ喪フモノト解スベキモノトス。従テ本件ニ於テ原審ガ年六分ノ損害金中所論年一分ノ割合ニ於ケル部分ヲ認容シタル点違法ナリトスルモ、今ヤ其ノ部分ニ関スル請求ノ抛棄ニヨリ結局原判決ハ唯年五分ノ割合ナル損害金トシテ認容シタルコトニ帰著ス」というのである。この大審院判決は、直接的には原判決で請求を認容された原告が上訴審で逆方向に請求を一部放棄した事案について、原判決が放棄の対象となった請求に関する限度で効力を失うとしたものであるが、原審で請求を棄却された原告が上訴審で請求を放棄したときも、放棄の方が内容的効力を保存する反面で、原判決が効力を失うことになると明言している。上記の判例理論は、後の同院判決によっても支持されており[1]、また、諸家のひとしく肯認するところで[2]、かってこれに対し異論を挟む向きがあったことを知らない。また、同判例は明言しないが、説示の射程距離は、おそらく請求の認諾の場合にも及ぶものであろう。そこで、従来の判例、学説に対する私の理解が正しいとすれば、上訴審または各種異議訴訟の異議後の段階で請求の放棄または認諾がなされた場合、これに先行する原審ないし異議前の判決または仮執行宣言付支払命令は、常に当該放棄、認諾の対象となった請求の限度で効力を失うという命題が、一般に是認されていることになるのである。そしてこれは、民事訴訟法第二〇三条の文言が請求の放棄、認諾の調書記載自体に「確定判決ト同一ノ効力」を認めているのに最も忠実で、常識的な考え方であると思われる。

(2)　しかし、右の一般的命題は、はたして疑問の余地がない正当なものであろうか。問題は、請求の認諾によって既往の仮執行宣言付給付判決または仮執行宣言付支払命令が効力を失うと解される場合に生ずるのである。読者の理解を容易ならしめるためにシナリオを設定しよう。

Gは、第一審で勝訴し仮執行宣言付給付判決を得たので、これを債務名義として敗訴者Sの所有不動産の強制競売を申し立て、執行裁判所は、同申立てに基づき強制競売の開始決定をし、引き続き目的不動産の差押の登記もなされた。Sは、右判決に対し控訴を申し立てる一方で、強制競売手続の続行中にもかかわらず意を通じたDに対して被差押不動産を譲渡したので、これに基づく所有権移転登記がなされた。しかる後Sは、控訴審の口頭弁論期日において請求を認諾し、その認諾を記載した調書の正本を執行裁判所に提出したので、執行裁判所は、債務名義の第一審判決が効力を失ったものとして強制競売の手続を取り消した（民事執行法第三九条第一項第三号、第四〇条）。Gは、詮方なく認諾調書を債務名義として同じ不動産の強制競売を再度申し立てたところ、既にこれが登記簿上SでなくDの所有名義になっているので申立却下となったが（民事執行規則第二三条第一号）、他にめぼしいSの財産はなかった。

上記の経緯は、明らかに一般人の正義感情を逆撫でするものであるが、現行法の無理のない解釈論に立脚しつつ右の不合理な結果を避止する方途は、どこに見出すべきであろうか。(1)　まず、設例のような案件の場合、裁判所がＳに対して釈明権を行使し、いうところの「認諾」とは上訴もしくは異議の取下げまたは上訴権もしくは異議権の放棄の趣旨であると陳述させることが望ましいと思うが、裁判所が常にそうした措置を講ずるという保障はないし、Ｓが純然たる認諾に固執することもあり得るから、右のような運用論は、根本的な解決方法ということができない。(2)　同一強制執行手続中における債務名義の切り替えは、執行法の認めるところでないから、従前の強制競売手続を認諾調書に基づき維持、続行することは、もとより問題とならない。(3)　この場合でも請求の認諾には原告の同意が必要であると解すれば、弊害がいくらか是正されるけれども、その見解が現行法の解釈としてかなり困難を伴うことは、前述のとおりである（一2(1)）。また、結果の重大性を認識しない原告が不用意に認諾に同意を与えるおそれもなしとしない。私は、第一審勝訴の仮執行宣言付判決を得た原告が、同判決に基づく強制執行手続の進行中に控訴審で被告による債務全額の承認、履行期限猶予を内容とする訴訟上の和解に応じた結果、債務名義が失効して執行が取り消された実例を知っている。(4)　設例の場合のような認諾は、執行免脱のみを目的とするSchikane的な行為であるから信義則に照らし効力が否定されると論断することも、安易な一般条項への逃避として躊躇される。ことに、原審敗訴の被告が上訴審で請求を認諾しても、それが必ずしも信義則違反であるとはいえず、この点が問題となるのは、原判決に仮執行の宣言が付されていてこれに基づく強制執行が進行中であり、かつ、被告に執行免脱の害意があるときだけと思われるから、具体的案件において裁判所がSchikaneの成否を判断することは、しばしば少なからぬ困難を伴うであろう。

(3)　問題の抜本的解決は、従来の判例、学説において疑われていなかった、請求の放棄または認諾があれば、当該請求にかかる既往の原判決または仮執行宣言付支払命令が失効するという、一般的命題そのものを否定することに求むべきである。

そもそも放棄判決および認諾判決の制度を設けているドイツ民事訴訟法およびわが旧民事訴訟法の下では、前示設例のような奇怪な問題の生ずる余地がないのである。まず、該法制の下においては、全く異論がなく認められている事柄として、放棄判決および認諾判決は、その主文形態において何も一般の原告敗訴または被告敗訴の判決と異なるものでないことを指摘したい。すなわち、原審勝訴の原告（被上訴人）が上訴審で請求を放棄すれば、放棄判決は、原判決取消、請求棄却の主文をもってなされ、原審勝訴の被告（被上訴人）が上訴審で請求を認諾すれば、認諾判決は、原判決取消、請求認容の主文をもってなされるわけで、以上の限りでは、わが現行法の下において従来の判例、学説が認めている放棄、認諾の効果と趣を異にしない。しかし、原審敗訴の原告（上訴人）が上訴審で請求を放棄したとき、放棄判決は、決して請求棄却の原判決主文を反復するのではなく、原審敗訴の被告が上訴審で請求を認諾したときも、認諾判決は、請求認容の原判決主文を反復するのではない。これら放棄、認諾判決は、いずれも原判決を正当とし維持するということで上訴棄却の主文をもってなされるのであり、断じて放棄、認諾が原判決を失効させるものではない(3)。

放棄、認諾判決の制度を廃した現行民事訴訟法第二〇三条の立案者は、おそらく上記の点に関する旧法との比較省察を怠ったのであろう。しかし、立法者の意思を客観的に探索するならば、放棄、認諾の調書記載に「確定判決ト同一ノ効力」を認めたことの主眼は、専ら訴訟経済の趣旨からの放棄、認諾判決の経由を省略するにあったに相違なく、放棄、認諾の調書記載の効果として、旧制度下において該判決があった場合とかけ離れたことを考えていたのではあるまい。認諾により既往の執行力のある裁判が失効するような事態は、立法者の全く予測、容認しなかったところと認むべきである。

二　一方的放棄、認諾行為の容認から生ずる個別的問題点

私は、以上の考察に基づき、上記の判例、学説の認める先行判決全面失効論が誤りであると論断し、現行民事

訴訟法の解釈論としても、上訴審または各種異議訴訟の異議後の段階で請求の放棄または認諾がなされ、それを調書に記載したときは、旧制度下において右に対応する放棄判決または認諾判決が言い渡されて確定した場合と全く同じ効力が生ずるのであるとの説を提唱したい。この考え方によれば、原審で原告勝訴の仮執行宣言付給付判決が言い渡され、上訴審で被告が請求を認諾し、それが調書に記載されたときは、認諾調書が新たに債務名義となるのでなく、原判決が債務名義たる効力を維持したまま確定するのであるから、同判決に基づく強制執行が取り消される事態は、生じないわけである。ただし、右の私見が現行民事訴訟法第二〇三条の文言にややそぐわぬ嫌いがあることは、否めないから、然るべき立法措置の講ぜられることが望まれる。

(1)　大審院昭和一四年四月七日判決・民集一八巻五号三一九頁。

(2)　兼子・判例民事法三二二頁、同・民事訴訟法体系三〇三頁、兼子＝松浦＝新堂＝竹下・条解民事訴訟法七一一頁〔松浦〕、中野＝松浦＝鈴木編・民事訴訟法講義三六三頁〔松浦〕、菊井＝村松・全訂民事訴訟法Ⅰ一一六〇頁、斎藤＝小室＝西村＝林屋編・注解民事訴訟法（第二版）(5)二〇五頁〔斎藤＝渡部＝小室〕、小山・民事訴訟法三八八頁、新堂・民事訴訟法二五〇頁、岩松＝兼子編・法律実務講座民事訴訟編三巻一八〇頁。

(3)　Schumann, Die Berufung in Zivilsachen 3. Aufl. (1985), Rdnr. 616 ff.; Furtner, Das Urteil im Zivilprozeß 5. Aufl. (1985), S. 536.

三　放棄、認諾調書の既判力

1　概　説

さきにも述べたとおり、放棄判決および認諾判決の制度が存在している旧民事訴訟法とドイツ民事訴訟法の下において、その確定判決に既判力が認められることには全く異論を見ないのであるが、請求の放棄、認諾の調書記載に「確定判決ト同一ノ効力」があるとするわが現行民事訴訟法第二〇三条の解釈として、該調書記載に既判力が認められるかどうかは、非常に争われている。既判力肯定説[1]は、おおむね放棄、認諾の調書記載が旧制度下の放棄、認諾判決の代用物であること、並びに、これに伴う右法条の形式的文言を論拠とし、それだけに理解し易いものであるが、従来概して論述が簡略に過ぎ、既判力否定説からの下記論難に対し殆ど答えるところがない。右に対し既判力否定説[2]は、請求の放棄、認諾が裁判でなく当事者の行為にすぎないのに、その調書記載に既判力を認めるのは不合理であるし、既判力肯定の結果として当事者が放棄、認諾の無効を主張して裁判を求める途が局限ないし閉塞されるのは、当を得ず、憲法第三二条に背反する所以であるとの実質論を展開する。

私見は、既判力肯定説に与するものである。肯定説には確かに否定説の攻撃する点で問題があるけれども、右の論難をかわすことが不可能であるとも思われない。既判力否定説は、論理が精緻であるけれども、放棄、認諾の紛争解決機能を著しく損ない、むしろこちらの方が憲法第三二条違反の結果を招来するものということができる。以下詳論する。

(1)　兼子・条解民事訴訟法上（旧版）五四〇頁、同・民事訴訟法体系三〇三頁、斎藤＝小室＝西村＝林屋編・注解民事訴訟法（第二版）(5)二〇六頁以下〔斎藤＝渡部＝小室〕、三ケ月・民事訴訟法（法律学講座双書）五〇六頁、小山・民事訴訟法（三訂）四三六頁。大審院昭和一九・三・一四判決・民集二三巻一五五頁は、一般論として放棄調書の記載には既判力があると説示するが、東京高裁昭和四一・一〇・一三判決・下民集一七巻九・一〇号九六二頁は、認諾調書に基づく強制執行につき、認諾行為に私法上の無効原因があれば請求異議の事由となるといい、同昭和四二・四・二一決定・下民集一八巻三・四号四〇七頁は、放棄、認諾行為の無効を主張して手続続行のための期日指定を申し立てることが許されるという。そこで、判例理論の統一的理解は、困難であるが、当事者の放棄、認諾行為が無効であるか取り消されたときは放棄、認諾調書の既判力を否定するところの、制限的肯定説を採用しているものと一般に考えられている。この系列の学説として、木川「請求の抛棄・認諾」民事訴訟法講座三巻八一八頁、松本「請求の放棄・認諾と意思の瑕疵」法学雑誌三一巻一号一七三頁。

(2) 岩松「民事裁判における判断の限界」民事裁判の研究九九頁以下、鈴木「非訟事件の裁判及び訴訟上の和解の既判力」非訟事件の裁判の既判力一七四頁以下、岩松＝兼子編・法律実務講座民事訴訟編三巻一五〇頁以下、一八二頁以下、菊井＝村松・全訂民事訴訟法Ⅰ一一六一頁、兼子＝松浦＝新堂＝竹下・条解民事訴訟法七一一頁〔松浦〕、中野＝松浦＝鈴木編・民事訴訟法講義三六三頁〔松浦〕、新堂・民事訴訟法二五一頁、河野「請求認諾について」当事者行為の法的構造二四二頁以下。

2 裁判でない調書の記載に既判力を認めることの可否

既判力肯定説に対する第一の論難は、請求の放棄、認諾が裁判でなく当事者の行為にすぎないのに、その調書記載に既判力を認める点に向けられている。確かに既判力は、職権行使の独立を保障された資格のある裁判官をもって構成される国家の裁判機関が、当事者の審問請求権（Anspruch auf rechtliches Gehör）を保障した適正手続に基づきなした、いわゆる非判決（Nichturteil）または外見判決（Scheinurteil）でなく、また、治外法権者に向けられた現行法上認める余地のない権利関係を肯定しているような極めて局限された内容的無効事由を包含するのでない限り、それ自体で当然無効ということができぬ確定の裁判にこそ、それにふさわしい場を見出し得るものである。裁判でない調書記載のごときものに既判力を認めて事後の紛争における抵触主張を許さぬものとすることは、訴訟法の体系において異例であり、決して当を得たものでない。しかし右は、裁判にのみ既判力を肯認してきた従来の立法が合理的であることをいうにすぎず、「裁判なくして既判力なし」との超法規的ないし自然法的原理が存在することを意味するものでは断じてない。そして立法者は、疑いもなく請求の放棄、認諾の調書記載をもって旧制度下での既判力を伴った放棄、認諾判決の代用物としたものである。それ故、裁判ではない放棄、認諾調書の記載にも既判力を認めることが、それ自体で背理とはいえないとすれば、立法者の意図がそうであると解して、それを尊重せざるを得ないものと考える。

3 放棄、認諾が無効の場合における既判力の否定

請求の放棄、認諾の調書記載に既判力が認められるのは、当該放棄または認諾が無効でないことを前提とする。これは、確定判決の既判力も、当該判決が無効であれば認められない[1]ことと軌を一にするもので、敢えて異とするに足りない。但し、いかなる場合に放棄、認諾の無効を認め、または認むべきでないかは、詳細、多岐にわたる考察を要する課題であって、この点に関する以下の記述は、問題提起の意味での未熟な私見の素描にすぎない。

(1) 放棄、認諾は、対象となる請求がその趣旨、内容自体において不特定であるか権利保護の資格を欠くときは、効力を生ずる余地がない[2]。

(2) 請求の放棄、認諾は、放棄、認諾の内容が法律上許されぬものであれば、無効というべきである[3]。(1) 訴訟物をなす権利関係が当事者の処分に服しない婚姻事件における認諾(人事訴訟手続法第一〇条(現行人訴訟一九条二項)ただし、同法三七条)、親子関係事件における放棄および認諾、株主総会決議取消の訴え(商法第二四七条)、同決議不存在、無効確認の訴え(同法第二五二条)、新株発行無効の訴え(同法第二八〇条ノ一五)、株式会社合併無効の訴え(同法第四一五条)、同設立無効の訴え(同法第四二八条)(以上商法旧規定上の訴えにつき会社法八二八条

ないし八三三条）における認諾、(2)法定外の物権（民法第一七五条参照）、妾関係、犯罪行為をする義務のような現行法に照らし許される余地のない権利関係の存在を認める放棄、認諾がこれに当たる。ただし、認諾の対象たる権利関係自体が現行法上存在の許されるものであっても、原告の請求が不法な原因とか強行法違反の事実関係に基づくとき、その他主張自体で理由がない場合、なお認諾を有効と認め得るかどうかについては、説が分かれている。[4]認諾は、一種の権利自白（Rechtsgeständnis）であって、請求の当否に関する裁判所の判断権を排除するものであるから、有効説をもって相当とすべきである。

(3)　原告の訴えにつき訴訟要件が欠缺しておれば、請求棄却または認容の本案判決に照応する請求の放棄または認諾がなされても無効であるから、これを調書に記載することなく、判決をもって訴えを却下すべきものとするのが、通説の認める正しい理論である。[5]いわゆる権利保護要件の欠缺の場合も、別様に考える必要はあるまい。それにもかかわらず請求の放棄、認諾が調書に記載された場合、なおその放棄、認諾の無効を主張し得るかどうかは、疑問なしとしないが、積極に解すべきであろう。

(4)　請求の放棄、認諾は、口頭弁論または準備手続外でなされた場合や口頭陳述を欠く場合のように、その調書記載に至る手続に重大な瑕疵があるときも、無効になるというべきである。

(5)　請求の放棄、認諾が調書に記載されても、前提となる当事者の放棄、認諾行為が無効であれば、調書記載の既判力を否定しなければならない。但し、いかなる場合にその無効原因を認めることができるかは、放棄、認諾行為の法律的性質をどのように解するかによって結論を異にすべき問題である。かつては有力であった、請求の放棄、認諾が訴訟においてなされても常に実体私法上の法律行為（ドイツ民法第七八一条参照）たる性格を包含するとの説[6]は、すでにその勢力を失い、近時は、放棄、認諾を純然たる訴訟行為と把握する見解が圧倒的に優勢である。(7) この訴訟行為説によれば、放棄、認諾は、実体私法上の承認（Genehmigung）を欠く場合でも有効になし得るし、債権債務関係上の請求にかかる案件に限って実体私法上の承認行為を伴うことはあるが、その場合でも訴訟行為と私法上の法律行為とは、それぞれ独自の基準に従って効力の有無を判定しなければならない。すなわち、訴訟行為たる放棄、認諾が有効であるためには、訴訟能力、訴訟代理権の欠缺がないこと、刑事上罰すべき他人の行為により放棄、認諾をしたものでないこと（民事訴訟法第四二〇条第一項第五号、ドイツ民事訴訟法第五八〇条第五号参照）が必要であるが、放棄、認諾が同時に関連する私法上の法律行為を伴っており、その私法上の法律行為について心裡留保、錯誤、詐欺、脅迫といった意思の欠缺事由があっても、右は、決して放棄、認諾の効力を争う理由たり得るものでないのである。(8)

(6)　以上に述べた私見が、いわゆる制限的既判力肯定説の系列に属するといわれるのであれば、敢えてこれを否定するものでない。ところで、制限的肯定説に対しては、それが既判力否定説と実質的に異ならず、また、既存の既判力の観念に矛盾するとの批判が加えられている。(9) しかし私は、請求の放棄、認諾の無効を主張し得べき場合を限定的に考えているのであり、そうでないすべての場合、ことに実際上しばしば問題となる、放棄、認諾が実体私法上の承認行為を伴っており、これに錯誤などの瑕疵があるときでも、放棄、認諾調書の記載に既判力を肯定する点において、既判力否定説とは明らかに一線を画しているつもりである。制限的肯定説が既判力に関する概念矛盾を包含するとの批判も、当たらない。既判力が、権利関係の存否に関する終局的判断の事後における不可争性を本質とするものであることは、確かであるが、その不可争性は、決して絶対的なものでない。私見は、放棄、認諾の無効の故に調書記載の既判力を否定して事後に権利関係を争い得る各種態様の場合を掲げるが、前述のとおり放棄、認諾と平行する私法上の法律行為の瑕疵を無効事由から排除する以上、現実に放棄、認諾の無効を主張し得る案件は稀と思われ、他方、上記各種態様の無効原因の中のいくつかは、確定判決につき生じても当該判決を無効ならしめて既判力否定の事由になるものである。放棄、認諾が無効であればその調書記載の既判力が否定されるということと、判決が無効であればその既判力が否定されるということとの間には、本質的差異はない。そして、以上の議論で問題とされる既判力は、決して講学上の概念で把握される既判力と異質のものではないのである。

（1）　Stein-Jonas-Grunsky, ZPO 20. Aufl. vor § 578 Rdnr. 3 ; Jauernig, Zivilprozeßrecht 22. Aufl. § 60 Ⅲ ; Thomas-Putzo, ZPO 15. Aufl. Vorbem. Ⅲ 2e vor § 300.

（2）　岩松＝兼子編・法律実務講座民事訴訟編三巻一七八頁、最高裁昭和二八・一〇・一五判決・民集七巻一〇号一〇八三頁、同昭和三〇・九・三〇判決・民集九巻一〇号一四九一頁。

（3）　Stein-Jonas-Leipold, ZPO 20. Aufl. § 306 Rdnr. 8, § 307 Rdnr. 22, 24 ; Baumbach-Lauterbach-Hartmann, ZPO 46. Aufl. § 307 Anm. 2C ; Rosenberg-Schwab, Zivilprozeßrecht 14. Aufl. § 134 Ⅳ 3a, b, Ⅴ 2b ; 兼子・民事訴訟法体系三〇〇頁、三〇二頁、兼子＝松浦＝新堂＝竹下・条解民事訴訟法七〇八頁、七一〇頁〔松浦〕、岩松＝兼子編・前掲注（1）一七六頁、一八〇頁。

（4）　有効説――Rosenberg-Schwab, a.a.O. § 134 Ⅳ 3c ; 兼子・前掲注（3）同頁。無効説――大審院昭和九・一一・一七判決・民集一三巻二一九一頁、Stein-Jonas-Leipold, a.a.O. § 307 Rdnr. 22 ; Baumbach-Lauterbach-Hartmann, a.a.O. § 307 Anm. 2C ; Hellwig, System des Deutschen Zivilprozeßrechts 1. Teil S. 444 ; Nikisch, Zivilprozeßrecht § 66 Ⅱ 2 ; 菊井＝村松・全訂民事訴訟法Ⅰ一一六三頁、兼子＝松浦＝新堂＝竹下・前掲注（3）七〇七頁〔松浦〕、木川「請求の抛棄・認諾」民事訴訟法講座三巻八一二頁、部分的に岩松＝兼子編・前掲注（1）一七八頁。

（5）　大審院昭和一九・三・一四判決・民集二三巻一六一頁、最高裁昭和二八・一〇・一五判決・民集七巻一〇号一〇八三頁、同昭和三〇・九・三〇判決・民集九巻一〇号一四九一頁、Stein-Jonas-Leipold, a.a.O. § 306 Rdnr.

12, § 307 Rdnr. 32 ; Baumbach-Lauterbach-Hartmann, a.a.O. § 306 Anm. 2B, § 307 Anm. 3Bb ; Rosenberg-Schwab, a.a.O. § 134 Ⅳ 5, Ⅴ 2d ; Jauernig, a.a.O. § 37 Ⅲ, Ⅳ ; Nikisch, a.a.O. § 66 Ⅱ 3 ; 兼子・前掲注(3)三〇一頁、兼子＝松浦＝新堂＝竹下・前掲注(3)二〇八頁〔松浦〕、斎藤＝小室＝西村＝林屋編・注解民事訴訟法（第二版）(5)二〇一頁〔斎藤＝渡部＝小室〕。異説――岩松「民事裁判における判断の限界」民事裁判の研究一〇二頁、岩松＝兼子編・前掲注(1)一七五頁。

(6) Stein-Jonas-Schönke, ZPO 18. Aufl. § 307 Ⅰ 2, Ⅴ ; Wach, Archiv für zivilistische Praxis Bd. 64 (1881), S. 244 ff. ; derselbe, Handbuch des Deutschen CPR Bd. Ⅰ, S. 577 ; Pagenstecher, Zur Lehre von der materiellen Rechtskraft (1905), S. 145 ff. 近時、なおこの説を採るものとして、B. Thomas, Zur Doppelnatur von Klaganerkenntnis und Klageverzicht ZZP 89. Bd. (1976), S. 80 ff.

(7) 古くは、Hellwig, Anspruch und Klagrecht (1900/24), S. 157 ff. ; Degenkolb, Das Anerkenntnisurteil (1905). 近時の文献として、Lent, Die rein prozessuale Bedeutung des Anerkenntnis, Festgabe für Rosenberg (1949), S. 123 ff. ; Baumgärtel, Wesen und Begriff der Prozeßhandlung einer Partei im Zivilprozeß (1957), S. 142 ff. ; Stein-Jonas-Leipold, aaO. § 306 Rdnr. 3, § 307 Rdnr. 11 f. ; Rosenberg-Schwab, a.a.O. § 134 Ⅳ 7, Ⅴ 2e ; Blomeyer, Zivilprozeßrecht 2. Aufl. § 62 Ⅳ 2 ; Jauernig, a.a.O. 22. Aufl. § 47 Ⅵ ; Fasching, Lehrbuch des österreichischen Zivilprozeßrechts 2. Aufl. Rdnr. 309 f. ; Baumbach-Lauterbach-Hartmann, a.a.O. Einf. 1B vor §§ 306 ff. ; Thomas-Putzo, a.a.O. § 307 Anm.1b.

(8) Lent, a.a.O. S. 123 ; Rosenberg-Schwab, a.a.O. § 134 Ⅳ 6, 7d, Ⅴ 2e. 東京高裁昭和四一・一〇・一三判決・下民集一七巻九・一〇号九六二頁は、認諾につき訴訟行為説を採りながら、認諾調書に基づく強制執行につき通謀虚偽表示、錯誤、公序良俗違反などが請求異議の事由となると説示しているが、賛成し得ない。

(9) 和解調書の制限的既判力肯定説とも関連し、岩松・前掲注(5)同頁、岩松＝兼子編・前掲注(1)一五六頁、一八三頁。なお、兼子・前掲注(3)三〇九頁、同・実体法と訴訟法八四頁参照。

4　既判力の否定による放棄、認諾の無機能

請求の放棄、認諾について既判力を否定する論者は、肯定説に対する攻撃に力を注ぐが、自説を貫いた場合に生ずるマイナス面に気付かないか、目を覆っている。そもそも既判力は、当事者またはこれに準ずる者による事後の抵触主張を遮断することにより、紛争解決機能を営むものである。せっかく請求の放棄または認諾が調書に記載されて訴訟が終了しても、その調書記載の既判力が否定されるというのでは、放棄、認諾をした者が別訴訟で反対趣旨の主張をしてもよいことになり、法的安定が保たれない。給付訴訟の認諾調書は、執行力を有して債務名義となるものであり（民事執行法第二二条第七号）、形成訴訟の認諾調書は、形成力を有するから、まだよい。しかし、執行力とも形成力とも無縁の放棄調書と確認訴訟の認諾調書が最も問題で、それらが訴訟物をなす権利関係の存否について既判力を有しないのであれば、一体何を解決して訴訟が終了したことになるのであろうか。全くナンセンスとしかいいようがない。

5　既判力の否定による憲法第三二条違反の結果

そもそも原告は既判力のある確定判決を求めて訴訟を提起したものであり、その既判力を求める権利が被告の一方的行為をもって葬り去られてよいはずはない。また被告も、応訴により原告とは反対方向の既判力のある確定判決を求める権利を取得するのであり、その権利を原告の一方的行為で排除してはならないことは、訴えの取下げに応訴した被告の同意を必要と定めている民事訴訟法第二三六条第二項（現行民訴法二六一条二項）の規定からも推知し得るであろう。しかるに、放棄調書および認諾調書の既判力を否定するにおいては、敗訴必定と見た狡猾な当事者が、一方的に請求を放棄または認諾する挙に出て、敗訴判決の既判力を免れるという不逞の目的を

達成することを容認するに帰着することは、さきに詳述したとおりである（二4）。かかる不合理な結論を避ける理論はないかと模索してみたが、既判力否定説を前提とする限り不可能というのが私の到達した結論である。請求を放棄または認諾した者の相手方当事者は、同じ訴訟物につき再訴を提起して既判力のある判決を求めることができるから、それでよいではないかとの反論も予想されるが、その再訴においても請求が認諾されて既判力を得られないかもしれぬというのであれば、結局際限がないであろう。憲法第三二条は、何人に対しても民事訴訟に適合する事件において既判力のある裁判を受ける権利を保障したものであると確信する。[1] 既判力否定説は、この基本権を否定するに帰着するものである。

（1）　岩松「民事裁判における判断の限界」民事裁判の研究一〇一頁以下は、被告が請求を認諾すれば、原告主張の権利の存在を認めたことになるから、原告は、もはやその権利につき確認の利益がなく、さらに既判力のある確定判決を求める方途を失ったとしても、違憲にはならないと説く。この見解は、権利保護要件欠缺の場合にも有効に認諾をすることができるとの前提に立つもので、すでにこの点で賛成し難いし、被告が原告主張の権利を認めても、例えば公簿記載変更などの関係で確認の利益が残る場合があることを看過している。

四　むすび

私は、以上の記述において現行法下の請求の放棄、認諾につきできるだけ合理的な結論を導くことを試みたが、それは、所詮当事者の一方的行為の調書記載を判決の代用物と認めるいびつな制度に制約された、苦し紛れの議論の色彩を帯びることを否定し得ない。もっとも、近い実現が予想される民事訴訟法の大改正においては、必ずや何らかの形で該制度の根本的な変改がなされるものと楽観している。改正の方向としては、やはり放棄判決および認諾判決の制度の復活が順当であろうが、いっそ放棄、認諾の制度そのものを全廃しても、現行法の体制よりはましであると思う。本稿は、さらに具体的な立法論を目的としたものでないが、この点についても諸賢の参考に供される価値のあるものであれば、幸いである。

—民商法雑誌一〇六巻三号（一九九二年）所載—

6

人事、家事関係訴訟の適正手続と管轄

——家庭裁判所移管論批判——

一　はじめに
二　人事訴訟の性質と適正手続
1　訴訟事件の性質
2　手続公開の問題
3　必要的口頭弁論と厳格な証明
三　家庭裁判所移管論の破綻
1　序　説
2　個別的問題
3　家庭裁判所、地方裁判所間の障壁除去

前注

本稿は、旧人事訴訟手続法の施行中、人事、家事関係の訴訟事件がすべて地方裁判所を第一審の管轄裁判所としていた時期に、これらの訴訟事件を家庭裁判所に移管せよという議論に対する批判の意味で記述したものである。この移管は、新人事訴訟法の施行により部分的に実現したのであるが、旧稿を本書に再録することとしたのは、私がこの種の訴訟事件の手続と家庭裁判所のあり方について述べた見解は、現在でも無意味に帰したわけではないと思うからである。旧稿の再録にあたっては、あえて条文表記の訂正をしていない。

一　はじめに

戦後の司法制度と民事関係手続法の改革で、従来地方裁判所を第一審の管轄としていた多くの人事、家事関係事件が家庭裁判所の管轄に移行し、一律に非訟事件手続で処理されることとなったが（家審法七条）、離婚訴訟をはじめとする若干の争訟事件が人事訴訟事件として地方裁判所の管轄に残り（人訴法一条・二四条・二七条）、今日に至っている。しかしながら、これらの人事訴訟事件を家庭裁判所に移管せよとの声は、昭和二三年一月一日に同裁判所の前身たる家事審判所の創設と家事審判法の施行を見たころから現在に至るまで、絶えることがない。近年は、人事訴訟制度全廃論(1)のような過激な説こそ跡を絶ったが、司法制度改革の必要が叫ばれるに及び、その一環としての家庭裁判所移管論は、むしろ以前よりも勢いを増した感があり、移管の対象に選ぶ事件の範囲も、人事訴訟以外の各種家庭関係訴訟事件に及んでいる。そして、最近司法制度改革審議会も、最終報告書(2)において移管論を明確に打ち出しており、近く本格的に進捗するであろう人事、家事関係手続法規の改正作業においても、この線での論議が進むものと予想される。

しかし、私見によれば、従来の家庭裁判所移管論には、賛成し得る部分もなくはないが、上記司法制度審議会報告書も含め、手続法の基本理論にそぐわぬ点や実際の効用に疑問の点が多い。よって本稿は、これに対する批判を試みるものである。

（1）人事訴訟全廃論を極端な形で主張していた文献として、平賀健太「人事訴訟」民事訴訟法講座五巻一二八頁、同「家庭裁判所」家族問題と家族法Ⅶ一二〇頁がある。

（2）司法制度改革審議会は、平成一一年七月内閣の下に設置され、約二年の審議を経て、平成一三年六月一二日付最終報告書を「二一世紀の日本を支える司法制度」という副題を附して公表した。その本稿に関連する部分は、「人事訴訟等の家庭裁判所への一本化」（Ⅱ第1、5（1））と題する項に記述され、現行法の不合理な点として、（1）人事訴訟事件につき家裁での調停手続と地裁での訴訟手続とが相互の連携なく分断され、（2）一部の家事審判事項の管轄が家裁と地裁に分裂し、（3）家裁調査官の調査結果を人事訴訟の審理、裁判に活かし得ないことを指摘し、（4）なお、人事訴訟以外にも家裁移管を適当とする家庭関係事件が多いと論じている。

二　人事訴訟の性質と適正手続

人事訴訟をすべて家庭裁判所に管轄せしむべしという意見の底流には、おしなべて、離婚事件をはじめとするもろもろの人事訴訟事件を訴訟裁判所がもっぱら対審、公開の訴訟手続で審理、裁判するのは、好ましくなく、また、その裁判には家庭裁判所で現に行われているような審判または調停の手続の成果を採り入れるのが望ましいという考え方がある。しかし私は、これに全く反対である。

1　訴訟事件の性質(1)

現行法下で人事訴訟事件が対審、公開の手続で審理、裁判されているのは、憲法上の理由に基づくものである。

(1)　日本国憲法第八二条は、同条第二項の認める対審についての例外を除き、「裁判の対審及び判決は、公開法廷でこれを行ふ。」と規定している。同条の解釈に当たっては、後述のとおり現代社会の実状に即応した制限的かつ柔軟な対処が望ましいが（2(1)）、少なくとも口頭主義の厳守、対審については原則的の、終局的裁判の告知については例外のない一般公開、ならびに、対立当事者の法的審尋請求権（Anspruch auf rechtliches Gehör（ドイツ基本法一〇三条参照））の保障は、民事、刑事の訴訟手続の根幹をなす憲法不可侵の原則というべきである。しかるに、家事審判事件は、非訟事件手続法の総則規定の原則的適用を受けるものであるところ（家審法七条）、その非訟事件手続は、訴訟事件のそれとは大きく異なり、口頭主義を採用しておらず、審理および裁判の告知につき手続公開の法的保障を欠く（非訟法一三条、家審規六条。審理につき例外・非訟法七九条）点だけでも、右憲法上の適正手続の要件を充たさぬことが明らかである。

すべての民事事件は、それぞれの性質に従い、(1)終局裁判のためには憲法第八二条所定の適正手続を経る必要のある事件と、(2)右の適正手続を経る必要のない事件のいずれかに属するはずであって、中間は論理上あり得ない。もし性質上(1)に属すべき事件が実定法上(2)の系列の事件に編入されているならば、当然そこに憲法違反の問題が生ずるのである。そして、右憲法上の適正手続を経由すべき民事事件は、実質的意味における訴訟事件（最高裁判所昭和三五年七月六日大法廷決定・民集一四巻九号一六五七頁にいう「純然たる訴訟事件」）にほかならない。それは、もっぱら関係人の申立てによって開始され、関係人から中立の国家機関（裁判所）が、具体的生活関係の事実を小前提とし、要件と効果を明らかにした抽象的法規を大前提とする三段論法をもって、中立人の主張する実体的権利または法律関係の存否につき終局的確定の判断（裁判）をする事件をいうのである。[2] 現行人事訴訟手続法の適用を受ける人事訴訟事件は、すべてこの要件を具備しているものと考えられる。例えば、最も論議の対象となる離婚訴訟は、原告の訴え提起によって開始され、原、被告から中立の裁判所が、弁論および証拠から認定した事実を小前提とし、離婚原因の要件と離婚判決の効果を明示した民法第七七〇条を大前提として、原告の離婚請求権の存否につき終局的確定の裁判をする事件であるから、本質的に訴訟事件にほかならない。[3]

(2)　もっとも、離婚事件をはじめとする人事訴訟事件の法的性質と憲法上求められる準拠手続については、該事件の家庭裁判所移管論に繋がりかねぬ多様な異説がある。以下において、その中の若干に触れておきたい。

(a)　最高裁判所昭和三一年一〇月三一日大法廷決定・民集一〇巻一〇号一三五五頁は、調停に代わる裁判（戦時民事特別法一九条二項、金銭債務臨時調停法七条一項）の合憲性を対象とし、「これも一の裁判たるを失わないばかりでなく、この裁判には抗告、再抗告、特別抗告の途も開かれており抗告人の裁判を受ける権利の行使を妨げたことにならないから、憲法に違反するものでない……。」「抗告人は、本件調停に代わる裁判並に原裁判が非公開の中に決定された違憲ありというが、右各裁判は対審乃至判決の手続によるものではないから、違憲の主張はその前提を欠く……」と説示した。この説示は、立法をもって、人事訴訟全部の家事審判事項編入にとどまらず、民事訴訟制度を全廃し、あらゆる民事紛争を対審方式によらぬ非公開手続で裁判することにしても違憲でないという、驚くべき結論に通ずる暴論であり、当然ながら同決定においても少数意見者からの非難を免れなかった。この判例理論は、その後もしばらく最高裁判所で踏襲されていたが（昭和三三年三月五日大法廷判決・民集一二巻三号三八一頁、昭和三五年七月四日決定・判時二二九号三二頁、昭和三七年一〇月三一日決定・家裁月報一五巻二号八七頁）、幸いにして、同裁判所昭和三五年七月五日大法廷決定・民集一四巻九号一六五七頁の「純然たる訴訟事件」

が憲法第八二条の適正手続によるべき旨の正しい説示によって否定され、現在では、判例は勿論、学説でも支持する向きは見当たらない。(4)

(b)　問題は、特定種類の事件が実質的意味における訴訟事件か非訟事件かの見極めであるが、その判断を誤った例として、推定相続人の廃除を非訟事件手続の家事審判事項としていること（家審法九条一項乙類九号）を合憲とした最高裁判所昭和五五年七月一〇日決定・裁判集民事一三〇号二〇五頁、判時九八一号六四五頁、判タ四二五号七七頁がある。(5)曰く。「(民法八九二条の) 規定は、推定相続人の廃除につき、一定の要件のもとに被相続人に対し実体法上の廃除権ないし廃除請求権を付与し、その行使によって廃除の効果を生ぜしめるという方法によらず、被相続人の請求に基づき、家庭裁判所をして、親族共同体内における相続関係上の適正な秩序の維持をはかるという後見的立場から、具体的に右の廃除を相当とすべき事由が存するかどうかを審査、判断せしめ、これによって廃除の実現を可能とする方法によることとしたものと解される。それ故、右推定相続人の廃除請求の手続は、訴訟事件ではなく非訟事件たる性質を有するものというべく、家事審判法九条は、右の趣旨を承けて、これを同条所定の審判事件として家事審判法により審判すべきものとしているのである。」と。この最高裁の論法と文言表現を借りるならば、例えば裁判上の離婚に関する民法第七七〇条の規定をそのままにして手続を家庭裁判所の家事審判によらせる立法をしても、「家庭裁判所をして、夫婦共同体内における身分関係上の適正な秩序の維持をはかるという後見的立場から、具体的に離婚を相当とすべき事由が存するかどうかを審査、判断せしめ」るものであるから、違憲でないとの結論に到達しよう。しかし、民法第八九二条の規定によれば、「遺留分を有する推定相続人が、被相続人に対して虐待をし、若しくはこれに重大な侮辱を加えたとき、又は推定相続人にその他の著しい非行があつたときは、」家庭裁判所は、被相続人の請求によりその推定相続人の廃除をするのであるが、その趣旨は、家庭裁判所が、具体的案件につきもっぱら合法性（Rechtsmäßigkeit）の見地から同条の廃除要件が具備しているかどうかを見極め、積極的判断のときは当然に廃除の形成裁判をし、消極的判断のときは廃除請求を棄却しなければならない（muss）というにあり、「後見的見地」の名における合目的性（Zweckmäßigkeit）の見地からの裁量権行使により、廃除の許否を選択をすることができる（Kann）というものではない。非訟裁判所が合目的性の見地から裁判をするというのは、目的となった事件の性質に従い、事実を小前提、法規を大前提とする三段論法をもって二者択一的に結論を出すのでなく、複数の可能な結論の中から裁判所が法的拘束を受けぬ裁量をもって妥当と考える一つを選択するときの判断を指称するのである。推定相続人廃除の審判事件は、本質において推定相続人の資格剥奪に向けられた実体法上の形成権を訴訟物とする訴訟事件にほかならず、現行法がこれを非訟事件手続の家事審判事項としているのは、違憲と断ぜざるを得ない。該審判事件にかかる前掲最高裁決定の論法をもって離婚事件等の本質を非訟事件と認めることは、いわれがないものである。

(c)　現行法上の人事訴訟事件は、人事訴訟手続法で「無効ノ訴」とされているものを含め、例外なく形成訴訟と解すべきであるが[6]、形成訴訟一般について、訴えで主張される権利変更の要求が、相手方当事者に対してではなく、権利を創設しまたは消滅させる裁判官の行為に向けられていることから、ここでの裁判官の職務執行を概念的には非訟事件と見る説がある[7]。ただしこれは、近時の通説とはいい難く、その代表であった Stein-Jonas の民事訴訟法注釈書でも、改版を経て該当記載部分から非訟事件云々の字句が消え去っている[8]。また、形成訴訟を非訟事件と見る者も、裁判官が実体法の定める形成要件充足の成否に拘束されることを否定しておらず、また、形成訴訟を手続保障の点で確認訴訟および給付訴訟と別様に取り扱うことを是認しているわけでもない。そもそも形成判決の権利変更力は、裁判官の特種の権利創造権能ではなく、かれを拘束する実体法規に由来する。裁判官が形成判決をするのは、具体的事案に実体法規を適用し、原告が権利変更に向けられた実体法上の権利たる形成権（Gestaltungsrecht）を有すると判断した場合である。形成訴訟での裁判官の行為も、具体的事実を抽象的法規に当てはめて画一的結論を導くものである点で、確認訴訟および給付訴訟におけるそれとの間に径庭はない。形成訴訟は、性質上も訴訟事件と認むべきである。(9)

(d)　わが国における最近の学界では、紛争的性格を有する民事事件の若干を古典的非訟事件と訴訟事件の中間に位置する第三形態の事件と認識し、これについては憲法第八二条所定の要件が緩和または排除されるかのように主張する傾向が顕著である。しかし諸家は、私の誤解でなければ、上記三種の事件間の厳格な境界設定を意識的または無意識的に曖昧にしており、中間第三形態の事件の性格とこれに含まれる事件の範囲は、所論において甚だ明瞭を欠いている。ここでわれわれが想起するのは、講学上いわゆる真正争訟事件（echte od. privatrechtliche Streitsache in der freiwilligen Gerichtsbarkeit）であるが、これは、実定法上非訟事件手続で審理、裁判されるが、内容的には、二当事者が一定の訴訟物をめぐり対立し、裁判所がこれにつき既判力を伴なう終局的確定の裁判をする事件をいうのである。(10) それ故真正争訟事件は、実質上訴訟事件にほかならず、これを違憲の問題から聖域の第三形態事件に帰属させることは、問題であろう。離婚事件は、論者の最も標的としたいものであろうが、これが第三形態の事件に該当するという明示の指摘もなければ説明もない。しかのみならず、そもそも第三形態事件の裁判手続とは具体的にいかなるものであるのか、その概要すら明らかにされていない。論旨は、極めて曖昧であり、到底同調し得るものでない。

2　手続公開の問題

上述のとおり、現行法上の人事訴訟が本質的に訴訟事件で、その審理および裁判が憲法第八二条所定の適正手続に準拠している必要があるとしても、家庭裁判所移管論に対抗するためには、なお、その適正手続は、絶対に公開であることを要するかの問題に答えなければならない。

(1)　手続の公開は、民主主義と法治国家の理念に淵源し、民事訴訟および刑事訴訟を通ずる大原則であって、沿革的には旧時代の専制国家における秘密主義、書面主義の裁判手続を不信とした民衆の抵抗に由来する。しかし、手続公開の目的が裁判の公正に対する信頼の維持にあるとすれば、既に近代国家においてこれにふさわしい司法制度の確立を見ている現在、該原則が少なくとも民事訴訟についてかつての重要性を失っていることは、疑いを容れない。日本国憲法が、刑事被告人の迅速な公開裁判を受ける権利を保障している（三七条一項）ほかに、第八二条で民刑の裁判手続を通ずる一般原則として公開の遵守を掲げているのは、往時の数条的思想から脱却していないことを示すものである。(11) しかも、同条がその第二項において、対審の非公開が例外的に認められるのは「裁判所が、裁判官の全員一致で、公の秩序又は善良の風俗を害すると決した場合」に限られるとしているのは、その文言表現が狭隘、固定的に過ぎ、企業秘密や情報公開の是非が問題の訴訟に適合せぬ場合があるし、正に本稿で問題の離婚訴訟を含む諸々の人事訴訟について、その公開法廷での口頭弁論がしばしば当事者のプライヴァシーを侵すことが指摘されている所以である。

(2)　公開の原則に関する憲法第八二条の解釈に当たっては、上述の事情を斟酌し、社会の現状に即応した柔軟な対処が必要であろう。わが国でも昭和五四年九月二一日に発効した「市民的及び政治的権利に関する国際規約」（同年条約七号）第一四条第一項第一文、第二文には、「すべての者は、その刑事上の罪の決定又は民事上の権利及び義務の争いについての決定のため、法律で設置された、権限のある、独立の、かつ、公平な裁判所による公正な公開審理を受ける権利を有する。報道機関及び公衆に対しては、民主的社会における道徳、公の秩序若しくは国の安全を理由として、当事者の私生活の利益のため必要な場合において又はその公開が司法の利益を害することとなる特別な状況において裁判所が真に必要があると認める限度で、裁判の全部又は一部を公開しないことができる。」と定められている。もしこの条約の規定が憲法の条規に抵触する部分を含んでおれば、その抵触部分の国内的効力を肯定し得るかどうかの問題が生ずるわけであり、これに関する諸説は紛々としているが、むしろ憲法第八二条に所定の公開の原則は、基本的人権や正義の要求に矛盾すべきものでないから、同条の内容は、当初から右条約の定める公開制限理由を包含しているのであり、換言すれば、憲法の条規の具体的内容が条約により顕在化したものと解するのが相当であろう(12)。

(3)　しかし、人事訴訟事件の審理を全面的ないし原則的に非公開とした場合、それが違憲でないとはいいきれない。裁判手続の公開にかかる憲法上の保障に関し、現代社会の実状に則応した制限的理解を相当とすることは、上述のとおりであるところ、人事訴訟の公開法廷における審理は、しばしば当事者のプライヴァシーの尊重と衝突するので、その裁判事件が公開の原則に親しまぬ要因を内包していることは否めない。該事件の家庭裁判所への移管を主唱する論者の強調するところである。ドイツにおいては、その裁判所構成法（Gerichtsverfassungsgesetz）第一七〇条が離婚を含む婚姻事件の審理を非公開としているが、それは、基本法（Grundgesetz）に裁判手続の公開に関する条規を欠き、同法第一〇三条が万人に保障している裁判所における法的審尋請求権（Anspruch auf rechtliches Gehör）も公開の原則を含む概念ではないから、何も不自然なことでなく、しかも、通説によれば、基本法による法的審尋請求権の保障は、裁判所の管轄に属する非訟事件にも及び、事件に適用される直接の手続法規をなすというのであるから[13]、立法をもって離婚事件等を非訟事件に編入させても、当然には違憲とならないであろう。しかし、これと対比しわが国には、憲法第八二条の規定が厳然と存在する。そこに明記されている公開の原則は、法的審尋請求権とは別の観念であり、かつ、該原則の除外は、同条第二項により、具体的事件において裁判官が全員一致で公序良俗違反の虞ありと判断した場合に限られているのである。同条の適用を受ける性質上の訴訟事件につき、法律をもって類型的に公開事件と非公開事件に分別することが許されてよいはずはない。実質的に考えても、すべての離婚事件をはじめとする人事訴訟事件の審理が関係人のプライヴァシーと密接に関連するなど非公開でなければ困るわけではなかろう。前掲国際人権規約の条項文言等も、憲法の条項の解釈基準として、具体的事件における裁判官を拘束するにすぎないと解すべきである。

3　必要的口頭弁論と厳格な証明

家庭裁判所移管論者は、人事訴訟事件の裁判において関連の審判や調停の手続過程で裁判所の認識し得た事実を斟酌することを想定しているが、それは、許されないであろう。

(1)　必要的口頭弁論は、民事判決手続の基本原理であって（民訴法八七条一項）、人事訴訟もその例外ではあり得ない。判決の基礎となる資料は、（前述のとおり原則的に公開の）口頭弁論の対象となったものに限られており、受訴裁判所の裁判官は、先行の関連審判事件や調停事件の手続過程で明らかになった事実も、当事者に弁論の機会を与えるため口頭弁論期日に顕出されるのでない限り、判決に当たってこれを判断の資料とすることが許されないのである。

司法改革審議会報告書は、家庭裁判所移管論の冒頭において、「人事訴訟事件については、……（調停前置の制度があり）……一つの家庭関係事件の解決が、家庭裁判所の調停手続と地方裁判所の人事訴訟手続とに分断され、手続間の連携も図られていない。」という。同様の指摘と弊害除去の提言は、大阪弁護士会の関係協議会によってもなされている。[14] しかし、訴訟と調停の併存は、人事訴訟以外の民事紛争にも共通しており、両手続の分断は、不可避の現象であって、かりに家庭裁判所が人事訴訟を管轄しても、必要的口頭弁論の前提を保持することが要請されるから、両手続間の「連携」が当然に図られる保障はない。

(2)　民事訴訟の一環たる人事訴訟における事実の認定は、原則として訴訟法で予め定められた証拠調べの手続方式に従い、かつ、そこで許容されている証拠方法のみを用いたいわゆる「厳格な証明」（Strengbeweis）によらねばならない。例外的に右の制約を受けぬ裁判所の裁量を許容した「自由な証明」（Freibeweis）が許される事項もあるが、その例外に当たるかどうかが論議されているのは、いずれも手続面に関連する事項（訴訟要件、上訴の適法要件、職権公示送達の要件、経験則、外国法規等）に限られており（それも近時は許容範囲を制限的に解する説が有力である。）、本案の請求の当否に関する請求原因事実や抗弁事実の存否の認定に自由な証明が許されると説く者はいない。離婚訴訟における離婚原因の存否の認定や認知訴訟における血縁関係の認定は、疑いもなく厳格な証明によるべきものである。

以上とは対照的に、非訟事件においては、民事訴訟法の証拠調べに関する規定の準用が若干認められているけれども（非訟法一〇条、家審規七条三項）、裁判所は、事実の認定にこのような法廷の方式を遵守した厳格な証明によるか、右の制約を受けぬ自由な証明によるかにつき選択の権能を認められている。[15] 家庭裁判所調査官が家事審判および家事調停に必要な調査をするのは（裁判所法六一条の二第二項、家審規七条の二）、調査の結果を自由な証明の用に供するためにほかならない。人事訴訟を家庭裁判所に移管すべしとする論者は、おおむね、移管後の裁判手続において本案の判断に必要な事実の認定に調停段階で裁判官が認識し得た情況や家庭裁判所調査官の調査結果を活用することを想定しているようであるが、そうとすれば、右は、訴訟事件における自由な証明の過剰な導入論と評すべきである。

（なお付言するならば、かりに離婚訴訟等につき家庭裁判所への移管と実定法上の非訟事件編入が実現しても、これらの訴訟の訴訟事件たる本質が変わるものでないし、また、非訟事件の裁判所は、事実の認定を厳格な証明によるか自由な証明によるかにつき裁量による選択の権能を有するとはいえ、その選択は、全くの自由ではなく、ことに紛争的性格の事件については、前述のとおり、通説によれば非訟事件にも憲法上の保障が及ぶ関係人の法的審尋請求権を侵すことを得ないものであるから、単純に関係人の監視、関与の及ばぬ家庭裁判所調査官の調査結果等から本案の事実を認定することを許すならば、当然そこに違憲の問題が生ずるものと信ずる。[16]）

(3)　婚姻取消しまたは離婚の訴えについては、これに附帯するところの子の親権者指定、子の監護者の指定その他子の監護に関する処分、財産の分与に関する処分にかかる本来の非訟事件[17]との手続結合ないし併合が現行法上も認められている（人訴法一五条）。家庭裁判所移管論者は、現行法上これらの訴えが地方裁判所の管轄となっているため、付帯の非訟事件につき家庭裁判所調査官の調査結果を利用し得ぬまま裁判しなければならぬことに難点があると指摘している[18]。その議論は、些か懐疑的の嫌いはあるが、これらの人事訴訟事件を家庭裁判所に移管することにより、その判決には附帯事件での調査官の調査結果を当然斟酌し得る結果になると考えるか、または少なくともその方向での模索を試みているもののようである。しかし、そうした便益は、認められないであろう。上記いずれの附帯事件の場合も問題の所在はほぼ同一であると考えるので、以下便宜に従い、最も実際の案件が多い離婚の訴えに財産分与申立てが併合された場合について論述したい。

財産分与の申立ては、併合により離婚の訴えと弁論を共通にする場合でも、非訟事件たる本質が変わるものでないから、これについては非訟事件手続に関する基本原則の適用を認めなければならない（ドイツ民訴法六二一条a参照）。したがって、裁判実務でどの程度理解されているかは知らないし、多くの具体的事案ではあまり実施の必要がない事柄と思うが、財産分与申立事件につき、裁判所は、離婚事件と共通の最初の口頭弁論期日の前または口頭弁論朝日の合間に、非訟事件で許される非公開の審理を進めてもよいし（非訟法一三条）、人事訴訟手続法第一四条所定の「婚姻ヲ維持スル為メ」という制限を受けぬ完全な職権探知をもって、自由な証明に基づき事実を認定することも許されているのである。離婚事件と関連非訟事件との弁論の共通とは、両事件に共通の口頭弁論期日の設定が必要であり、その共通最終期日には関連非訟事件にかかるすべての手続資料を当事者に開示し、意見陳述の機会を与えることを要するという意味にすぎない(19)。

しかし、かように財産分与申立事件につき本来訴訟事件では認められない方法で得られた資料が、離婚事件との共通の口頭弁論に顕出されても、そのまま併合された離婚事件の訴訟資料となるかどうかは、別論である。問題は、財産分与申立事件で得られた裁判官の心証形成が離婚事件の手続原則の制約下で認定可能の限界をこえる場合に生ずる。ドイツ法の下において、婚姻訴訟事件に附帯の非訟事件が併合されて異種手続原則が併存する場合（ドイツ民訴法六二三条）に関しては、非訟事件の全面的職権探知と自由な証明により得られた心証形成をそのまま婚姻訴訟に利用することを認める学説がかなり有力である(20)。ただしその所説は、**Sinnzusammenhänge des materiellen Rechts**（Roth）（「実体法の意味関連性」とでも訳すべきか？）というわれわれになじみの薄い法的概念を導入するなど、かなり難解であって、必ずしも十分な説得力を有するものでない。私は、これに反対の説(21)の方に共感を覚える。離婚訴訟は、本質的に訴訟事件であって、そこでの職権探知主義は、婚姻維持の方向に限られた不徹底なものであるから（人訴法一四条、ドイツ民訴法六一六条二項）、財産分与申立事件の全面的職権探知に基づき得られた資料（殊に婚姻断絶の方向のそれ）は、無条件に離婚訴訟の判断に利用し得るものでないと信ずる。また、離婚訴訟の本案たる離婚原因の存否の事実認定に厳格な証明が求められることは、憲法上の法的審尋請求権にも通ずるであろう民事訴訟の大原則である。その原則が附帯非訟事件との手続併合を見るや俄然否定されるというのは、背理以外の何物でもあるまい。

（1）以下この項の記述については、拙稿「訴訟と非訟」中野古稀祝賀(上)八三頁ないし九〇頁、本書三頁以下参照。

（2）Stein-Jonas-Schumann, ZPO 20. Aufl. Einl. Rdnr. 477 ; Rosenberg-Schwab-Gottwald, Zivilprozeßrecht 15. Aufl. S. 1, 43, 55 ; Lent, Zivilprozeß und freiwillige Gerichtsbarkeit, ZZP Bd. 66 S. 267ff.

（3）後掲注(9)掲記の文献参照。

（4）本文掲記の最高裁判例の変遷については、拙稿・前掲注(1)八六頁以下、本書七頁以下参照。

（5）この決定に対する評釈——石川明・民商八四号三号三九七頁、西原諄・判評二六八号二七頁、鈴木正裕「非訟事件と形成の裁判」新・実務民事訴訟講座8二一頁、拙稿・前掲注(1)一一三頁以下。なお、最高裁昭和四〇年六月三〇日決定・民集一九巻四号一一一四頁中の田中二郎裁判官の意見（違憲説）、兼子一「人事訴訟」家族問題と家族法Ⅶ一八七頁（違憲説）、鈴木忠一「非訟事件の裁判の既判力」同題書五三頁（合憲説）参照。この決定の判旨は、最高裁昭和五九年三月二二日決定・判時一一一二号五一頁でも踏襲されている。

（6）兼子一・民事訴訟法体系一四六頁、同「親子関係の確認」民事法研究一巻三五〇頁以下、山木戸克己・人事訴訟手続法一四頁以下、五一頁以下、七三頁。

（7）Stein-Jonas-Schönke-Pohle, ZPO 18. Aufl. vor § 253 Ⅱ 3 ; Baumbach-Lauterbach-Hartmann, ZPO 58. Aufl. Grudz § 253 Rdur. 10 ; Schönke Schröder-Niese, Zivilprozessrecht 8. Aufl. S. 205.

（8）Stein-Jonas-Schumann / Leipold, ZPO 19. Aufl. vor § 253 Ⅱ 3.

（9） Rosenberg-Schwab-Gottwald, a.a.O. S. 526 ; Bötticher, Zur Lehre vom Streitgegenstand im Zivilprozeß, Festschrift für Rosenberg S. 81ff.; Münzel, Freiwillige Gerichtsbarkeit in der neueren Entwicklung, ZZP Bd. 66 S. 342ff.

（10） Keidel-Kunze-Winkler-Kayser, FG 14. Aufl. § 12 Rdnr. 196 ; Baur, Freiwillige Gerichtsbarkeit 1. Buch S. 11ff.; Habscheid, Grundfragen der freiwilligen Gerichtsbarkeit, Deutsche Rechtspfleger 1957 S. 167ff.; derselbe, Zum Streitverfahren der freiwilligen Gerichtsbarkeit, JZ 1954 S. 689ff. ; derselbe, Streitgegenstand S. 87ff.; Bärmann, Echtes Streitverfahren in der freiwilligen Gerichtsbarkeit AcP Bd. 154 S. 407ff.; 鈴木忠一「非訟事件の裁判の既判力」同題書四一頁以下、同「非訟事件の裁判及び訴訟上の和解の既判力」同書一四三頁。

（11） 一九世紀後半以降の制定にかかる各国の憲法典で公開の原則を宣明している例は、あまりない。ドイツでは、基本法にこれに関する規定がなく、裁判所構成法に譲られている（§ 169ff. GVG）。

（12） 鈴木重勝「国際人権規約と民事裁判の公開制度」小林還暦記念論集五一四頁、鈴木忠一・前掲論文二七九頁、中野貞一郎「民事裁判と憲法」講座民事訴訟1二〇頁（民事手続の現在問題一九頁）、同「憲法と民事訴訟」民事訴訟法の論点Ⅰ一一頁、同「民事裁判の公開と秘密保護」民事訴訟の論点Ⅱ一一頁。本稿（a）、（b）は、大綱においてこれらの優れた論説、ことに中野説を祖述したものにすぎない。

（13） Keidel-Kunze-Winkler-Kayser, a.a.O. § 12 Rdnr. 105ff. ; Baur, a.a.O. S. 193 ; Habscheid, Grundfragen, 前掲注（10）S. 171 ; derselbe, Freiwillige Gerichtsbarkeit 7. Aufl. § 20 II, Janzen, FGG 2. Aufl. § 12 Rdnr. 86.

（14） 大阪弁護士会・家事事件審理改善に関する意見書（判タ一〇四五号六頁）。

（15） Schlegelgerger, FFG 7. Aufl § 12 Rdnr. 21 ; Keidel-Kunze-Winkler-Kayser, a.a.O. § 12 Rdnr. 42ff. § 15 Rdnr. 3ff. ; Baur, a.a.O. S. 167.

（16） Keidel-Kunze-Winkler-Kayser, a.a.O. § 12 Rdnr. 114 ; 高田昌宏「非訟事件手続における『自由な証明』の限界」民訴雑誌四四号二〇九頁参照。

（17） 財産分与申立事件は、紛争的性格を有するが、準拠すべき実体法規の民法七六八条二項が財産分与の具体的内容決定につき画一的基準の設定を避け、裁判所に選択の裁量を認めているから、本質的に非訟事件である。拙稿「財産分与の裁判手続」本書六五頁以下。

(18) 司法制度改革審議会報告書の家庭裁判所移管論の項、大阪弁護士会意見書前掲注(14)五頁、西岡清一郎「最近の地方裁判所における離婚訴訟の実状と家庭裁判所への移管について」判タ一〇三一号六頁。

(19) Stein-Jonas-Schlosser, ZPO 21. Aufl. § 623 Rdnr. 16; MünchKomm ZPO 2. Aufl. / Finger, § 623 Rdnr. 41; Baumbach-Lauterbach-Albers, ZPO 58. Aufl § 623 Rdnr. 13.

(20) Roth, Prozeßmaximen im familiengerichtlichen Verbundverfahren, ZZP Bd. 103 S. 5ff.; Diederichsen, Entwicklung und Funktion des Eheprozeßrechts, ZZP Bd. 91 S. 414ff.; Baumbach-Lauterbach-Albers, a.a.O.; Thomas-Putzo, ZPO 22. Aufl § 623 Rdnr. 25.

(21) Jauernig, Zivilprozeßrecht 25. Aufl S. 338; Rosenberg-Schwab-Gottwald, a.a.O. S. 1032.

三　家庭裁判所移管論の破綻

1　序説

家庭裁判所は、その前身である家事審判所以来、家庭関係の紛争を可及的平和に解決することを主眼とする特別の機関と意味づけられており、したがって、家事事件のおおまかな分掌は、訴訟事件が地方裁判所、非訟事件が家庭裁判所となって、今日に至っている。もっともこの分掌は、決して徹底したものではなく、現行法が家庭裁判所の管轄と認めている訴訟事件、執行関係事件として、家事審判事項に配分されているため違憲と目すべき推定相続人廃除事件（前記二1(3)(b)）など以外にも、執行文の付与（民執法二六条一項）、執行文の付与等に関する異議の申立て（同法三二条一項）、執行文付与の訴え（同法三三条二項六号）、執行文付与に対する異議の訴え

（同法三四条三項）、請求異議の訴え（同法三五条三項）、作為または不作為の強制執行（同法一七一条二項）がある。以上は、もっぱら強制執行の基本たる債務名義が家庭裁判所で成立したことに由来し、そうでない債務名義の場合との権衡と便益のために認められた例外にすぎないけれども、一般に喧伝されている家庭裁判所の独自性なるものが、必ずしも絶対的な意味を有するものでないことを示唆する事情でもある。

既往の家庭裁判所移管論は、右の述べた現状に満足せず、おしなべて現行法が地方裁判所の管轄と認めている人事、家族関係の各種訴訟事件の大幅な移管を主張するものである。それは、戦後の司法改革の一環として創設され、人事、家事関係についていえば、家族社会の健全な維持育成、可及的穏便な手続による紛争の解決など、高い理念を掲げて発足した家庭裁判所の使命、機能を一層拡張させる意図に出たものであるが、結果的には、家庭裁判所と地方裁判所との等質化につながることから、皮肉にも家庭裁判所独自の存在理由を希薄にする立論となっていることを否定し得ない。

2　個別的問題

(1)　現行法上地方裁判所が離婚訴訟をはじめとする人事訴訟全般を管轄していることは、家庭裁判所移管論者が最も非難するところである。

しかし、

(a)　離婚訴訟をはじめとする人事訴訟は、すべて本質的に訴訟事件であるから、準拠すべき実体法規をそのままにして非訟事件手続の家事審判事項に編入すれば憲法違反となることは、既に詳述したところである（前記二）。

(b)　先行家事調停手続との連携を図る意味において家庭裁判所移管を相当とする向きもあるが、調停前置主義の制度（家審法一八条）があっても、すべての人事訴訟に調停が先行するわけでないし、かりに調停が先行しても、その手続と訴訟手続とが結合するものでなく、調停手続の過程で明らかになった事情を人事訴訟事件の裁判に反映させるにも困難があることは、前述のとおりである（前記二3(1)）。論旨は、根拠薄弱といわねばならない。

(c)　婚姻の取消しを命ずる判決または離婚判決には、(1)子の親権者指定の裁判（民法八一九条二項、人訴法一五条五項）、(2)子の監護者の指定その他子の監護に関する処分、(3)財産の分与に関する処分（同条一項ないし三項）を伴なうことがある。しかし、これらの処分は、いずれも非訟事件の性質を有する附帯の裁判であって、原告の請求を認容しない判決では行われず、認容判決にあっても、(1)については当事者間に親権に服する子がいない場合、(2)(3)についても当事者から関係の申立てがない場合には随伴しない。そして、これら附帯処分を考慮外に置くと、現行法上地方裁判所の管轄に属する婚姻取消訴訟と離婚訴訟を家庭裁判所に移管するのを相当とすべき合理的根拠は、これを見出すことが困難である。移管論者は、おしなべて家庭裁判所の過去半世紀以上にわたる家事事件処理の実績と人的組織の充実を強調するが、その議論の実質的内容は、地方裁判所との間の組織面での差異として参与員（家審法一〇条）と家庭裁判所調査官（裁判所法六一条の二・三）の配置の有無を指摘する以上に出るものでない。しかし、参与員も家庭裁判所調査官も、訴訟手続に関与し得る機関とされておらず、家庭裁判所調査官についていえば、かりに人事訴訟が家庭裁判所に移管されても、その調査結果が裁判に役立つのは、原告の請求を認容した判決に附帯する可能性がある上記各種非訟事件の関係に限られており、基本たる婚姻取消訴訟または離婚訴訟についてこれを訴訟資料として利用することは、理論上認められないのである（前記二3(2)）。

(d)　もっとも以上の記述は、婚姻取消訴訟および離婚訴訟のあるべき管轄についての思考道程を示したものにすぎず、該訴訟から附帯の非訟事件の裁判を伴わぬものを抽出することにより、移管論を排して地方裁判所の管轄を維持せよとする趣旨ではない。具体的案件で財産分与等の付帯申立てがなされた場合、その申立ての時点では当該附帯の裁判が判決に随伴する可能性を否定し得ぬ以上、当該訴訟が地方裁判所の管轄に適するものとは断定することができない筋合いである。それ故、婚姻取消訴訟および離婚訴訟を附帯事件の裁判が随伴する可能性の有無で二分し、地方裁判所と家庭裁判所に分掌させることは、合理的な方策でない。そこで、これらの訴訟については、地方裁判所と家庭裁判所のいずれが管轄の適性を有するかの問題に遡ることになるが、この点の判断基準は、やはり附帯の非訟事件の審理、裁判に有益な資料を提供し得る人的組織の有無以外に見当たらないから、結論的にはこれを有する家庭裁判所に軍配を上げねばならない。家庭裁判所移管論は、その限度において正当である。

(e)　ただし、上述の議論は、婚姻取消訴訟および離婚訴訟の本質に根拠を求めたものでなく、その一部に附帯すべき非訟事件の処理に適する裁判所に基本たる人事訴訟事件の管轄を合わせようとの便宜論にほかならない。しかも、これらの訴訟と家庭裁判所を結び付ける附帯事件の絆は、移管論者が考えているであろうほど強固なものではない。子の親権者指定についていえば、その裁判が必要の場合にあっても、実際の案件では大概家庭裁判所調査官の調査が必要でなく、基本たる訴訟事件の審理の過程で結論を導き出すことが容易であろう。また、子の監護や財産分与に関する処分の申立ては、婚姻取消しの訴えまたは離婚の訴えとの併合が認められているが、これらの訴えに右の併合を伴わぬ案件も多いし、併合があっても、原告の請求の当否に関する判断が先行し、その判断が積極的であるときにはじめて付帯事件についての審理、裁判が必要となるのである。その場合でも、離婚等と財産分与等を必らず同時に裁判せよという現行人事訴訟手続法第一五条第三項は、私見によれば、明らかに立法者の過誤に基づく不条理な規定である。むしろ、離婚判決等を先行させて財産分与等の附帯処分を後の裁判に留保することを認めるのが本筋であって、[1] 現行法下での実際の事件処理にあっても、弁論の分離等により本案と附帯事件とで審理の前後段階を設定するのが合理的の事案が多いものと信ずる。

(f)　上述のとおり、私見によれば、婚姻取消訴訟および離婚訴訟について家庭裁判所移管が望ましいというのは、これらの訴訟事件に附帯の非訟事件との併合審理が認められていることに由来する便宜論にすぎないから、こうした附帯非訟事件の随伴が認められていない他の人事訴訟手続法所定各種人事訴訟事件やこれに類する同法所定外の婚姻関係、親子関係存否確認訴訟事件については、応用の利く議論でない。これらの訴訟事件を地方裁判所と家庭裁判所のいずれに管轄させるべきかの客観的判断基準は、これを見出すことが困難である。

(2)　移管論者が主張の貫徹に苦しんでいる問題に、遺産分割の審判の前提問題をなす各種民事訴訟事件の管轄がある。

(a)　家庭裁判所（非訟裁判所）が遺産分割の家事審判をするに際し、前提問題をなす相続権の存否や目的財産の遺産帰属性につき審査、判断をなし得るかどうかの問題は、多年下級裁判所の裁判例と学説で争われていたが、最高裁判所昭和四一年三月二日大法廷決定・民集二〇巻三号三六〇頁が積極説を採り、実務上は論争に終止符が打たれた。そしてその判例理論は、正当であると考える。[2] しかし、遺産分割の審判が確定しても、後にその前提となる相続権や遺産の範囲を別様に認めた（地方裁判所の事物管轄に属する）民事訴訟の判決が確定し、その点につき既判力が生ずれば、確定審判は、やがて失効を免れかねぬ運命にある。[3] すなわち、関係人は、こうした民事訴訟の判決の確定を見たとの事由を援用することにより、事情変更（veränderte Umstände）に基づく確定審判の取消し、変更を求めることができるのである。[4] 以上に述べた事情は、同じ事実関係の遺産関連紛争につき、遺産分割にかかる非訟裁判所と関連訴訟にかかる訴訟裁判所の分掌と二元的管轄を認めている現行法の下において、避け難いところであるが、家庭裁判所が現行法に従って安定した実効性のある遺産分割の審判をするのに重大な障碍となっている。私は、いっそ遺産分割事件を家事審判事項から除外し、一般の共有物分割訴訟と並立する形式的形成訴訟事件として民事訴訟裁判所に管轄させ、前提問題の争いは、別訴、中間確認の訴えまたは独立当事者参加で扱うべきものとすれば、上記現行法上の困難をおおむね避けることができ、紛争の全体的な解決の早道になると確信しているが、これは、勿論近時喧伝されている家庭裁判所移管論とは前提を異にした逆方向の議論である。

(b) 移管論者は、遺産分割の審判事件と遺産分割の前提問題にかかる民事訴訟事件とで管轄が分裂していることを不合理と考えている。しかし、遺産分割関連訴訟の家庭裁判所移管を認める場合、その移管の対象となる事件の範囲を法律で可能な限り明確にしなければならないが、移管の趣旨を徹底させて地方裁判所との管轄競合を認めないのであれば、限界的事例では、いずれの裁判所に提訴すべきかにつき関係人が迷う事態が避けられないであろう。

(c) 移管論者も、遺産分割審判事件とその前提問題の関連民事訴訟事件を共に家庭裁判所の管轄とすべしとの主張に徹することには、躊躇しているようである。例えばある説は、遺産分割関連訴訟につき家庭裁判所と地方裁判所とが競合して管轄を有するものとし、地方裁判所への訴え提起時点で家庭裁判所に遺産分割の調停または審判が係属しているときは、その関連訴訟を原則として家庭裁判所に移送すべきであるとしている(5)。この提案は、苦渋の思考結果と推測されるが、問題の解決には全く役立つものでない。遺産分割の非訟事件と関連訴訟事件との併合審理は、そもそも不可能であるから、両者を共に家庭裁判所の管轄としたところで、その内部での裁判事務の分掌と手続の分裂は避けられず、現行法下における遺産分割事件の処理に関する上記の障碍を除去してその審理を効率化させることには、何の効果も伴わないであろう。移管論者がこの当然の理を看過しているのであれば、すこぶる楽観に過ぎる。

(d)　前提問題の民事訴訟の内容は、甚だ多様であり、遺留分減殺の問題で紛糾する事案もあろうし、また、遺産分割の調停または審判の申立ての前または後に、相続人外の第三者が原告となって、表見的遺産につき自己への所有権帰属を主張して訴えを提起する事案も想定される。このような事件を含めた前提問題の民事訴訟一般が性質上家庭裁判所の管轄に適合するかどうかは、甚だ疑問といわねばならない。さらに、この種の訴えが家庭裁判所に提起され、または移送された場合、その訴えに遺産分割その他の人事、家事関連事項とは縁遠い有体物引渡請求や手形金請求の訴えを（起訴の当初または後に）併合させることを容認するのであるか。民事訴訟の一般原則では当然容認しなければならないと考えるが、家庭裁判所では然らずというのであれば、その解釈論または立法論の合理的根拠を知りたいのである。

(3)　人事訴訟一般の家庭裁判所移管を唱える論者は、必然的にその訴えの原因たる事実によって生じた損害賠償の請求事件（人訴法七条二項但書・二六条・三二条一項）にも矛先を向けている。もっとも司法改革審議会意見書は、この点につき微温的で、「人事訴訟と併合される限り」との留保文言を加えているから、地方裁判所または簡易裁判所の管轄との競合を許容している趣旨かと思われるが、それではあまり意味のない提言であろう。

人事訴訟と併合されている損害賠償請求訴訟の圧倒的多数は、離婚原因と事実関係を共通にした不法行為に基づく損害賠償を目的とするものである。しかし、この場合の訴えの併合は、もとより必要的でなく、立法者がこのような異種訴訟手続の事件の併合を許容しているのは、民事訴訟法の原則に対する例外であり（民訴法一三六条参照）、このこと自体にも、批判の余地がないわけではない。(6)　裁判実務の扱いとしても、多くの事案において争点の少ない離婚訴訟の早期終了を図るためには、これについての一部判決を視野に置いて弁論の分離を命ずることが推奨される。そして、移管説に従い家庭裁判所に離婚事件と損害賠償請求事件との併合訴訟が係属しても、口頭弁論の分離により後者の訴訟が家庭裁判所で一人歩きする事態は、当然想定しなければならず、離婚訴訟との併合によらぬ損害賠償請求の訴えについても家庭裁判所の管轄を認めたときは、勿論同じ事情である。そうすると、離婚原因と関連する損害賠償請求の訴えと他の一般の不法行為に基づく損害賠償請求の訴えとで、何故管轄を異にしなければならないのか、その積極的理由を見出すことは難しい。また、遺産分割関連の訴えの項で述べたのと同様に、家庭裁判所に提起された損害賠償請求の訴えに人事、家事とは無関係の訴えが併合される事態は、当然想定しなければならず、これを禁圧することは、妥当ではあるまい。

(4)　家事審判規則は、以下に列挙する各種の家事審判において、金銭の支払い、物の引渡し、登記義務の履行その他の給付を命ずることができるものとしている。

a　夫婦の同居その他の夫婦間の協力扶助に関する審判（四六条・九八条）

b　夫婦間における財産の管理者の変更または共有財産の分割に関する審判（四九条）

c　婚姻費用の分担に関する審判（五一条・四九条）

d　婚姻の取消しまたは離婚の場合における子の監護者の指定その他子の監護に関する審判（五三条）

e　婚姻の取消しまたは離婚の場合における財産の分与に関する審判（五六条・四九条）

f　婚姻関係消滅の場合における系譜、祭具、墳墓の所有権承継者指定の審判（五八条）

g　認知の場合における子の監護者の指定その他子の監護に関する審判（六一条・五三条）

h　養子関係消滅の場合における系譜、祭具、墳墓の所有権承継者指定の審判（六九条・五八条）

i　親権者の指定に関する審判（七〇条・五三条）
j　親権者の変更に関する審判（七二条・五三条）
k　扶養に関する審判（九八条）
l　相続の場合における系譜、祭具、墳墓の所有権承継者指定の審判（一〇三条・五八条）
m　遺産分割の審判（一一〇条）

ただし、これらの審判に附随の給付命令を付加するかどうかは、家庭裁判所の裁量に委ねられているから、その付加がなかった場合、然るべき給付の訴えを提起する必要の生ずることがある。さらに、給付命令が伴った審判がなされても、その原本および執行力のある正本が滅失した場合や給付請求権の消滅時効中断のために他の方策がない場合には、既往の審判による形成内容に従った給付の訴えを提起しなければならない。[7] また、上記の審判においてなされる給付命令は、基本たる審判に執行力を付与する裁判であるが（家審法一五条）、あくまでも家庭裁判所（非訟裁判所）の形成裁判に随伴し、非訟事件手続によってなされるものであるから、そこに表示された給付請求権につき既判力が伴なう終局的確定の裁判ではない。[8] しかし国民には、こうした給付命令とは別に、当事者間の合意または家庭裁判所の審判（形成裁判）をもって具体的内容形成を見た当該給付請求権の存否につき、憲法第三二条、第八二条に従い、適正手続を経た既判力を伴なう終局的確定の裁判を求める基本権が保障されているはずである。そして、上記の各場合について現行法上認められる民事訴訟手続は、人事訴訟ではないから、弁論主義の通常民事訴訟にほかならず、第一審の管轄が地方裁判所または簡易裁判所に属するものといわねばならない。[9] 以上は、この種の訴えが提起される例が少ないことから、従来移管論者の側からもあまり論議の対象になっていないけれども、理論上は否定し難い結論である。これを不合理と見る向きもあろうが、立法をもってこれらの民事訴訟事件をすべて家庭裁判所に移管するのが妥当であるとは、断定することができない。前述のとおり、訴訟事件に関する限り、処理に当たる人的組織の面で家庭裁判所と地方裁判所または簡易裁判所との間に相違が存しないからである。また、遺産分割関連訴訟事件および離婚に伴なう損害賠償請求事件の移管に関連しても述べた事項であるが、婚姻費用分担金請求や扶養料請求の訴えに人事、家事とは無関係の有体物引渡請求や手形金請求の訴えを（起訴の当初または後に）併合させることは、家庭裁判所においても禁圧すべき理由はあるまい。さらに、損害賠償請求事件の移管の場合には生じない問題であるが（民法五〇九条）、家庭裁判所において、婚姻費用分担金請求や扶養料請求の訴えを受けた被告が、人事、家事とは無関係の商取引上の売買代金債権や手形金債権を自働債権として相殺の抗弁を提出することも、当然許容すべきで、訴訟がその抗弁の当否をめぐり紛糾する事態も想定されるわけである。

(5)　従来あまり論議されていない事柄であるが、各種の人事、家事関係訴訟事件を家庭裁判所に移管した場合、その管轄は、地方裁判所、簡易裁判所を排除する意味において専属でなければならないかどうかが問題となる。

そもそも家庭裁判所の訴訟事件管轄は、もとより同一事案を対象とする複数の職分を異にした裁判所間の分掌たる職分管轄（常に専属管轄）ではなく、管轄地域を共通にする別組織、種類の裁判所（現行法では地方裁判所と簡易裁判所だが、移管が実現すればこれに家庭裁判所が加わる。）のいずれに第一審を分掌させるかの事物管轄の問題にほかならない。それ故、これを特に専属とする旨の立法措置がなければ任意管轄にとどまるわけで、主観的もしくは客観的訴えの併合（民訴法七条）、管轄の合意（同法一一条）または応訴（同法一二条）により地方裁判所または簡易裁判所に管轄が生ずることは避けられない。この点は、従来等閑視されてきたところで、特にこれを論じた文献があることを知らないが、上記の結論は、おそらく家庭裁判所移管論者の不本意とするところであろう。しかし、既に繰り返し述べたとおり、人事、家庭関係訴訟を処理するのが家庭裁判所であれ地方裁判所または簡易裁判所であれ、両者間に人的組織にかかる制度上の相違はなく、準拠すべき手続法規の点でも全く共通である。それ故、管轄に関する当事者の自主的決定権能を排して家庭裁判所の専属管轄と定める立法措置に合理的な意味があるとは、到底考えることができない。かように、家庭裁判所移管論には、その趣旨を徹底し得ぬ要因も内在するのである。

(6)　以下に述べる事項は、あまり重要だとは思わないが、各種の人事、家事関係訴訟事件を家庭裁判所に移管するならば、派生的に次の諸点が手続運用上ないし立法上の問題となるであろう。

(a)　家庭裁判所に移管される訴訟事件の訴訟物をなす給付請求権の大部分は、譲渡、債務引受け、差押えに服する性質のものであるから、訴訟当事者は、現在または過去の身分関係者に限られず、かれらから権利または義務を特定承継した者や（取立訴訟における）差押債権者のこともあり得る。その場合家庭裁判所は、承継や差押えの効力の有無についても審判しなければならない。

(b)　家庭裁判所移管事件の訴訟物となる給付請求権は、民事執行手続で配当表に記載されると、配当異議訴訟で存否または額が争われることがあるが、この訴訟は、現行法では執行裁判所（地方裁判所）の専属管轄である（民執法九〇条二項・一九条）。また、この給付請求権を破産手続で破産債権として届け出ると、異議があれば債権査定の手続に入るが、この手続は、破産裁判所（地方裁判所）の専属管轄である。さらに、会社更生法上の更生債権または更生担保権確定の訴えも、更生裁判所（地方裁判所）の専属管轄である（同法一四八条）。家庭裁判所移管論者は、以上を容認するのかという問いに答えねばならない。

(c)　家庭裁判所に移管される訴訟事件の多くは、処分権主義により和解に親しむ性質のものであるから、前述のように家庭裁判所の管轄が任意的であれば、上記範囲の事件については、簡易裁判所における起訴前の和解に関する規定（民訴法二七五条）の適用を肯定しなければならない。これらの事件につき、当事者が仲裁契約（公示催告・仲裁法七八六条）をもって裁判所の判決を排除し紛争の解決を仲裁手続に委ねることも、当然許されるであろう。(10)

(d)　多くの訴訟事件が家庭裁判所に移管されると、その訴訟事件を本案とする保全命令および保全執行に関する事件の相当部分が、必然的に同裁判所の管轄下に入ることになる（民保法一二条・二六条・三七条一項・三項・三八条一項・三九条一項・四六条、民執法二六条一項・三二条一項・三三条二項六号・三四条三項・三五条三項、民保法四七条二項・四八条二項・五〇条二項・四項・五一条一項・五三条三項・五四条・五五条二項・五七条一項）。その事務量は、決して少ないものではない。

3　家庭裁判所、地方裁判所間の障壁除去

(1)　現行制度では、家庭裁判所と地方裁判所とが互いに独立を保って並立しているが、この建前の維持を前提とする限り、家庭裁判所移管論の破綻は、避け難いであろう。

(a)　そもそも家庭裁判所の制度は、家族社会の健全な維持育成や人事、家事関係の紛争の合理的解決に資するため、国家の合目的性（Zweckmäßigkeit）の見地に立った後見的機能を拡充するとの理念に基づき創設されたものであるが、民事事件においてこの理念が妥当するのは、現に家庭裁判所が管轄する非訟事件手続の家事審判と家事調停に限られている。具体的事実を小前提、法規を大前提とする三段論法による画一的裁判に向けられた訴訟事件は、その性質上合法性（Rechtsmäßigkeit）の原理に支配されるものである。家庭裁判所が人事、家事関係

の訴訟事件の相当部分につき移管を受けて審理、裁判に当たることは、地方裁判所との対比において認められる独自性に等質性を付加する所以であるが、そのこと自体には格別反対する理由はない。しかし、現に家庭裁判所への移管が問題視されており、これが実現した場合には合法性の原理に従って審理、裁判されるもろもろの訴訟事件について、個々的に移管の当否を検討した結果は、上述のとおりであり、要するに、家庭裁判所が地方裁判所に比しより管轄の適正を有することを示す客観的事情は、殆ど見られない。移管には、せいぜい現に地方裁判所と家庭裁判所の間で見られる機構規模と事務量の跛行的かつ圧倒的な較差を縮小させること以外に、特段の積極的意味を認めることが困難である。

(b)　移管の対象となるべき人事、家庭に関する訴訟事件といっても、その概念と範囲は、甚だ曖昧である。本稿でこれまでに言及した例でも、離婚の訴え、認知の訴えのような人事訴訟事件を最右翼、遺産分割の前提問題をなす遺産の範囲の確認の訴えを最左翼とし、各種多様な事件が移管の対象たるべきものとして従来論議されているが、さらに近親者間の商取引事件とか内縁関係や婚約破棄に基づく紛争事件なども問題となり得ないではない。移管を現実化するのであれば、その対象となるべき事件の範囲を法律で可能な限り明確にしなければならないが、それでも限界的事例で提訴者が管轄裁判所を見定めるのに困難を覚える場合が生ずることは、避けられないであろう。ところが、家庭裁判所と地方裁判所とでは、管轄区域が完全に重複しており、訴訟事件に関する限り、審理、裁判に関与すべき人的組織につき前述のとおり制度上の相違もないし、(家庭裁判所でも人事、家庭関係外の訴えとの客観的併合や相殺の抗弁を許容するのが筋であるとすれば(前記三2(4))準拠手続も全く共通である。訴訟当事者たらんとする人民の立場では、目的の訴訟がいずれの裁判所の管轄であっても便益上の差異は全くなく、両裁判所間に訴訟事件の管轄分掌が法定されたときは、提訴先の裁判所を知るのに迷わねばならぬ場合が増加するだけである。

(2)　人事、家庭関係事件の管轄が家庭裁判所と地方裁判所およびその傘下の簡易裁判所との二元的に分裂している跛行的現状は、立法をもって、地方裁判所、家庭裁判所間の障壁を除去し、両者の統合を実現することにより、抜本的に打開するに若くはないものと考える。

家庭裁判所が、その制度の創設以来半世紀以上にわたり人事、家事関係の紛争処理に実績をあげてきたことは、私も評価するにやぶさかでない。しかし、移管論者がしばしば強調、礼賛する家庭裁判所および地方裁判所の相互の独立、併存自体には、絶対的な意味があるわけでなく、両者を含む日本国の司法組織全体が人民の福祉にそって作用するよう合理的に構成されるのであれば、それでよいはずである。両者統合の提言は、そうした見地に基づくものであって、家庭裁判所移管論者の心情にも逆行しないものと信ずる。

私の構想は、すこぶる単純で、次のとおりである。

(a)　地方裁判所および家庭裁判所における事件処理関係の人的組織は、そっくり統合後の裁判所に吸収され、同裁判所（および限定された範囲の訴訟事件につき簡易裁判所）は、人事、家庭関係の訴訟事件および非訟事件のすべてにつき、統合の時点で地方裁判所または家庭裁判所に係属中の事件を含め、第一審の管轄を有するものとする。統合は、両者が対等で、比喩的にいえば新設合併のような形で実現するものであり、もとより一方または双方の解体ないし機構縮小を意味しない。

(b)　民事訴訟法、人事訴訟手続法および家事審判法の基本構造の改善は、立法上の重要な課題であり、もとよりその必要性を否定するものではないが、さし当たり私の構想には含まれない。これらの法律に定める手続構造は、統合によって変容せず、統合の時点で係属していた事件の処理についても格別の経過措置を定める要を見ない。例えば、家庭裁判所の事件処理関係の職員は、家事審判官をはじめ家庭裁判所調査官補も含め、いずれも統合後の裁判所において、官職名は改めねばなるまいが、統合前からの事件を対象として従前どおりの手続に準拠して職務に継続従事することになる。

(c) 家族社会の健全な維持育成、国家の後見的見地に基づく可及的穏便な紛争処理といったスローガンは、一般に家庭裁判所という組織自体の独自の指導理念であるかの如く喧伝されているが、考え方としてはおかしい。それは、むしろ現行法では家庭裁判所を第一審の管轄とする（したがって抗告審では高等裁判所における）家事審判手続および家事調停手続に関する事件処理の指導理念にほかならぬと観念するのが、論理的で正しいと信ずる。この理念は、勿論統合後の裁判所における同種事件の処理につき踏襲されて存続すべきものである。

(d) 統合後の裁判所の呼称については、提言を避けるが、「家庭裁判所」の呼称に郷愁を覚えるのであれば、立法技術上の操作をもってこれを残すことは、可能であろう。現行法規においても、所管裁判事件の特殊性から、「執行裁判所」（民執法）、「保全執行裁判所」（民保法）、「破産裁判所」（破産法）、「再生裁判所」（民事再生法一〇六条二項）、「更生裁判所」（会社更生法一四八条）といった呼称を採用している例が現にあるし、ドイツ裁判所構成法では、Amtsgericht（区裁判所）の家庭関係事件部門を Familiengericht（家庭裁判所）と呼んでいるのである（二三条b）。

（1） 離婚の訴えに財産分与の申立てが併合されている多くの事案では、既に当事者間の婚姻関係が破綻していて修復の見込みがなく、双方の当事者が離婚を望んでおり、離婚事件そのものには難して争点が見られず、審理の早期の段階で離婚判決の結論が容易に予測し得る反面、財産分与事件の方は、争点が複雑で、裁判所がその結論を得るのにかなりの日子を要するものである。それでも離婚判決は、財産分与の裁判と同時にしなければならず、かつ、これと同時でなければ確定しないことになっており、その結果は、破綻した婚姻関係の無意味かつ有害な継続でしかない。東京高裁平成七年三月一三日判決・判タ八九一号二三三頁は、離婚請求に財産分与申立てが併合されているが、分与相当財産に担保権が設定されており、その被担保債務の返済が順調でないという事案で、財産分与については担保権の消長等を見て家事審判等に処理を委ねるのが相当であるとし、財産分与「請求を棄却」（申立却下の意？）している。現行法の解釈論としては賛同し難いが、問題に一石を投じた裁判である。立法論としては、離婚事件と附帯事件との併合の場合に関するドイツ民訴法にならい、附帯事件の裁判に先立つ離婚判決を許すものとし（同法六二八条）、離婚判決と附帯事件の裁判とが一括してなされた場合にも、附帯事件の裁判のみに対する上訴を認める（同法六二九条a）のを相当とする。（後注―本稿の発表後、最高裁判所平成一六年六月三日判決・判時一八六九頁三三頁は、「原審の口頭弁論の終結に至るまでに離婚請求に附帯して財産分与の申立てがされた場合において、上訴審が、原審の判断のうち財産分与の申立てに係る部分について違法があることを理由に原判決を破棄し、又は取り消して当該事件を原審に差し戻すとの判断に至ったときには、離婚請求を認容した原審の判断に違法がない場合であっても、財産分与の申立てに係る部分のみならず、離婚請求に係る部分をも破棄し、又は取り消して、共に原審に差し戻すこととするのが相当である。」と判示した。）

（2）　本文掲記の結論は、非訟裁判所による前提問題の審査に関する一般論としてあまねく承認されている。Schlegelberger, FGG 7. Aufl. § 12 Rdnr. 14-18 ; Keidel-Kunze-Winkler-Kayser, FG 14. Aufl. § 12 Rdnr. 49, 51 ; Baur, Freiwillige Gerichtsbarkeit 1. Buch S. 39ff.; Habscheid, Freiwillige Gerichtsbarkeit 7.Aufl. § 19 V 4.

（3）　本文掲記の最高裁昭和四一年三月二日決定は、遺産分割の確定審判が、その後に審判の前提をなす権利の存在を否定する民事訴訟の判決が確定すれば、その限度で即時、当然に失効するかのように説示しているけれども、誤りであるか、誤解を招き易い文言の裁判である。鈴木忠一「扶養の審判に関する問題」非訟・家事事件の研究一七三頁、拙稿「訴訟と非訟」本書五一頁以下。

（4）　Schlegelberger, a.a.O. § 12 Rdnr. 22 ; Keidel-Kunze-Schmidt, FGG 14. Aufl. § 18 Rdnr. 2 ; Baur, a.a.O. S. 246 ; Habscheid, a.a.O. § 27 I 2, III 6b ; Pikart-Henn, Lehrbuch der Freiwilligen Gerichtsbarkeit S. 103 ; Passenge-Herbst,

FGG/RPflG 4. Aufl. §18 II 1：東京高裁昭和五一年一月三〇日判決・判時七七八号六四頁、鈴木忠一「非訟事件に於ける裁判の無効と取消・変更」非訟事件の裁判の既判力一〇〇頁、拙稿「瑕疵のある非訟事件の裁判の確定と訴訟裁判所の判断」本書一〇四頁以下。わが国では、準再審により非訟事件の確定裁判の取消しを求むべしという異説が有力であるが、賛成し難い。この点につき、鈴木・前掲注(3)論文、拙稿・「瑕疵のある非訟事件の裁判の確定と訴訟裁判所の判断」本書一〇四頁以下参照。

(5)　大阪弁護士会「家庭裁判所審理改善に関する意見書」判タ一〇四五号八頁。

(6)　ドイツ民訴法では、離婚等の訴えと関連損害賠償請求の訴えとの併合が禁止されている（同法六一〇条）。わが法では、その併合が認められ、かつ大方の裁判実務が、審理の早期段階で離婚判決の結論がはっきりしている事案でも両訴訟の弁論分離を認めないため、離婚判決の言渡しと確定が付帯訴訟の審理、裁判に引きずられて遷延し、破綻した婚姻関係が無意味かつ有害に継続している事例が多い。

(7)　家事審判に基づく強制執行にも執行文の必要があると解する。鈴木忠一「非訟事件の裁判と執行の諸問題」非訟・家事事件の研究二九頁、同・注解強制執行法(1)五九八頁、中野貞一郎・民事執行法（新訂四版）二四九頁。

(8)　拙稿「非訟事件の裁判における判断の対象と民事訴訟」民訴雑誌一三号一五四頁。

(9)　本文記述の結論は、夫婦間の同居請求の訴えについても例外でなく、現行法上これを地方裁判所に提起することが許されると解すべきである。この点につき、最高裁大法廷昭和四〇年六月三〇日決定・民集一九巻四号一〇八九頁の説示も、子細に読むと必ずしも私見の妨げにならぬことがわかるはずである。拙稿「訴訟と非訟」本書一九頁以下。

(10)　Stein-Jonas-Schlosser, ZPO 21. Aufl. §1025 Rdnr. 27a.

―民商法雑誌一二五巻四・五号（二〇〇二年）所載―

7 仮差押命令における目的物の表示

一　はじめに
二　民事訴訟法旧規定下における理論と実務の概観
1　最高裁判所昭和三二年一月三一日判決
2　判例理論の不浸透
三　民事保全法第二一条の趣旨
1　最高裁判所判例理論を誤謬とする異説
2　立法参画者の説く法条新設の理由
3　仮差押えの裁判手続の規定
4　民事保全規則第二〇条の不合理性
四　仮差押命令における目的物の表示と保全異議の事由
1　民事訴訟法旧規定下における最高裁判所判例違背の裁判例
2　民事保全法下において保全異議の事由の拡大を認める見解
五　仮差押命令に関する新しい書式例の提唱
1　仮差押命令に関する慣用の書式例
2　「仮に差し押える」という文言について
3　新しい書式例の提唱

一　はじめに

仮差押えは、金銭の支払を目的とする債権についての強制執行を保全するためになされるものであって（民事保全法二一条一項）、判決手続と強制執行手続との関係に照応し、狭義の裁判手続（Erkenntnisverfahren）と執行手続（Vollstreckungsverfahren）とに区分される。前者は、仮差押えの執行の前提をなす債務名義たる仮差押命令の発令、これに対する不服申立て、救済等に関する手続であり、後者は、前者の手続によって発せられた仮差押命令に基づく執行に関する手続である。ところで、一般の判決は、原告勝訴のそれでも債務名義にならぬものが多いのみならず、本執行の前提たる債務名義の大半が判決以外のものであるのに対し、有効な仮差押命令は、例外なく債務名義となり、かつ、仮差押命令なくして仮差押えの執行を実施し得る場合はない。かくて、仮差押えにおける裁判手続と執行手続との関係は、一般の判決手続と強制執行手続との関係よりも一層密接であり、右は、債務名義たる仮差押命令を発する裁判機関がその仮差押えの執行の機関たる資格を兼併する場合、ことに顕著である。しかしそれにもかかわらず、仮差押えにおける裁判手続と執行手続とが相互に独立で別個の手続原則に服することは、一般の判決手続と強制執行手続との関係の場合と趣を異にしない。このことは、むしろ初歩的知識に属する自明の理であり、法文の序列上も、民事保全法施行前の民事訴訟法第六編第四章の旧規定下においては、仮差押えの裁判手続が同法第七三七条ないし第七四七条に、執行手続が同法第七四八条ないし第七五四条に規定され、民事保全法の下では、仮差押えの裁判手続が第二章に、執行手続が第三章に規定され、両者の区別が截然としているのである。

しかるに、仮差押えにおける裁判手続と執行手続の関係に対する正確な認識は、民事訴訟法旧規定下においても一般に徹底されておらず、誤解に基づく実務の運用も多く見られたのであり、その傾向は、後記の最高裁判所判決が両者の手続の峻別を懇切に説示した後も変っていない。しかも、近年民事保全法が施行され、その第二一条により仮差押命令には執行の目的となるべき財産の表示が必要となったことから、問題がさらに増大した。私は、同法条の新設が立法として妥当であったかどうかも若干疑うものであるが、それはともかくとして、仮差押えの裁判手続と執行手続の峻別に関する最高裁判例に支持された従来の権威のある理論は、右法条を含む現行法下において毫も揺らぐことなく通用するものであると確信する。本稿は、右の見地から、前掲新設規定を承けて最高裁判所が制定した下位規範たる民事保全規則の規定にも若干の不条理なものがあり、さらに、関係法条の解釈、運用にかかる諸家の論説や裁判例には、到底是認し難い見解を示しているものが多いことを指摘する趣旨に出たものである。

二　民事訴訟法旧規定下における理論と実務の概観

1　最高裁判所昭和三二年一月三一日判決

さきにも述べたとおり、仮差押えの裁判手続と執行手続の峻別に対する認識の不足に基づく誤った実務の横行は、民事訴訟法旧規定下においても顕著であった。仮差押命令に執行目的財産として債務者に属しない不動産や債権を特定掲記しているとき、その物件掲記部分は、仮差押命令に基づく執行処分を構成するものにほかならないのに、当該仮差押命令が当然に違法になると考えたのは、その一例である。こうした実務の大勢下において、

二　民事訴訟法旧規定下における理論と実務の概観

最高裁判所第一小法廷昭和三二年一月三一日判決・民集一一巻一号一八八頁以下は、問題の点の法理を懇切に説示し、仮差押え関係の事件の処理について重要な指針を示した。事案は、原審名古屋高等裁判所が正に上記の誤解に基づき、仮差押命令に執行目的財産として特定掲記された不動産が債務者に帰属すると認められないとの理由で、仮差押異議の申立てを容れ仮差押命令の申請を却下したところ、上告審最高裁判所が原判決を違法として破棄し、事件を原審に差し戻したものである。最高裁判所の説示は、仮差押えの裁判手続と執行手続が法文の序列上も理論上も截然区別されて混淆が許されぬ所以を詳細に説明し、その前提に立って、実務上仮差押命令の申請書に執行目的財産を特定掲記しているのは、仮差押命令の申請に併せて目的物件に対する執行の申立てをしているものであり、本来債務者の全財産を対象とする債務名義たる仮差押命令に執行目的財産として債務者に属しない不動産を特定掲記していても、仮差押命令自体が当然に違法になるものでないから、右の点に関する違法は、仮差押えの執行処分に対する執行の方法に関する異議、第三者異議の訴え等により救済すべきで、仮差押命令に対する異議、上訴の手続で論議すべきものでないというのである。

右最高裁判所判決は、説得力に富む正当なもので、学者も一般にこれを支持しており[2]、私も、かつて同判決を機縁として実務改善のための論稿を公けにしたことがある[3]。そしてその説示は、殆ど全文が本稿の基礎理論として援用し得るものであるから、省略を最小限にとどめて左に引用することとする。

「仮差押は、本案判決に基づく金銭の債権に付ての強制執行を保全するためになされるものであり（民訴七三七条）、裁判手続と執行手続とに区分される。それは……丁度強制執行手続と判決手続の関係と同様に、両者は全く別個独立の手続であり、単に同一手続内における段階上の差異をなすに止まるものではない。民訴法は……法文の序列上は裁判手続については七三七条ないし七四七条で、執行手続については七四八条ないし七五四条でそれぞれの規定を設け、截然と両者の区別を明らかにしている。民訴七四〇条にいわゆる仮差押の申請はこの裁判手続によって仮差押命令の発せられんことを求める保全訴訟における訴の申立に外ならないのであり、……保全執行手続については七四九条以下の規定により差異を生ずる場合の外は、強制執行に関する規定が準用されるべきものとされているのであり（民訴七四八条）、そして法律は金銭債権についての強制執行において執行の目的たるべき債務者の財産が債務名義で特定されていることを要請してはいない。……執行の目的たる財産が特定するのは、債権者の申立により現実に執行手続が実施されんとするときである。……仮差押の執行についても、この点に関し差異を生ずべき特別規定は存在していないのであるからその理を異にするわけはないのである。ただ、債権及び不動産に対する仮差押の執行については、法律が迅速なる目的の達成を理念とする保全手続の要請に応えて仮差押命令を発した裁判所を同時に執行裁判所と規定したこと（民訴七五〇条二項、七五一条二項）及び仮差押の執行に対しては法定期間の制約があること（同七四九条二項）のために、実務上は仮差押命令の申請と同時にその申請が認容される場合を予想してその執行の申立が附加してなされるのが通常なのである。……そして裁判所においても執行の便宜から（同七五〇条三項、七五一条一項）仮差押命令に執行上の目的財産を特定掲記するのを通例としている。……元来、法律は仮差押の申請とその執行の申立とが同時になされなければならないというようなことを強要してはいない。債権者はまず仮差押命令の申請のみをなし、債権者のために債務者の財産に対し仮差押をなし得べきことを内容とする仮差押命令を得た後において、民訴七四九条二項の期間内に、これを債務名義として任意選定した債務者の財産を指示してその執行の申立をなし得べきことは多言を要しないところである。また執行の便宜上仮差押命令の申請と同時に執行の申立をなした結果、特定の建物を執行の目的財産として掲記している仮差押命令が発せられた場合においても、もし当該建物がその執行前（仮差押の登記前）既に他に譲渡されその登記手続を了しもはや債務者所有の財産たることを有効に主張し得なくなっていたようなときは、債権者は前掲法定期間内である限り改めて債務者の他の財産を指示してその執行の申立をなすことができるのである。しかるにわが国の実際においては、旧大審院判例においても、仮差押の申請をなすに当っては債権者はその執行の目的財産を指示しなければならないかの如く考える向が少なくはない。……しかし、それは債権及び不動産に対する仮差押の執行の申立が仮差押え命令の申請と同時になされるという前示実務上の慣例に眩惑されて、この両者の本質上の区別に対する明確な認識を欠いていることに基く法の誤解に外ならないのである。

これを要するに、執行の目的財産の指示、その財産が果して債務者の所有に属するか否かというような事項は執行手続上の問題であり、それらの点に関する違法は民訴五四四条の方法に関する異議若しくは同五四九条の第三者異議の訴等により救済さるべきであり、仮差押命令に対する異議、若しくはこの取消手続において論議さるべきものではない。」

この最高裁判所判決の理論構成は、前記引用にかかる判文自体で間然するところがないと考えるので、これに対する補足説明をまとめて記述することを避け、後に随所において異説を紹介しつつこれに対する反論の形で私見を明らかにしたい。

2　判例理論の不浸透

ところで、前掲最高裁判所判決は、その精緻な理論と説得力のある説示にもかかわらず、その後の仮差押実務に与えた影響力は、微々たるものであった。事件処理の方式、内容は、仮差押を求める債権者の側でもこれを受ける裁判所の側でも旧態然としていたのであり、明白な判例違背が公然と行われることすら稀でなかった。若干の実例をアトランダムに挙げると、次のとおりである。

(1)　仮差押えの裁判手続と執行手続とが理論上峻別されるとすれば、仮差押命令とこれに基づく執行処分は、裁判所においてもそれぞれに適切な文言を選び書き分ける配慮が望ましい。しかるに実務で積年常用の類型化した書式例によれば、(イ)「有体動産仮差押決定」の標題の下に「債務者所有の有体動産を仮に差し押える。」、(ロ)「債権仮差押決定」の標題の下に「債務者の第三者に対する……の債権を仮に差し押える。」、(ハ)「不動産仮差押決定」の標題の下に「別紙目録記載の債務者所有の不動産を仮に差し押える。」等々というのであって、「仮差押決定」という標題と「仮に差し押える」という文言を、(イ)の場合には純然たる仮差押命令の意味に限定し、(ロ)、(ハ)の場合には執行処分を包含した意味に用いており、債権者が裁判所に提出する各種仮差押申請書の記載も、おおむね前示の書式例に対応、準拠したものである。そして上記の実務慣行は、前掲最高裁判所判決が出た後も無反省に維持されて来た。

(2)　いわゆる「債権仮差押決定」や「不動産仮差押決定」として執行目的財産を附記した仮差押決定が、異議申立てや本案起訴命令不遵守に基づき判決（現行民事保全法下では決定）で取り消されても、その仮差押えの執行が当然には効力を失わず、これを失効させるには別段の方式による手続（民訴法旧七四八条、五五〇条一号、五五一条）、例えば債権が執行目的財産の場合には別に当該債権の差押取消決定をすることが必要であったはずである。しかし、上記の場合に「同じ債権の差押えを二度取り消す要はない。」というので、「債権仮差押決定」を取り消した判決を第三債務者に送達し、これで執行も効力を失ったとの見解の下に実務を運営していた例があるのを私は知っている。以上に述べた民事訴訟法旧規定下の理論は、現行民事保全法下においても通用するはずであるが

（同法四六条、民執法三九条一項一号、四〇条一項）、現実の実務がどうなっているかは詳らかにしない。

(3)　前述のとおり、いわゆる「債権仮差押決定」や「不動産仮差押決定」として執行目的財産を附記した仮差押決定に対し異議が申し立てられた案件において、当該目的財産に対する執行の適否を論議するのは筋違いであるというのが前掲最高裁判所判決の明確な判示であったが、同判決の後にあっても、仮差押決定附記の目的財産に対する執行が許されぬ事由があることを理由に、仮差押異議を容れて債権者の仮差押命令申請を却下すべきものとした判決が、民事訴訟法の旧規定下において跡を絶たなかった。(4)

（1）　名古屋高判昭二八・一一・三一高民六巻一三号八六〇頁以下。
（2）　中野・民商三六巻一号一一三頁以下、林「仮差押目的物の特定掲記」小山＝中野＝松浦＝竹下編・演習民事訴訟法(下)四一五頁以下、小野寺・判タ一九七号六六頁以下。
（3）　拙稿「仮差押の裁判手続と執行手続」仮差押・仮処分に関する諸問題一頁以下。
（4）　東京高判昭三一・九・一二高民九巻八号五一五頁以下、同昭四一・八・二下民一七巻七・八号六四二頁以下、大阪地岸和田支判昭五五・七・二五判時九九三号七七頁以下。

三　民事保全法第二一条の趣旨

1　最高裁判所判例理論を誤謬とする異説

極めて特異な見解であるが、民事訴訟法旧規定下において、執行目的物を表示しない債務者の一般財産に対する仮差押命令を認める前掲最高裁判例理論そのものが誤りであったとする説がある。(5)その論拠は、不動産に対する仮差押執行の場合、ドイツ法では保全抵当権（Sicherungshypothek）の登記の事実が債務者に通知されるが（§§

932 ZPO, § 55 Grundbuchordnung)、日本法では仮差押えの登記が債務者に通知される仕組みになっておらず、債権に対する仮差押執行の場合も、ドイツ法と違い日本法では「第三債務者ニ対シ債務者ニ支払ヲ為スコトヲ禁スル命令ノミヲ為ス」(民訴法旧七五〇条三項)ので、債務者には何の命令も通知も発しないから、法は、債務者に送達される仮差押命令に目的不動産なり目的債権なりを特定掲記するものとしたというに尽きる。しかし、目的物に対する執行の事実が債務者に告知される仕組みになっていないから、当該執行の実施が未必的である債務名義作出の段階で債務者に執行目的物を予知させる配慮が法によってなされたというのは、おそらく立法者も聞けば驚いたであろう通常の法律家の発想からかけ離れた独自の推論といわねばならない。また、債権に対する仮差押の場合、その執行が債務者への告知を伴わぬという論者の認識は、日本法上の債権仮差押えの執行命令も債務者に対する取立禁止の効果を伴い[6]、債務者への送達を必要とする(民訴法旧七四八条、五九八条二項、民保法五〇条五項、民執法一四五条三項)という初歩的知識を欠くものである。

2　立法参画者の説く法条新設の理由

民事保全法第二一条は、「仮差押命令は、特定の物について発しなければならない。ただし、動産の仮差押命令は、目的物を特定しないで発することができる。」と規定するが、何の必要があってこのような法条が新設されたのであろうか。同法の立案に参画したと思われる者の記述[7]によれば、民事訴訟法旧規定下においては、具体的な執行の対象となる目的物を特定することなく抽象的、一般的、概括的に債務者の財産に対して仮差押命令を発することを認めていたことから、「(イ)仮差押えの目的物の種類等によっては債務者の被る損害の程度が異なることから、担保の額を的確に定めることができず、また、(ロ)超過仮差押えの有無についても判断することができない」という実務上の支障が生ずるおそれがあったので、これを事前に排除するため同法条の規定の新設を見たというのである。

しかし、同条新設の理由が右のとおりであったとすれば、それは、決して筋が通ったものでない。

(1)　まず(イ)の点について、旧法下において一般的な債務者の財産に対する仮差押命令の申請を受けた裁判所は、将来の仮差押執行目的物を具体的に予知し得なかったわけであるから、無保証で仮差押えを命ずるのでなければ、躊躇なく被保全債権額に見合う高額の保証を定めるのが相当であったことは、いうまでもなく、それで特に不合理であったとは思えない。それが不合理であったというのであれば、新法下において不特定の動産につき仮差押命令の申立てがなされた場合にも、同じ不合理があるといわなければならない。債権者がそれでは困るというのであれば、被保全債権額を縮小するか、自己の判断をもって低額の仮差押執行の目的となるべき物を予め特定表示し、これに対してのみ執行可能の仮差押命令を申請すれば、その場合裁判所も申請を超えた仮差押えを命じ得なかった筈である。確かに前掲最高裁判所昭和三二年一月三一日判決の文言は、特定の物に対してのみ執行可能の仮差押命令が許されぬとする判示のように読まれ易く、学説にあっても仮差押命令における目的物の特定掲記を一般論として無効とするものが多かったことは、事実である。[8] しかし、被保全権利につき限定承認等により債務者の責任財産が限定されるときは、その責任財産に対してのみの仮差押命令を発すべきであると解されている。[9] この考え方を推し進めると、旧法下にあっても、債権者が、自己の判断と選択に基づき債務者の財産の中からその責任を負う物の範囲を限定する趣旨で仮差押執行の目的となるべき物を予め限定表示した上、仮差押命令の申請に及んだときは、私的自治の原則の訴訟への反映として、裁判所も債権者の限定的申請に拘束され、当該目的物に対してのみの仮差押えを命ずべきであったと認めなければならない。[10] しかし、このような限定的仮差押命令を求めるか、それとも原則に従い債務者の総財産に対する仮差押命令を求めるかは、債権者の裁量に委ねれば十分の事柄であり、裁判所が保証の額を定める便宜から、法の規定をもって右のような限定的仮差押命令の申請を強制するのが相当であったという議論は、決して説得力のあるものでない。

(2)　次に、(ロ)にいう超過仮差押えの有無は、裁判所又は執行官が仮差押えの執行申立てを受けた段階で、もっぱら民事訴訟法旧第七四八条、第五六四条第二項（民保法四九条四項、民執法一二八条一項、民保法五〇条五項、民執法一四六条二項）の適用ないしは執行申立権濫用の成否との関連で判断すべき事項であったといわねばならない。仮差押命令の申請を受けた裁判所としては、かりに超過仮差押えの虞があるとの心証を得たとしても、さらに関係資料から本案の請求権に基づく執行可能の総財産が豊富で保全の必要性が欠けるという別の理由が成立した場合は別として、当然に仮差押命令の申請を却けてもよいわけではなかった筈である。この点は、新法下においても仮差押命令の申立てに掲げられた「特定の物」の総価額が被保全債権の額を大きく上回る場合でも同様である。私は、超過差押が予知される場合には債務者の全財産に対して執行力が及ぶ金銭給付判決をしてはならぬとする説があることを知らない。

以上の次第で、民事保全法第二一条の規定の新設を必要とした理由は、不可解であるが、同条の立案者の思考の根底には、従来の非理論的な実務慣行への執着と、仮差押えの裁判手続と執行手続の峻別を説く前掲最高裁判例の理論に対する誤解ないしは反感が潜在していたのではないかと思われ、また、裁判例と文献に見られる同条の解釈、運用も、同じ思考の傾向を背景にして、後述のとおり、私の見解によれば歪んだ方向に進んでいるのである。

3　仮差押えの裁判手続の規定

民事保全法の立案者の主観的意図がいかようであったにせよ、同法第二一条は、その法文上の位置からも明らかなように、あくまでも仮差押えの執行とは截然区別されるところの仮差押えの裁判手続の規定である。その裁判手続において裁判所が成立させる債務名義たる仮差押命令は、同条により「特定の物」について発しなければならないが、その趣旨は、仮差押命令にはその執行力が及ぶ範囲を債務者の総財産でなく、その中から債権者が仮差押命令の申立ての際に任意に選択指定した執行予定対象物件に限定して記載すべき旨を定めたものにすぎない。その「特定の物」の表示は、債務名義たる仮差押命令の執行力の及ぶ範囲の劃定以上の意味を有するものでなく、その「特定の物」に向けられた仮差押えの執行は、仮差押命令を発した裁判所が保全執行裁判所の資格を兼併する場合でも、同法第四七条ないし第五〇条に準拠して仮差押命令とは観念上別途になされるのであり、同法第二一条の関わる事項では断じてない。それは、あたかも被告の限定承認の抗弁を容れて相続財産の限度での給付を命じた判決が、当該相続財産に対する執行を意味するのものでないのと同然である。

以上は、縷々説明するを要しない自明の理と思うのであるが、実務では理解が徹底していないようである。現にこの点に関する誤解を露呈している顕著な例として、東京高等裁判所平成三年一一月一八日判決・判時一四四三号六三頁以下を挙げることができる。すなわち、同判決は、「民事保全法のもとにおいては、不動産の仮差押命令は差押えるべき不動産を特定して発せられる。したがってまた、仮差押命令の申立も仮に差押えるべき不動産を特定してしなければならない（民事保全法二一条、……）。これは、不動産に対する仮差押命令は、保全命令（……）と執行命令とが一体となって発せられることを意味している。」と判示しているのであるが、右は、民事保全法第二一条の意味を正解せず、思考過程において仮差押えにおける裁判手続と執行手続とを混淆したものというべきである。

(1)　そもそも、「不動産に対する仮差押命令は、保全命令と執行命令とが一体となって発せられる」という立言は、例外のない一般論を示したものとすれば誤りである。同判決の想定しているのは、債権者が特定不動産に対する仮差押命令の申立てとその執行の申立てとを同時にした場合であるが、民事訴訟法旧規定下におけると同様、民事保全法は、不動産に対する仮差押えの場合についても、仮差押命令の申立てとその執行の申立てとを必ず同時にすることを強制しているわけではない。債権者は、まず特定の不動産についての仮差押命令の申立てのみをなし、その仮差押命令を得た後、同法第四三条第二項の期間内にこれを債務名義とする執行をなすべき旨を申し立てることもできるのである。また、特定不動産に対する仮差押命令の申立てとその執行の申立てとが同時になされた場合でも、仮差押命令の発令とその執行処分を必ず同時に行うことが法律上求められているわけではない。わが国の実務では何故かあまり例を見ないけれども、まず担保供与を執行実施の条件として仮差押命令を発し（民保法一四条一項）、しかる後債権者による担保供与を確かめて執行処分に及ぶことは（同法四六条、民執法三〇条二項）、もとより理論的に許される事項であり、合理的なやり方である。[11]

(2)　一般の実務において慣用の様式での「不動産仮差押命令」は、「……の不動産を仮に差し押える。」というのであり、特定不動産に対してのみ執行可能の債務名義たる仮差押命令だけを掲げたものか、これに基づく執行処分の一環たる当該不動産に対する差押宣言（仮差押えの場合こうした差押宣言が必要かどうかについては、後述する。）をも併記したものかは、文言上曖昧になっている。これは、裁判書作成に関する従来の実務慣行が合理的でないことの一例なのであり、「保全命令と執行命令とが一体となって発せられる」例が多いということで、両者を同一裁判書上に渾然一体として記載することを法が求めているわけでは断じてない。

(3)　さらに、不動産に対する仮差押えの執行は、仮差押えの登記をする方法又は強制管理の方法により行われるところ（同法四七条一項）、前者の場合は仮差押命令を発した裁判所が保全執行裁判所として管轄するが（同条二項）、後者の場合は目的不動産の所在地を管轄する地方裁判所が保全執行裁判所として管轄するのであり（同条五項後段、民執法四四条）、仮差押命令を発した裁判所と保全執行裁判所とが別異であることも当然予定されているわけである。前掲判決は、この場合でも「不動産に対する仮差押命令は、保全命令と執行命令とが一体となって発せられる」とでもいうのであろうか。なお、このように保全命令裁判所が保全執行裁判所の資格を兼併しないという事態は、右にとどまらず、船舶に対する仮差押えの執行が船舶国籍証書等の取上げを命ずる方法により行われる場合（民保法四八条二項後段）、航空機に対する仮差押えの執行が航空機登録証明書その他の航空機の航行のために必要な書面の取上げを命ずる方法により行われる場合（民保規則三四条、民保法四八条一項、二項後段）、自動車に対する仮差押えの執行が自動車の取上げを命ずる方法により行われる場合（民保規則三八条、民保法四八条二項後段）、建設機械に対する仮差押えの執行が建設機械の取上げを命ずる方法により行われる場合（民保規則三九条、三八条、民保法四八条二項後段）、ならびに、不動産、船舶、動産及び債権以外の財産権で権利の移転について登記等を要するものに対する仮差押えの場合（同法五〇条五項、民執法一六七条二項）にも生ずるのである。

4　民事保全規則第二〇条の不合理性

前述のとおり、民事保全法第二一条仮差押えの執行とは截然区別される仮差押えの裁判手続の規定であり、その裁判手続で裁判所が成立させる仮差押命令が同条により「特定の物」について発せられる趣旨は、当該仮差押命令の執行力が及ぶ範囲の限定表示にすぎず、その「特定の物」に対する仮差押えの執行は、同条の関わる事項でないとすれば、同法第八条の委任に基づく下位規範たる民事保全規則が、その第二〇条において、仮差押命令の申立書につき目的物の種類ごとに執行を予定したものとしか考えられぬ書面の添付を要求しているのは、背理といわねばならない。

(1)　民事保全規則の立案参画者は、同規則第二〇条の趣旨を次のように説明している。(12) すなわち、「旧法の下における仮差押命令は、金銭債権の執行を保全するために債務者の総財産の現状を固定することを目的として発せられるいわゆる抽象的仮差押命令であるとするのが判例・多数説であった。このような判例・多数説の理解によれば、仮差押命令の申立書について、目的物の種類ごとに添付書面を規定することの理論的な説明は、困難であった。そのため旧民事執行規則においては、本条各号に掲げた書面は、仮差押えの執行の申立書の添付書面として規定されていた（……）。これに対して民事保全法は、抽象的仮差押命令説を明文の規定をもって否定し、仮差押命令は、特定の物について発しなければならないものとした（法二一条）。これに伴い本規則においても、仮差押命令の申立書においては、原則として、仮に差し押えるべき物を特定して、申立の趣旨を記載しなければならないものとしている（一九条一項）。本条は、これを前提として、仮差押命令の申立書について、目的物の種類ごとに添付すべき書面を規定することとしたのである。」と。

(2)　しかしながら、既に繰り返し述べたように、民事保全法第二一条は、純然たる仮差押えの裁判手続に関する規定であり、同条に基づき発せられるのは、あくまでも債務名義たる仮差押命令にほかならず、そこでの「特定の物」の表示は、その物に対する仮差押えの執行の着手を意味しない。仮差押えの執行は、同条ではなく、同法第四七条ないし第五〇条等に準拠条文が求められるのであり、かつ、その執行処分の前には、必ず仮差押命令の申立てとは截然区別される仮差押えの執行の申立て（民事保全規則一条六号参照）がなされている筈である。そこで、実務で慣用の書式にあっては、「不動産仮差押命令申立書」や「債権仮差押命令申立書」での申立ての趣旨は、「……を仮に差し押える。」との裁判を求めるといった、私見によれば奇怪かつ曖昧な文言表現をとっているけれども、債権者は、これにより仮差押命令の申立てに併せて仮差押えの執行の申立てもしているものと解しなければならず、この場合に仮差押命令を発した裁判所が職権をもって執行処分に及んでいるのでは断じてない。そうとすれば、民事保全規則第二〇条各号に掲げた書面が、仮差押命令の申立書と仮差押執行の申立書のいずれに添付すべきものとするのが理論に適合するかは、自ら明らかであろう。論者も、民事訴訟法旧規定下においては、「判例・多数説の理解によれば、仮差押命令の申立書について、目的物の種類ごとに添付書面を規定することの理論的な説明は、困難であった」ことを認めているが、その正に理論的な説明の困難な事態が、皮肉にも現行民事保全規則第二〇条の規定の施行により現実のものとなったのである。右の不条理は、仮差押命令を発した裁判所が保全執行裁判所の資格を兼併している場合には実際上さして問題となるものではない。しかし、不動産に対する仮差押えの執行が強制管理の方法により行われるとき、仮差押命令を発した裁判所と保全執行裁判所とが別異である場合も当然予定されていることは、前述のとおりである（民保法四七条五項前段、民執法四四条）。民事保全規則は、その場合において債権者に対し仮差押命令の申立書に添付したのと同じ書類を仮差押執行の申立書にも再度添付することを求めざるを得なくなっており（民保規則三二条一項、民執規則二三条一号、二号、五号）、自らの不合理性を暴露するに至っている。

(3)　民事保全規則第二〇条が仮差押命令の申立書につき不条理に目的物の種類ごとに執行を予定した書面の添付を求めている結果、次の二点が問題となろう。その第一は、当該書面の添付に要した費用が仮差押命令の申立手続の費用に含まれ、民事訴訟法第九五条、第八九条に従い仮差押命令においてなされる費用の裁判の対象となるか、それとも仮差押えの執行手続の費用にほかならないかという問題である。極めて疑問であるが、前掲規則の明文の規定があのようになっている以上、保全命令の費用とするか保全執行の費用とするかは債権者の選択に委ねられ、但し、一方を選択すれば他方の選択が許されなくなるものと解したい。第二の問題は、仮差押命令の申立書に民事保全規則第二〇条号の書面が添付されていないか、その添付に不備がある場合の取扱いである。仮差押命令の申立てを却下すべしというのが通説的見解になろうかと思うが、私見は、これに反対であり、執行申立ての不備になるだけであると考える。

（5）　園尾「仮差押えの目的物の特定」民事保全法の理論と実務(上)二三六頁以下。
（6）　三ケ月「仮差押の効力」吉川還暦記念(下)四九二頁、民事訴訟法研究六巻八五頁。
（7）　山崎「民事保全法の解説(五)」曹時四四巻一号七八頁。
（8）　Stein-Jonas-Grunsky, ZPO 20. Aufl. § 920 Rdnr. 16, § 922 Rdnr. 31 ; Münchkomm ZPO / Heinze, § 922 Rdnr. 25 ; Baumbach-Lauterbach-Hartmann, ZPO 50. Aufl. § 922 Bem. 1D ; Zöller-Vollkommer, ZPO 18. Aufl. § 922 Rdnr.2 ; 菊井・民事訴訟法(二)三二六頁、中野・前掲判批一一八頁以下。
（9）　Rosenberg-Schilken, Zwangsvollstreckungsrecht 10. Aufl. § 77I 4d ; Bruns-Peters, Zwangsvollstreckungsrecht 2. Aufl. § 48 IV2d N. 23.
（10）　岩野ほか「不動産の差押」（強制執行セミナー(2)）八八頁以下〔岩松（前掲最高裁判決関与裁判官）発言。〕
（11）　Stein-Jonas-Grunsky, a.a.O. § 921 Rdnr. 10 ; MünchKomm ZPO / Heinze, § 921 Rdnr. 11 ; Baumbach-Lauterbach-Hartmann a.a.O. § 921 Bem. 2Bb ; Zöller-Vollkommer, a.a.O. § 921 Rdnr. 3,4 ; Thomas-Putzo, ZPO 17. Aufl. § 921 Bem. 2.
（12）　最高裁判所事務総局編・条解民事保全規則一二六頁。

四　仮差押命令における目的物の表示と保全異議の事由

1　民事訴訟法旧規定下における最高裁判所判例違背の裁判例

前掲最高裁判所昭和三二年一月三一日判決が、仮差押えの裁判手続と執行手続の理論的峻別を前提として、「(仮差押命令に付記された)執行の目的財産の指示、その財産が果して債務者の所有に属するか否かというような事項は執行手続上の問題であり、それらの点に関する違法は民訴五四四条の方法に関する異議若しくは同五四九条の第三者異議の訴等により救済さるべきであり、仮差押命令に対する異議、若しくはこの取消手続において論議さるべきものではない。」と説示したことは、前述のとおりである(二1)。すなわち、いわゆる「債権仮差押決定」や「不動産仮差押決定」として執行目的財産を附記した仮差押決定について、当該目的財産に対する執行が許されぬことは仮差押異議の事由とならぬというのが前掲最高裁判所判決の明確な判示であった。しかるに、同判決の後にあっても、仮差押決定附記の目的財産に対する執行が許されぬ事由があれば、仮差押異議を容れて債権者の仮差押命令申請を却下すべきものとした判決が、民事訴訟法の旧規定下において跡を絶たなかったことも前述のとおりである(二2⑵)。その代表例と見るべき二つの東京高等裁判所判決(前注(4))は、異議の対象となった具体的な仮差押決定が、そこに記載の特定の財産だけを目的とし、他には執行力が及ばぬものであるとの前提に立ち、その特定の財産に対する仮差押えの執行が許されぬ事由があるから、仮差押命令の申請もその目的を達し得ぬことが明らかで、保全の必要性の要件を欠くことになる旨説示している。これらの判決は、いずれも前掲最高裁判所判決の存在を意識し、これに正面から反対する表現を避けているが、内容において最高裁判所判例理論との整合性を欠いていることは、掩《おお》うべくもない。

2　民事保全法下において保全異議の事由の拡大を認める見解

民事保全下においては、前掲最高裁判所判例理論そのものが明確に否定されて保全異議事由の拡大を見たとなす説が現われた(13)。すなわち、「抽象的仮差押命令説の下においては、被保全債権の限度で債務者の財産の仮差押えを許す旨の命令のみが仮差押命令であるから、仮差押えの目的物の選択の適否については、執行手続上の問題として、執行異議の申立て又は第三者異議の訴えにより争うほかないとされていた（……）。しかし、民事保全法の下においては、明文により、仮差押命令は特定の物について発しなければならないとされたため、……仮差押異議の申立てを受けた裁判所は、被保全権利及び必要性の存否のみならず、仮差押えの目的物の選択の適否についても再審査をする権限を有するに至った」というのである。しかし、既に詳述したとおり、民事保全法下において同法第二一条により「特定の物」について発せられる仮差押命令も、それ自体としては純然たる債務名義にほかならず、これに基づく執行は、仮差押命令を発した裁判所と一致するとは限らぬ保全執行の機関が、債権者の別途の申立てに基づき同法第四七条ないし第五〇条に準拠してこれをするのである。ところが上記の説は、ある特定の物に対する仮差押命令の申立てを受けた裁判所が、その申立ての許否に関する裁判手続の段階で執行機関の判断作用を先取りし、その物に対する仮差押の執行を適法になし得るかどうか、さらには債務者の全責任財産の中で債権者による執行予定特定物の選択、指定が当を得ているかどうかも審査すべく、その審査の結果がマイナスであれば仮差押命令の申立てを却下しなければならないと考えている。右は、同法第二一条により「特定の物」について発せられた仮差押命令が必然的にその物に対する執行命令を含むかこれと一体をなすとの誤った前提に立脚するものであり、仮差押えの裁判手続と執行手続とを混淆し、仮差押異議の申立てがもっぱら仮差押えの裁判手続に関する制度にかかわることを忘れたものである点において、前掲最高裁判所判決によって徹底的批判を受けた民事訴訟法旧規定下における俗説との間に径庭はない。こうした誤解が現行民事保全法下においてどの程度実務に浸透しているかは、詳らかにしないが、さきに引用した（三3）東京高等裁判所平成三年一一月一八日判決・判時一四四三号六三頁以下は、正に右の誤解をあらわにした裁判例である。すなわち、同判決は、前述のとおり仮差押命令・執行命令一体論の前提に立つことから、未登記不動産に対する仮差押えの案件において、仮差押命令の申立てを受けた裁判所が、その許否を審査する裁判所手続の段階で、目的不動産が債務者の所有に属するという執行の要件が具備しているかどうかについても審査しなければならないと考え、いきおいこの点の事実認定については、民事保全法第一三条第二項の「疎明」ではなく、執行法の原則に従い「証明」によるとの論理を採用せざるを得なくなり、その証明がないことを理由に、執行の申立てでなく仮差押命令の申立てを却下しなければならないとしたものである。私見によれば、この事件の場合、裁判所は、仮差押命令を発した上で執行申立ての許否につき別途判断すべきであった。

(13)　園尾「仮差押えの目的物の特定」民事保全法の理論と実務(上)二四九頁以下。

五　仮差押命令に関する新しい書式例の提唱

1　仮差押命令に関する慣用の書式例

さきにも触れたところであるが（二2(1)）、仮差押えの裁判手続と執行手続とが理論上峻別されるにもかかわらず、裁判書において仮差押命令とこれに基づく執行処分とをそれぞれに適切な文言を選び書き分ける配慮は、従来全くなされていない。実務で積年慣用の不動文字で印刷された裁判書用紙の書式例によれば、(イ)「動産仮差押決定」の標題の下に「債務者所有の動産を仮に差し押える。」(ロ)「債権仮差押決定」の標題の下に「債務者の第三者に対する……の債権を仮に差し押える。」、(ハ)「不動産仮差押決定」の標題の下に「別紙目録記載の債務者所有の不動産を仮に差し押える。」等々というのであって、「仮差押決定」という標題と「仮に差し押える」という不可思議かつ曖昧な文言を、(イ)の場合には純然たる仮差押命令の意味に限定して用い、(ロ)、(ハ)の場合には、私の誤解でなければ債務名義たる仮差押命令とこれに基づく執行処分とを渾然一体とした意味をもって用いている。そして債権者が裁判所に提出する「動産仮差押命令申立書」、「債権仮差押命令申立書」[14]、「不動産仮差押命令申立書」の記載も、おおむね裁判所が常用している前示の書式例に対応、準拠したものである。上記の実務慣行は、民事訴訟法旧規定下において無反省に維持されていたのみならず、民事保全法下にあっては、前掲最高裁判所判例理論を排し同法第二一条をもって積極的に認知されたとでも考えているのであろうか、これを依然として是認、推進する文献が現に公刊されている[15]。以上は、直接には裁判書および申請書の作成技術上の問題にすぎないが、私は、こうした不条理な書式への盲従が、上記もろもろの法の誤解と偏向した実務を少なからず誘引しているのではないかと推測するものである。

2　「仮に差し押える」という文言について

そもそも禍根の遠因は、私の憶測によれば、民事訴訟法旧規定の立案者が Arrest の訳語として「仮差押」を選んだことにある。いうまでもなく仮差押えは、金銭の支払いを目的とする債権にかかる強制執行を保全するための処分であるが、その執行の内容は、いずれも債務者の財産の「差押え」にほかならない。そしてその差押えは、仮処分（einstweilige Verfügung）が「仮」のものであるのと同じ意味において「仮」（einstweilig）のものではなく、それ自体で換価に進み得ない点を除き、本案判決その他の債務名義に基づく差押えと全く等質のものである。それ故、債権者が仮差押えの被保全債権を肯認した本案の債務名義を取得し、これに執行文の付与を受け、債務名義が送達され、さらに事案によっては必要な担保供与等がなされ、本案の債務名義に基づく強制執行開始の要件が具備したときは、その時点から当然に新たな債務名義に基づく執行に移行し、目的物の換価の手続（動産の売却、被差押債権の取立て、転付命令等）に進むことができ、この場合、再度の差押えは、無意味で必要性を欠くと解されているのである。[16] そうすると、仮差押裁判所の管轄に関する民事訴訟法旧規定第七三九条が der mit Arrest zu belegende Gegenstand（ドイツ民訴法九一九条）の訳語に「仮ニ差押フ可キ物」という不思議な文言を充て、これを民事保全法第一二条第一項が踏襲しているのもおかしいし、さらに裁判実務が、上述のとおり債務名義たる仮差押命令やこれに執行命令を合体させた裁判書に、「仮に差し押える」という本質から遊離した文言を無反省かつ多義的に用いているのは一層奇怪千万といわねばならない。ドイツの実務では、仮差押命令とこれに基づく債権差押命令とを一通の裁判所でする場合でも、前者が純然たる債務名義であり、後者本案判決その他の債務名義に基づく差押えと等質の執行処分であるという本質に照応した書き分けをしているのであるが、わが国の実務が古くからこれにならっていたならば、仮差押えの裁判手続と執行手続との混淆が現状のように定着することはなかったであろうと推測されるのである。

3　新しい書式例の提唱

私は、以上の考察の締め括りとして、仮差押命令に関する若干の新しい書式例を提案したい。(17)

なお、下記の文例を作成するにあたっては、仮差押命令とこれに基づく執行処分とを明瞭に書き分けたほか、

(イ)　不動産に対する仮差押の執行は、登記または強制管理により行うので、それに先行する裁判で差押宣言をすることが法律上求められていないはずであるから、この点の執行処分を含む裁判書の文例を意識的に掲げなかったこと、(18)

(ロ)　従来の実務で保全命令に訴訟費用の裁判を掲げていないのは、積年の悪しき惰性で、明らかな裁判の脱漏であるから、(19)これを補正したこと、

を予め付記する。

(1)　不動産の仮差押命令

債権者の債務者に対する別紙目録記載の債権および費用の概算額金……円についての強制執行を保全するため、債務者所有の別紙目録記載の不動産に対する仮差押えを命ずる。

債務者は、金……円の供託によりこの仮差押えの執行の停止または既になされた執行処分の取消しを求めることができる。

仮差押命令申立手続の費用は、債務者の負担とする。

(2)　動産の仮差押命令

債権者の債務者に対する別紙目録記載の債権および費用の概算額金……円についての強制執行を保全するため、債務者所有の動産に対する仮差押えを命ずる。

債務者は、金……円の供託によりこの仮差押えの執行の停止または既になされた執行処分の取消しを求めることができる。

仮差押命令申立手続の費用は、債務者の負担とする。

(3)　債権の仮差押命令と差押決定

債権者の債務者に対する別紙目録記載の保全すべき債権および費用の概算額金……円についての強制執行を保全するため、債務者の第三債務者に対する別紙目録記載の債権に対する仮差押えを命ずる。

債務者は、金……円の供託によりこの仮差押えの執行の停止または既になされた執行処分の取消しを求めることができる。

仮差押命令申立手続の費用は、債務者の負担とする。

前記仮差押の執行として、債務者の第三債務者に対する別紙目録記載の債権を差し押える。第三債務者は、債務者に対し右差押えにかかる債権を支払ってはならない。

(14)　民事訴訟法旧規定下での体験であるが、ある若い弁護士が私の助言を受けて、「仮差押命令及び債権差押命令申立書」という標題を用い、申立ての趣旨でも仮差押命令とこれに基づく債権差押命令とを書き分けた書面を裁判所に提出したところ、裁判官から従来の慣行どおりの書式に書き直すよう求められたと聞き、苦笑したことがある。

(15)　最高裁判所事務総局編・民事保全手続式集六頁以下。

(16)　Stein-Jonas-Grunsky, ZPO 20. Aufl. § 930 Rdnr.11 ; Müünchkomm ZPO / Heinze, § 930 Rdnr. 13 ; Baumbach-Lauterbach-Hartmann, ZPO 50. Aufl. § 930 Bem. IB ; Thomas-Putzo, ZPO § 930 Bem. 1 ; Zöller-Vollkommer, ZPO § 930 Rdnr.5 ; Rosenberg-Schilken, Zwangsvollstreckungs-recht 10. Aufl. § 78 II 3a ; Jauernig, Zwangsvollstreckungs- und Konkursrecht 18. Aufl. § 36　II 1 ; A. Blomeyer, Zivilprozeßrecht Vollstreckungsverfahren § 96　II 3 ; Baur-Stürner, Zwangsvollstreckungs-, Konkurs- und Vergleichsrecht Rdnrn. 878-880 ; Bruns-Peters, Zwangsvollstrekkungsrecht 10. Aufl. § 48 V 4 ; Baumann, Zwangsvollstreckung § 15 II 3dß. 本文に記載した再度の差押え不要論に対しては、民事執行法第一五五条第一項の規定の文言を援用して異論を挟む向きがあるかもしれないが、仮差押え先行の場合、保全執行としてなされた差押命令の送達の日から一週間を経過しておれば、同条項所定の取立権発生の要件を充たしているものと解してよいと考える。また、不動産に対する仮差押の執行が先行している場合の強制競売開始決定および強制管理開始決定には、同法第四五条第一項、第九三条第一項所定の差押宣言が不要であると解したい。

(17)　本文記載の文例の作成にあたっては、Schrader-Steinert, Zivilprozeß 6. Aufl. S. 207ff.; Beck'sches Prozeßformularbuch 3. Aufl. S. 288f. を参考にした。

(18)　拙稿・仮差押・仮差押に関する諸問題四三頁以下の記述を改める。

(19)　Stein-Jonas-Grunsky, a.a.O. § 922 Rdnr. 12 ; MünchKomm ZPO / Heinze, § 922 Rdnr. 12 ; Baumbach-Lauterbach-Hartmann, a.a.O. § 922 Bem. 1Ce, 4A ; Zöller-Vollkommer, a.a.O. § 922 Rdnr. 8 ; Rosenberg-Schilken, a.a.O. § 77 I 4 ; Baur-Stürner, a.a.O. Rdnr. 853 ; E. Schneider, Kostenentscheidung im Zivilurteil 2. Aufl. S. 273 ; 大阪決昭三三・一二・二七下民九巻二七〇九頁、東京高決昭四五・九・一下民二一巻一二六九頁、前記拙稿三五頁以下。

―判例タイムズ八五九号（一九九四年）所載―

8 民事執行、保全による時効中断の問題点

一　はじめに
二　民事執行による時効の中断
1　時効中断の事由となる民事執行の範囲
2　最初の時効中断の発生時点
3　中断効の非継続性
三　民事保全による時効の中断
1　時効中断の事由となる「仮差押え及び仮処分」の意味
2　中断効の発生時点と客観的範囲
3　中断効の非継続性

一　はじめに

民事執行、保全による消滅時効の中断について、民法第一四七条第二項、第一五四条、第一五五条に規定があるが、その解釈に関してはかねて論争が絶えない。論議の中心は、民事保全による時効中断の始期と終期をめぐるものであり、判例、通説は、被保全権利の時効が保全命令の申立てによって中断し、その中断効が保全執行ないしこれに続く本執行の手続終了時まで継続すると解している。私は、この見解を誤りとするもので、かつて「仮差押、仮処分による時効中断」と題する論稿（姫路法学二号一六八頁以下）で所信を開陳した。しかし、今これを読み返すと、記述全体の構成と筆運びに不備があり、意に満たぬ箇所が少なくない。また旧稿の発表後、裁判例と学説でにわかに問題点の論議が活発となったので、その間の諸説にも言及する必要があると考えるに至った。

上述の事情から改稿を思い立った次第であるが、基本的な考え方には変わりがないから、多くの箇所において旧稿の記述をほとんどそのまま再現するにとどめた。私見は、おおむねドイツの伝統的判例、通説に準拠したものであるところ、以下の随所で言及するように、ドイツ民法の消滅時効に関する規定は、二〇〇一年一一月二六日の「債権法の近代化に関する法律（Gesetz zur Modernisierung des Schuldrechts）」（二〇〇二年一月一日施行）によって、従来の制度と理論を基本的に踏襲しつつ、近代化の要請に則し大幅に改正されたものであるが、新規定の内容は、その明文に照らし疑問の余地なく一層わが国の判例、通説からかけ離れ、私見にそうものになっている。

二　民事執行による時効の中断

1　時効中断の事由となる民事執行の範囲

民法第一四七条第二号は、「差押え」を時効中断の事由に掲げるが、はなはだ拙劣な規定であって、解釈による補充を必要とする。本来の意味での「差押え」としてまず想定されるのは、金銭債権に基づく強制執行手続(民事執行法第二章第二節)の第一段階であるが、同条号の中断事由は、これに限らない。私見によれば、換価以降の段階の金銭執行手続も含まれる(この点については、後に詳述する。↓3(5)(a))。旧競売法に基づく担保権実行に差押えを必要としたかどうかについては定説を見なかったが(不動産、船舶競売手続開始決定には差押宣言文言を掲げず、執行官は、動産の占有を経ないで競売を実施するのが実務の大勢であった。)、その手続も被担保債権の時効を中断すると解されていた[1]。現行民事執行法上の担保権実行手続が時効中断事由となるのはもちろんである。非金銭債権に基づく強制執行手続は、差押えを伴わないけれども、時効中断事由を構成することに異論を挟む向きはあるまい。要するに民法第一四七条第二号の時効中断事由たる「差押え」とは、民事執行法に基づく強制執行と担保権実行としての競売の手続を総称するものと解される。

2　最初の時効中断の発生時点

ところで、民事執行による最初の時効中断は、執行手続のいずれの段階、時期から生ずるのであろうか。

(1)　大審院大正一三年五月二〇日判決・民集三巻五号二〇三頁は、執行官(当時は執達吏)を執行機関とする動産執行の事案において、「差押カ時効中断ノ効力ヲ生スルニハ、執行ニ着手シ其ノ手続ヲ遂行スルヲ要スルコトハ、本院判例ノ示ストコロナリ（明治四十二年該判（オ）第百号同年四月三十日判決参照）。該判例ノ趣旨ニ依レハ、差押ハ執行ニ着手シタルトキニ非サレハ時効中断ノ効力ヲ生セサルモノト解ス。」と判示し、当時の指導的学説は、執行機関がいずれであるかを問わず執行着手時説を採用していた。(2) ところが同院昭和一三年六月二七日判決・民集一七巻一三二四頁は、裁判所を執行機関とする抵当権実行の競売手続に関する事案において、「不動産ニ対スル差押カ時効中断ノ効力ヲ生スル為ニハ、該差押カ効ヲ生スルヲ要スルハ論ナキトコロナルモ、其ノ時効中断ノ効力ハ、債権者カ競売申立書ヲ管轄裁判所ニ提出シタル時ヲ以テ発生スルモノト解スルヲ相当トス。」と説示した。そこで一部の学説は、執行機関が執行官（かつては執達吏）のときは執行着手時に、裁判所のときは執行申立時に時効が中断すると説いている。(3) しかし近時の通説によれば、執行機関の如何を問わず債権者の執行申立ての時点で時効が中断するというのである。(4)

判例、学説のこうした動きの中で、最高裁判所第三小法廷昭和五九年四月二四日判決・民集三八巻六号六八七頁は、前掲大審院大正一三年五月二〇日の判例を変更して近時の通説を支持し、「動産執行による金銭債権についての消滅時効の効力は、債権者が執行官に対し当該金銭について動産執行の申立てをした時に生ずるものと解するのが相当である。けだし、民法一四七条一号、二号が請求、差押え等を時効中断の事由として定めているのは、いずれもそれにより権利者が権利の行使をしたといえることにあり、したがつて、時効中断の効力が生ずる時期は、権利者が法定の手続に基づく権利の行使にあたる行為に出たと認められる時期……であると解すべきであるからである（……）。なお、不動産執行と動産執行とでは、手続を主宰する執行機関の点に差異はあるものの、執行手続としての基本的な目的・性格、手続上の原理等において格別異なるところはなく、特に申立てがあると、その後の手続は、いずれも、職権をもつて進行され、原則として債権者の関与しないものであるから、不動産執行と動産執行とによつて時効中断の効力が生ずる時期を別異に解すべき理由はない。」と判示したので、論争に事実上終止符が打たれ、その後は反対説を見なくなった。

（2）　前掲最高裁判所判決の説示する一律の執行申立時説をもって相当とすべきである（もっとも、執行申立てにより発生した中断効は、その申立ての取下げ、却下、債務者の所在不明による執行不能などにより執行事件の終了を見たときには、遡及して消滅する(5)）。

具体的事案における一体としての執行法関係は、例外なく、執行機関による執行行為の実施に先立つ債権者の権利行使たる執行申立てをもって成立するものである。消滅時効の中断に関するわが法制の典拠となったと思われるドイツ民法旧第二〇九条第二項第五号では、「執行行為の実施、ならびに、強制執行が裁判所またはその他の官庁に配分されているときには、強制執行の申立ての提起（die Vornahme einer Vollstreckungshandlung und, soweit die Zwangsvollstreckung den Gerichten oder anderen Behörden zugewiesen ist, die Stellung des Antrags auf Zwangsvollstreckung）」が時効中断の効力発生時点になると規定されていたので、わが国の前示執行着手時説および折衷説は、このドイツの法規が、その文言から執行官（以前は執達吏、執行吏）を執行機関とするときはその執行行為着手時、裁判所その他の官庁を執行機関とするときは債権者の執行申立時を時効中断の始期としたものと理解し、これに多少とも影響されたものと考えられる(6)。しかし、同様の文言を用いていないわが民法第一四七条第二号を解釈するにあたって、執行機関の配分に従い時効中断の始期を別異に認めるのを相当とする合理的根拠がないことは、前掲最高裁判決の説示するとおりである。そればかりでなく、前示ドイツ民法旧第二〇九条第二項第五号についても、さきに述べたような文言に忠実な解釈は、かの地において近時は決して支配的であったわけではない。最近の判例と有力説は、そもそもこの規定の表現は時代遅れの観念に基づくものであり、同規定に基づく最初の時効中断は、一様に執行機関の執行行為でなくこれに先立つ債権者の執行申立てによって生じ、このことは、当該執行が執行官と裁判所のいずれに分掌されているかにより差異を生ずるものではないと解していた。(7) そして、二〇〇一年の改正を経た同法新第二一二条第一項第二号の規定は、執行行為の実施または申立てによる消滅時効の期間更新（新法の用語では時効の「中断」《Unterbrechung》でなく「再始」《Neubeginn》）の時点につき、文言上も執行機関の分掌による差異を否定しているのである。

3　中断効の非継続性

次に、強制執行、担保執行によって中断した時効は、何時から新たに進行を始めるのであろうか。

(1)　わが国の学説は、古くから一致して当該執行手続の終了に至るまで中断の効果が継続すると解している。(8) これに異論を挟んだのは、私の旧稿が最初かもしれない。判例も同旨であって、大審院大正六年一月一六日判決・民録二三輯一頁は、「差押ニ因ル時効ノ中断ハ、差押ヲ以テ為シタル強制執行ノ終了スル迄継続シ、其終了シタル時ヲ以テ民法第百五十七條ニ所謂中断ノ事由ノ終了シタル時ト為ス。而シテ強制執行ハ、之ニ依リテ債権者カ債権ノ弁済ヲ得タル時ニ於テ終了スルモノニシテ、金銭債権ニ対スル強制執行ハ、差押タル債権ニ付キ転付命令ノ発セラレタル場合ニ債権ノ存スル限リハ民事訴訟法第五百九十八條第二項ノ手続カ為サレタル時ニ終了ス。何トナレハ、右ノ手続ヲ為スニ因リ債務者ハ債権ノ弁済ヲ為シタルモノト看做サルレハナリ。」といい、同院大正一〇年六月四日判決・民録二七輯一〇六二頁は、「債権者カ其債権ノ弁済ヲ受クルカ為メ之ヲ担保スル抵当権ノ実行ヲ為シタル場合ニ於ケル其債権ノ消滅時効ハ、債権者カ競落代金ヲ受取リタル以後ニ於テ更ニ其進行ヲ開始スルモノト解スヘキモノ」と説示しており、最高裁判所の数次の判例も、平成一八年一一月一四日第三小法廷判決・民集六〇巻九号三四〇六頁をはじめとし一貫して、執行手続終了時まで中断効が継続するとの説を採っている。後に論評を加える、民事保全による時効中断効について執行による保全の効果が存続する間は継続すると認める判例、通説（→三3(2)）も、同じ系列の考え方によるものと考えられる。

(2)　しかし、こうした判例、通説は、根拠に乏しい。民法第一五七条第一項によれば、「中断した時効は、その中断の事由が終了した時から、新たにその進行を始める。」というのであるが、私見によれば、同条項は、意味内容がはっきりせぬ適用の場を確認し難い、わが法独自の不可解な規定である。強制執行、担保執行の申立てという執行債権の時効中断の事由が何故当該執行手続の終了によって終了したことになるのか、その根拠のはっきりした説明には未だ接しない。そもそも、執行申立てによって開始する個々の強制執行（担保執行も同じ）の終了（Beendigung einzelner Vollstreckungsmaß nahmen）とは、執行異議または執行抗告の申立て、第三者異議の訴えの提起、執行申立ての取下げ、執行処分の停止または取消し、遺産に対する執行の続行、配当要求につき、その適否ないし能否の基準時点を画するという、もっぱら手続法上の効果に関連して意味が認められる観念である。(9) これを執行債権の時効中断効の終期を定めるという実体法上の効果のために連動させて援用することは、根拠に乏しく、ことに債権に対する強制執行と作為または不作為請求権に基づく強制執行の場合、実際上の結論もしばしば奇怪なものとならざるを得ない。

(a)　債権に対する強制執行について、前掲大審院大正六年一月一六日判決の説示によれば、債権差押えによって中断した執行債権の時効は、その後も継続して進行をとめるが、転付命令が効力を生じた時（現行民事執行法下では同法第一五九条第五項により確定時）に被転付債権が存する限り、その券面額で執行債権と執行費用が弁済され、強制執行が終了し、時効中断の効果が消滅するというのである。この結論も、転付命令が早期に発令されて執行債権が完済される場合には格別不合理ではない。しかし、差押命令を得た債権者が転付命令を申し立てるについては終期の制限がなく、差押えから転付命令までの間が長期にわたるときは問題であろう。また、転付命令の発令、確定にもかかわらず執行債権が残存する場合、判旨では明言されていないが、その論法によれば残存債権についてはなお時効中断効が存続することになると思われる。さらに、債権者による執行債権の取立ては、転付命令の取得を経由しない案件の方が圧倒的に多いのであるが、この場合における強制執行手続の終了時期は、原則として第三債務者が支払いを了した時と解されるから、(10)それまでは執行裁判所の全く関知しないところで、しばしば債権者が取立ての権利行使を懈怠し、延々と時効期間が進行を止める結果を容認しなければならない。また配当手続が行われた場合には、配当の完了時にようやく執行手続が終了するから、(11)それまでは時効の中断効が存続するというのであろう。こうした結論は、決してわれわれの法的感覚にそうものではあるまい。

(b)　作為または不作為請求権に基づく強制執行が民事執行法第一七一条の代替執行の方法で行われるとき、執行裁判所の役割は、授権決定と費用予納命令だけであり、債権者自らが授権された行為を実行し、または授権決定に指定された者に実行させる運びになる。そして、この場合の強制執行終了時は、授権決定の発令や告知の時ではなく、目的の行為が実行された時であると解されている。(12)また、同法第一七四条の間接強制の場合の強制執行終了時も、執行裁判所が同条の強制金決定を発令しまたは告知した時ではなく、同決定を受けた債務者が義務を履行し、または債権者が執行裁判所外で強制金の取立てを了した時である。(13)そうすると通説によれば、債権者が一旦授権決定なり強制金決定なりを得たならば、その後の権利実行をいくら長期間放置しても、その間延々と執行債権の時効が中断したままであることに帰着するが、(14)それでもよいのであろうか。

(3)　判例、通説が認めるような強度の中断効継続を否定する一方で、私見にも批判を加えるところの野村教授の所説がある。(15)　同教授によれば、執行申立てによる時効中断の効果も、裁判上の請求によるそれに関する民法第一五七条第二項の類推により継続的であるが、それは、「当該手続が職権によって進められ、その間、債権者に新たな中断のための手続を採ることを期待しえないとの理由による。それ故、執行手続が職権によって進行せしめられない段階に達し、債権者に新たな中断のための手続を採ることを期待しうるようになった時点で、……（例えば）……債権執行の場合には差押命令が第三債務者への送達によって効力を生じて一週間経過して債権を取立てうるようになった時（同教授は、その後の転付命令の申立てや取立訴訟の提起で再び時効が中断されると記述しているが、執行債務者を被告とせぬ取立訴訟の提起も時効中断事由となるというのは、不可解である。）、代替執行の場合には授権決定が告知によって効力を生じた時に中断の効力は終了し、（私見で指摘のような）問題は生じない。」というのである。この見解の結論が判例、通説のそれよりも妥当であることは、疑いない。しかし、執行申立てによる時効中断効の継続性を民法第一五七条第二項の類推に求めるのは、法解釈として強引に過ぎるであろう。さらにこの所説を不動産競売の場合に適用すると、ここでは裁判所の職権による手続の段階的進行が続くから、（避けられぬ執行停止状態が長期にわたっても？）判例、通説に従う場合とひとしく、債権者が売却代金から配当を受けるまでの長期間は時効中断の効果が存続することになると思うが、それでもよいのであろうか。

(4)　二〇〇一年改正前のドイツ民法第二〇九条第二項第五号の規定では、執行行為の実施とその申立てを執行債権の消滅時効の中断事由と認めていたのであるが、その解釈に関する判例、通説は、わが国の前掲判例、通説と根本的に異なるものであった。これを要約すれば、「執行の実施に向けられた債権者の申立てと執行機関の諸般の執行行為は、いずれも執行手続の進行段階でそのつど執行債権の時効を中断するものであるが、かくして中断した時効は、その時点から直ちに再進行を始める。」というのである。[16] この理解は、ドイツにおいて古くから確立しており、私の知る限りこれに異論を挟む向きはないのであるが、わが国において等閑視されているのは、なんとも不思議な現象である。そして、同年改正後の同法典は、前示既往の判例、通説が採る理解を踏襲してより明確化するものとなった。すなわち、時効の「中断（Unterbrechung）」という旧来の用語が廃され、訴えの提起その他同法第二〇四条第一項各号に列挙の場合には、同法第二〇三条以下数条により、時効の「阻止（Hemmung）」があり時効期間の進行が一定の時点まで継続して停止するが、これと区別し、執行行為の実施または申立ての場合には、同法第二一二条第一項第二号により、債務承認の場合とひとしく、時効の「再始（Neubeginn）」があるもので、時効期間が直ちに（正確には同法第一八七条により初日不算入で）再進行するものと明規されたのである。[17]

(5) 私は、上記ドイツにおける伝統的判例、通説および最近の民法改正法規の採る立場が、わが法の下での民事執行による時効中断についても十分に適用が可能であり、かつ、各種の執行手続に基づく時効期間の消長を考える際、わが国の判例、通説に従うことによって生ずる不合理な結果を避けることができる妥当なものであると信ずる。

(a) 民法第一四七条第二号の「差押え」という文言が時効中断事由の表示として極めて不備なものであり、解釈による補充が必要であることは、前にも述べたが（↓1）、強制執行、ことに金銭債権に基づくそれの進行過程において、執行開始第一段階の手続に時効中断事由を限定することは、当を得ない。同規定が制定された沿革については詳らかにしないが、おそらくはその典拠となったであろうドイツ民法旧第二〇九条第二項第五号の文言では、前に引用したとおり（↓2(2)）、「執行行為の実施（die Vornahme einer Vollstreckungshandlung）」と「強制執行の申立ての提起」（die Stellung des Antrags auf Zwangsvollstreckung）」を時効中断事由としており、執行手続の段階について特に限定をしていない。そして、後述のとおり、手続第一段階の時効中断効に継続性がないとすれば、第二段階以降の手続過程において新たな時効中断事由を求める必要が生ずる。顕著な例を挙げると、債権差押えに続く転付命令（民事執行法第一五九条）、旧法時の取立命令（旧民事訴訟法第六〇二条）やこれらに向けられた債権者の申立てについて、独立の時効中断事由を否定すべき実質上の理由はあるまい。

(b)　判例、通説は、おしなべて、当初の「差押え」によって執行債権の消滅時効が中断すると、中断効が継続してその時点から時効期間が進行を止めるという理解の上に立っているが、この前提の認識は、誤りである。民法第一五七条第二項には、「裁判上の請求によって中断した時効は、裁判が確定した時から、新たにその進行を始める。」とあり、この規定から支払督促（同法第一五〇条）、和解および調停の申立て（同法第一五一条）の場合の時効中断の終期を推知することができるし、破産手続参加等による時効中断効（同法第一五二条）も、当該手続の終了時まで存続すると考えられる（ドイツ民法旧第二一四条第一項、新第二〇四条第一項第一〇号、第二項第一文参照）。催告による時効中断効については、特に議論をする実益がないが、やはり上記数例に準ずる類推により、同法第一五三条所定の六箇月間は中断効が継続すると観念して差し支えがないであろう。以上にひきかえ、同法第一四七条第二号の「差押え」による時効中断効については、同条第三号の「承認」によるそれと同様、その継続に関する個別の規定を欠いており、裁判上の請求による中断効について継続性を認めた同法第一五七条第二項の規定から積極に類推することは、全く根拠に乏しい。

(c)　「差押え」による時効中断効に継続性を否定するとき、最も懸念されるのは、手続の開始から終了までにしばしば長期間を要する不動産の強制競売および担保権実行の案件についてであろう。しかし、ドイツで一般に承認されている見解をわが法の手続に適用すれば、債権者の当初の競売申立てのほか、競売開始決定（民事執行法第四五条、第一八八条）、停止した手続の続行申立て（ドイツ強制競売、強制管理法第三一条参照）、売却基準価額の決定（民事執行法第六〇条、第一八八条）、売却決定期日の指定、実施（同法第六九条、第一八八条）、配当期日の指定、実施（同法第八四条、第八五条、第一八八条）といったすべての執行行為の実施および申立てが、そのつど執行債権の時効を中断することになるのであるから、手続の続行中に執行債権の消滅時効が不当に完成することは、十分に避けられるわけである。

（1）大審院大正九年六月二九日判決・民録二六輯九四九頁、同昭和八年四月二〇日判決・新聞三五五四号一二頁。

（2）鳩山秀夫・註釈民法全書二巻―法律行為乃至時効六四〇頁、同・日本民法総論六〇九頁、松岡義正・保全訴訟要論一一〇頁。

（3）有泉亨・判民昭和一三年八三事件評釈、川島編・註釈民法(5)一一六頁（川井健）。

（4）我妻栄・新訂民法総則四六九頁、川島武宜・民法総則四九七頁。古くは舟橋醇一・判民大正一三年四〇事件評釈。

（5）最高裁昭和四三年三月二九日判決・民集二二巻三号七二五頁、同昭和五九年四月二四日判決・民集三八巻六号六八七頁、中野貞一郎・民事執行法増補新訂五版三八五頁、六〇三頁。

（6）有泉・前掲注（3）評釈。

（7）BGH, Urt. v. 18. 1. 1985, BGHZ 93, 287, 294ff. = NJW 1985 1711, 1713f.; Staudinger / Dilcher, Kommentar zum BGB 12. Aufl. § 209 Rdnr. 37, 38.; Staudinger / Peters, Kommentar zum BGB 13. Aufl. § 209 Rdnr. 94 ~ 96.; Rosenberg Gaul, Zwangsvollstreckungsrecht 11. Aufl. § 8 I 4, § 44 I.

（8）鳩山秀夫・法律行為乃至時効六四〇頁、我妻・前掲注（4）四六九頁、川島・前掲注（4）四九九頁、川島編・註釈民法(5)一一七頁（川井健）、同書一三四頁（岡本坦）。

（9）Stein / Jonas / Münzberg, Kommentar zur ZPO 22. Aufl. vor § 704 Rdnr. 114.; Rosenberg / Gaul, Zwangsvollstrek kungsrecht 11. Aufl. § 44 II 2.

(10) Stein / Jonas / Münzberg, a.a.O.（注9）vor § 704 Rdnr. 118.; 中野・前掲注(5)三三七頁、吉川大二郎「強制執行の終了期」増補仮処分の諸問題五〇〇頁。ただし、菊井維大・強制執行法総論一八五頁、兼子一・増補強制執行法一二九頁は、債権者による被差押債権取立届（旧民事訴訟法第六〇八条、民事執行法第一五五条第三項）の時とする。

(11) 菊井・前掲注(10)同頁。

(12) Stein / Jonas / Münzberg, a.a.O.（注(9)）vor § 704 Rdnr. 120.; 吉川・前掲注(10)五一一頁、菊井・前掲注(10)一八六頁。

(13) 吉川・前掲注(10)五一一頁、五一二頁、菊井・前掲注(10)同頁。

(14) 大阪地裁昭和五一年三月二九日判決・判例時報八四〇巻九二頁は、代替執行の授権決定を得た債権者がその後の権利行使を懈怠していた事案につき、通説を排して執行債権の時効完成を認めた裁判例である。ただしこの決定は、かつて私の関与したものだが、時効の再進行時点の説示には不正確の点がある。

(15) 野村秀敏「仮差押えによる時効中断の時期」判例時報一五六九号一〇頁。

(16) RG, Urt. v. 4. 4. 1930, RGZ 128 76.; BGH, Urt. v. 18. 1. 1985, BGHZ 93, 287. = NJW 1985 1711.; Staudinger / Dilcher, a.a.O.（注(7)）§ 209 Rdnr. 35, 37, 38.; Staudinger / Peters, a.a.O.（注(7)）§ 209 Rdnr. 103.; Palandt / Heinrichs, BGB 59. Aufl. § 216 Rdnr. 1.

(17) Palandt / Heinrichs, BGB 65. Aufl. § 212 Rdnr.11.; Bamberger / Roth / Henrich, Kommentar zum BGB § 212 Rdnr. 13, 14.; Lorenz / Riem, Lehrbuch zum neuen Schuldrecht Rdnr. 81.; Stein / Jonas / Münzberg, a.a.O.（注(9)）vor § 704 Rdnr. 124.

三　民事保全による時効の中断

1　時効中断の事由となる「仮差押え及び仮処分」の意味

(1)　二〇〇一年一一月二六日改正前のドイツ民法には仮差押え、仮処分を被保全権利の時効中断事由とする旨の明文の規定を欠いていた（ただし、後述のとおり改正法には若干形を変えて挿入されている。↓(4)(b)）のと対比し、わが民法第一四七条第二号、第一五三条ないし第一五五条には、「仮差押え及び仮処分」が時効中断事由になると明記されているが、その意味内容には疑問が多い。ひとしく仮差押え、仮処分といっても、民事保全法第二章（旧民事訴訟法第七三七条ないし第七四七条、第七五五条ないし第七六一条）の規制する狭義の裁判手続たる保全命令に関する手続と同法第三章（民事執行法旧第三章、旧民事訴訟法第七四八条ないし第七五四条、第七五六条）の規制する保全執行に関する手続とに截然と区別される。民法第一四七条第二号は、両者の峻別を意識しない拙劣な文言の規定であるが、そのいずれが時効中断の効力と関連するかを究明することは、ことに中断効の発生する始期を確定する上で避けられない。保全命令を発する裁判所が保全執行裁判所の資格を兼併する事件（不動産の仮差押えの大部分、債権の仮差押え、処分禁止仮処分などの事件）では、債権者が保全命令の申立てと保全執行の申立てとを同時になし、裁判所でも速やかに保全命令の発令と執行処分とを一括またはほとんど同時に実施するのが通例であるから、その限りでは議論の実益があまりない。しかし、それでも保全命令の申立てから発令までに若干の時間的経過は避けられないし（困難、複雑な仮の地位を定める仮処分の事件では数か月を要することも稀でない）、保全命令の申立て（民事保全法第二条第一項）と保全執行の申立て（同条第二項）とは本来別個であり、債権者が両者を同時にする必要はなく、裁判所が保全命令の発令とこれに基づく執行処分とを時期を異にして実施することは異例でない（同法第一四条第一項参照）。裁判機関と執行機関が別の場合には（動産に対する仮差押え、不動産に対する強制管理による仮差押え、船舶や自動車に対する仮差押え、処分禁止以外の仮処分など）、保全命令の申立てと執行申立て、保全命令の発令とその執行処分は、それぞれ必ず時期を前後にして別個に行われる。したがって、時効中断の事由と始期を保全命令の手続に求めるか保全執行の手続に求めるかは、理論上も実際上もはっきりしておかねばならない。ところが従来の判例、学説にあっては、具体的に引用、指摘する煩を避けるが、民事保全の裁判手続と執行手続の区別について無関心なのか理解が乏しいのか、用語の選択と正確性に問題があり、焦点に触れた記述を欠いているか曖昧にしているものが多い。

(2)　時効中断の事由となる仮差押え、仮処分について、古い学説は、おおむね執行手続説をとり、執行機関の執行行為着手により中断効が生ずると説いていた[1]。しかし大審院昭和二年一二月三日判決・新聞二八〇九号一三頁は、「時効中断ノ原因タル仮差押アリタリトスルニハ、仮差押命令アリタルコトヲ以テ足レリトシテ、敢テ該命令ノ執行アリタルコトヲ要セサルモノト解スルヲ相当トス。」と判示し、近時の学説においても、吉川大二郎・「保全処分命令申請の効果」（増補保全訴訟の基本問題二三九頁以下）に代表される圧倒的多数の文献は、狭義の裁判手続に属する保全命令の申立てにより被保全権利の時効が中断すると解している[2]。ただしこれらの論者は、後に指摘するとおり（↓3(2)）、おおむね保全命令の申立てによって生じた中断効が保全執行手続の帰趨により終了すると説いているので、執行手続自体にも時効中断の効力があると考えているかどうかは、必ずしも明らかでない。

(3)　ところで、二〇〇一年改正前のドイツ民法に仮差押え、仮処分を被保全権利の時効中断事由とする旨の明文の規定を欠いていたことは、前述のとおりであるが、同法下の判例、学説がほとんど一致して認めていたところによれば、仮差押え、仮処分命令ないしその申立て自体には被保全権利の消滅時効を中断する効力がないが、仮差押え、仮処分の執行は、強制執行の一種であるから、前からしばしば引用している同法旧第二〇九条第二項第五号により、仮差押え、仮処分の執行手続を組成する執行機関の執行行為の実施と債権者の執行申立てが中断効を有するというのである。(3)（同年改正後の同法典の関係条規については、後述する。↓(4)(b)）

(4)　私は、わが民法典の解釈としても、前掲ドイツ民法旧規定下における判例、通説とひとしく、被保全権利の時効中断事由となる「仮差押え及び仮処分」とは、保全執行に関する手続を組成する債権者の申立てと執行機関の執行行為にほかならず、保全命令の申立てには中断効を否定すべきものと信ずる。

(a)　民法第一四七条は、はなはだ用語の適切を欠く不備な規定であるが、その文言と関連の数条から意味内容と規制の範囲をある程度推論し得なくはない。すなわち、同条第一号の「請求」は、第一類型の時効中断事由を構成する狭義の裁判手続にかかり、同法第一四九条ないし第一五三条がこれを受けている。これに対応し、同法第一四七条第二項の「差押え、仮差押え及び仮処分」は、第二類型の時効中断事由を構成する執行手続にかかり、同法第一五四条がこれに照応する。「仮差押え及び仮処分」は、「差押え」とひとしく執行手続に属する隣接概念であるから併記されているのであり、同法条は、もっぱら執行行為と執行申立てに基づく時効中断の遡及的失効に関する規定にほかならない（同条の意味内容については、さらに後に触れる。↓(d)）。

(b)　仮差押え、仮処分命令の申立てに時効中断事由を肯認する論者の多くは、この申立てが債権者の強力な権利行使の方法であることを論拠にあげ、その中断効が申立て後も継続すると説きながら、根拠規定を民法第一四七条第二号としている。しかしその論法に従えば、中断の根拠を訴えの提起その他の「請求」に関する同条第一号の類推ないし拡張解釈に求める方が、体系的には自然かと思われる。現にドイツ民法新第二〇四条第一項第九号、第二項は、保全命令申立ての送達、または送達不能の一定の場合における同申立ての提起について、訴えの提起などと同列に、消滅時効の進行を一定時点まで継続的に阻止する効力を認めているのである（これらの規定は、保全執行につき類推適用されない。[4]なお、前述のとおり（→二3(3)、新法では上記の効果につき時効の「中断《Unterbrechung》」の語を廃して「阻止《Hemmung》」といい、債務承認、執行行為、執行申立ての場合に時効期間が即時再進行する「再始《Neubeginn》」と区別している。）。しかし、そうした明文の規定を欠いていた時点のドイツ民法の解釈として、保全命令の申立てに時効中断効を否定するのが一般であったことは、前述のとおりであり、同法を典拠として制定されたわが法の解釈としても、否定説を採らざるを得ないであろう。

(c)　保全命令の申立てが債権者の強力な権利行使の方法であることは、否定しないが、保全命令は、ひっきょう強制執行の保全または争いのある権利関係における仮の地位の設定を目的とするものにすぎず、本案の請求につき既判力を伴わぬものである。それ故、その申立てに本案訴訟の提起などと同列ないしこれに近い時効中断の効力を認めることには、立法論としてはともかく、現行法の解釈としては消極でなければならない。一部の学説は、保全命令の申立てに「催告」（民法第一五三条）の場合に準じた暫定的な時効中断の効力を認めることを提唱しているが、[5]これも現行法の解釈理論としては無理と思われる。

(d)　保全命令時説を奉ずる多くの論者がその論拠を明示しない中で、吉川博士は、前掲論文において仮差押え、仮処分手続の一体性に自説の根拠を求め、次のように説いている。[6]「われわれの牢記すべきは、権利実現に利用せらるべきこれらの司法制度（「裁判上の請求」や「差押え」）は、いづれも一の独立の手続を成すのであるから、この場合の時効中断としては、それぞれの手続を全体として観察せねばならぬ、という点である。……固より保全手続にあってはその裁判手続と執行手続とに分れてゐることは既述の如くであるが、両手続の関係は通常の民事訴訟における判決手続と強制執行手続との関係に比し極めて緊密であり、機能的にいへば両手続は独立の意味をもち得ず、互に結合して初めて権利保全の目的を達成し得るを常とするのだから、民法が時効中断事由の一として仮差押・仮処分を掲げているのは保全手続全体をめざしてゐるのであり、従て通常は保全命令の申請からその執行手続の終了迄を指称してゐるものと解さねばならぬ。民法一五四条が「仮差押及ヒ仮処分ハ権利者ノ請求ニ因リ又ハ法律ノ規定ニ従ハサルニ因リ取消サレタルトキハ時効中断ノ効力ヲ生セス」といつて、保全命令の執行が債権者の申請により解放されるとか又は執行処分が違法として取消されるとかのために、保全の目的を達し得ない場合には、たとひ保全命令がいったん発布されても時効中断の効力を生じないとしてゐるのは、保全訴訟を全体として観察してゐるものとして初めてその合理性を見出し得る。」と。しかし、仮差押え、仮処分の裁判手続と執行手続とが密接な関係に立ち、両者が結合して初めて権利保全の目的を達成し得るのが常であるとしても、現に裁判手続と執行手続とが段階的に分別される以上、執行段階に入った手続を組成する執行機関の執行行為または債権者の申立てだけを時効中断事由と認めることが、当然に背理とはいえないであろう。また吉川博士は、民法第一五四条の趣旨を明らかに誤解している。同条は、断じて保全命令の申立てに時効中断効があることを前提とした規定でもなければ、民事保全の裁判手続と執行手続を全体として観察した規定でもない。それは、同条の典拠となったドイツ民法旧第二一六条の文言から明らかなとおり、「執行行為の実施による中断（Die Unterbrechung durch Vollnahme einer Vollstreckungshandlung）」と「強制執行の申立の提起による中断（Die Unterbrechung durch Stellung auf Zwangsvollstreckung）」に限定して、その遡及的失効の場合を示したものにほかならない（このドイツ民法旧規定の内容は、二〇〇一年改正後の新第二一二条第二項、第三項にも実質的変更を伴わず踏襲されている。)。なお、同博士が民事保全手続の全体性を強調しているのは、保全命令の申立てをもって発生した時効の中断効が通常執行手続の終了時まで継続するという理解を前提としているが、[7]私見がこれに組しないことは、後に詳述するとおりである(↓3(2))。

(e)　また吉川博士は、「仮処分命令のうちには――例外的現象ではあるが――単純なる不作為を命ずる仮処分命令のやうに別段の執行行為を要しないものも存し得るのだから、若し時効中断事由としての「仮差押・仮処分」が保全命令の執行行為だけを指すと理解するにおいては、たちまち、右の如き場合の説明に窮することになるであろう。」と説き、この種の仮処分命令として、競業禁止、出演禁止、物品製造販売禁止等のそれを例記している。しかし、こうした不作為を命ずる仮処分命令に基づき間接強制、違反結果除却のための代替執行などの執行が可能であることは(民事保全法第五二条、民事執行法第一七一条、第一七二条、旧民事訴訟法第七五六条、第七四八条、第七三三条)、一部の反対説を除き一般に認められている正論であって、[8]吉川博士も別論文ではこれを承認しており、[9]上記引用部分の所説と整合しない。また、この点の議論は実益に乏しい。前掲態様の仮処分命令の本案をなす不作為請求権は、違反行為の時から時効が進行するのであるから(ドイツ民法新第一九九条第五項、旧第一九八条第二文参照)、違反行為により給付が不可能になる一回的不作為の請求権については時効が問題になる余地はなく、回帰的ないし継続的不作為の請求権についてのみ、個々の違反行為の時から新たな時効が進行し、[10]理論上はその中断が問題となり得るものである。しかし、この態様の不作為請求権についても、ことさら仮処分命令の申立てによって時効を中断しなければ実際上困る場合があるとは、容易に想像することができない。

2　中断効の発生時点と客観的範囲

既に詳述したとおり、被保全権利の時効中断事由となる「仮差押え及び仮処分」とは、保全執行に関する手続を組成する債権者の申立てと執行機関の執行行為にほかならず、保全命令の申立てには中断効を否定すべきものとすれば、ここで問題となる時効中断の効力の発生時点と客観的範囲については、多言を要しない。

(1)　時効中断の効力が発生するのは、債権者が保全命令ではなく保全執行を申し立てた時（民事保全法第二条第二項）からである[11]。その詳細に関しては、民事執行による時効中断の始期について既述したところ（↓二2）がすべて妥当する。

(2)　時効中断の効力が及ぶ被保全権利は、保全命令ないしその申立ての基本となったそれではなく、保全執行の申立てに掲げられ、その申立ての範囲内で執行機関が執行行為の基本として肯認した執行債権にほかならない。訴えの提起による時効中断の効力が及ぶ範囲に関しては、周知のとおり、訴訟物の厳格な範囲をこえてどこまで拡張を認めるかの議論があるけれども、執行手続による時効中断効が執行債権外の請求権に及ぶことはあり得ず、かつ執行債権は、執行手続中その範囲の分量的縮小があり得るほか種類、数量に変更の余地がないものである[12]。

3　中断効の非継続性

仮差押え、仮処分によって中断した被保全権利の消滅時効は、何時から新たにその進行を始めるのであろうか。既述のとおり、被保全権利の時効中断事由となる民法第一五四条第二項にいう「仮差押え及び仮処分」とは、同条項の「差押え」とひとしく、保全執行に関する手続を組成する債権者の申立てと執行機関の執行行為である（↓1(3)）とすれば、結論は、自ずから明らかであろう。保全執行も、ひっきょう保全命令を債務名義とする一種の強制執行にほかならない。保全執行によって中断した時効が新たに進行する時点については、現行法上民事執行の名において総括される通常の強制執行、担保執行の場合のそれについて既に詳述した理論（↓二3）がそのまま妥当する。すなわち、債権者の保全執行申立てとこれを受けた執行機関の執行行為によりそのつど中断した被保全権利の消滅時効は、その各中断の時点から直ちに新たな進行を始めるのである。その消滅時効の早期完成をおそれる債権者は、さらに然るべき時期に本案訴訟を提起するなど別の時効中断の手段を講ずる必要に迫られることになろうが、彼の利益保護のためにはそれで十分であろう。

私見は、上述したところから出ないが、以下において各種の異説に対する論評を示すこととする。

(1)　特異な少数説であるが、一部の論者は、裁判上の請求によるそれに関する民法第一五七条第二項の類推適用で、民事保全によって中断した時効は、保全命令の確定時（論者の例示では、保全異議事件における認可決定が確定した時や保全抗告却下決定が発効した時、旧法下では、仮差押え、仮処分判決または仮差押え、仮処分決定に対する異議事件における認可判決が確定した時）から、新たにその進行を始めると説いている。[13] この説は、狭義の裁判手続に属する保全命令の申立てが時効中断の効力を有するという前提の上に立ち、その中断効の終期ももっぱら裁判手続の過程に求めており、その意味で、裁判手続による中断効の終期を執行手続に認める後記(2)の判例、通説よりも論理が透明であるといえる。しかし私見によれば、上記の前提そのものが誤りであるから、採ることを得ない。また実際には、旧法時においても保全命令が判決をもってなされることはあまりなかったし、旧法時、新法時を通じ仮差押え、仮処分決定に対しては異議が申し立てられないことがむしろ常態である。それ故この説によれば、多くの案件において一旦中断した時効がいつまでも再進行をしないという奇怪な結果を容認しなければならない。ちなみに、前述のとおり（↓1(2)、(4)(b)）ドイツ民法新第二〇四条第一項第九号は、保全命令申立ての送達、または送達不能の一定の場合における同申立ての提起にも時効の阻止（Hemmung）の効力を認めているが、その阻止の効力は、同条第二項により、申し立てられた手続の終結（異議の提起がなければ保全命令の発令だけでよい。[14]）の後六月の経過をもって終了するものとしている。前掲わが国の少数説では必然的に生じかねない過度の弊害が、慎重に避けられているわけである。

(2)　判例[15]、通説[16]は、相互に若干のニュアンスがあるが、私の理解に従い総括すると、仮差押え、仮処分命令の申立てに被保全権利の消滅時効を中断する効力を認める前提に立つ者が多いところ、その中断効は、被保全権利につき債権者の本案勝訴判決が確定しても消滅せず（この点については異説もある）、例えば仮差押えの登記が抹消されるまでのように、仮差押え、仮処分による「執行保全の効果」が存続している間は継続するというのである。これとおおむね同趣旨と思われるが、保全執行の手続が終了した時、保全執行終了前に本執行が始まれば、ある論者は、保全執行が本執行に移行するといい、別の論者は、両者が一体となるといい、いずれにせよ本執行の終了した時から、新たに時効が進行するとも説かれる。こうした中断効継続説に対しては、後記(3)のとおり近年異論を差し挟む若干の裁判例と多数の学説が続いたが、数次の最高裁判所判決は、一貫して従来の立場を鮮明にしており、現在では論争そのものがほとんど終息した感がある。

しかしながら、

(a)　通説の論者の多くは、仮差押え、仮処分命令の申立てに被保全権利の消滅時効を中断する効力を認める（私見によれば誤った）見解をとっているが、保全執行の手続に中断効を認めるかどうかについては黙して語らない。すなわち、保全命令の申立てという狭義の裁判手続に属する事由によって時効が中断すると、その中断効が継続して何時しか異質の執行手続の間に及び、その執行手続の帰趨によって中断効の終了がもたらされるというのであって、その間の論理は、はなはだ不透明である。この点に関する吉川博士の「裁判手続と執行手続を全体として観察せよ」との議論（↓1(4)(d)）も、両手続の峻別、異質性に徴すれば十分な説得力を有するものとは思えない。しかるに判例は、中断効継続の根拠を「執行保全の効果」の存続に求めているが、仮差押え、仮処分による「保全の効果」は、作為または不作為を命ずる仮処分の場合を除き、常に執行手続が開始することではじめて生ずるものである。それ故、判例、通説の認める中断効継続の結論を導くためには、必然的に時効中断の事由を保全執行手続の過程に求めなければなるまい。

(b)　そこで問題は、保全執行による時効の中断に判例、通説が肯定しているような継続性が認められるかどうかに帰着するが、この点に関する私見は、通常の強制執行、担保執行による時効中断の場合について既に詳述した理論（↓二3、ことに(4)）を直接適用すべきものとして、消極である。保全執行の場合に限り債権者の利益保護をより重視して積極に解すべきいわれは全くない。ちなみに、通説を採る論者の間でも、保全執行が本執行に移行したとき、保全執行による時効中断の効力としてはこの時点で終了すると考えるのか、それとも本執行の効果に吸収されまたはこれと並存して時効中断効が存続すると考えるのかについては、意見が対立し激しく争われているが、中断効に継続性を否定する私見によれば、いずれの見解も立論の前提を誤っており、空虚な論争と評すべきである。

(c)　判例、通説の認める継続性肯定説は、実際上も妥当でない。保全執行が開始しても、その後は不動産の強制管理（民事保全法第四七条第一項）が進められ、または動産換価の手続（同法第四九条第二項）が実施される場合を除き、手続はおおむね静止状態で、早期に本案訴訟の提起や本執行がなされるとは限らないのであるが、その間は時効が中断したままというのでは、ことに被保全権利が本来短期の消滅時効にかかるものである場合を想定すると、狡猾、怠惰、不誠実な債権者に過当な利益をもたらすゆえんであろう。不動産に仮差押えの登記が附着したままの案件は、判例が執行終了前として明示的に時効中断効の継続を肯定している事例であるが、かくては目的不動産の譲受人も、久しく残存放置された仮差押登記の抹消を容易に得ることができないため、しばしば長期にわたり取引の円滑が害される事態が生ずるのであって、これは、むしろ判例の不合理性を裏付ける事情である。判例は、その間時効の中断効が継続していると解しても、「債務者は、本案の起訴命令や事情変更による仮差押命令の取消しを求めることができるのであって、債務者にとって酷な結果になるともいえない」[17]というが、判例の理論によれば、債務者は、本案訴訟においても事情変更による仮差押異議の手続においても被保全権利の時効消滅を主張し難いはずであるから、この説示には説得力がない。保全執行による時効中断の効力の継続性を認めることによって生ずる弊害は、強制執行、担保執行の場合のそれよりも一層顕著であるといえよう。

(3)　上記の判例、通説に対しては、近年の一時期、あえて異論を表明する若干の下級裁判所の裁判例と（私の旧稿以外にも）文献が続いた。これらの少数説が判例、通説を非とする方向にはおおむね賛意を禁じ得ないが、その理論構成は、私見と相容れない。

(a)　私の目に触れたこの系列の裁判例[18]は、すべて仮差押えの案件にかかるもので、（相互に若干のニュアンスがあり、用語がやや不正確なものもあるが、）仮差押えによって中断した時効は、仮差押えの執行が終了した時、（この基準設定は、後述のとおり不適切、不明確であるが（↓(c)）、判決中の例示によると）具体的には、不動産仮差押えの場合は、仮差押えの登記がなされ仮差押命令が債務者に告知された時、債権仮差押えの場合は、仮差押命令（正確には執行処分たる差押命令を併記したものをいうべきであろう）が第三債務者と債務者の双方に送達された時から新たにその進行を始めるとしている。すなわち、こうした時点以降の中断効継続を認める判例、通説の立場をはっきり否定したもので、その限りにおいて正当というべきである。しかしその理論構成は、私見と異なり、仮差押執行においては、別の時効中断事由たる裁判上の請求および本執行の場合と違い、裁判所や執行機関の職権による手続続行を期待し得ず、また暫定的執行保全を本旨としているという、もっぱら本執行との対比において手続の構造と趣旨の特異性を強調するものである。その指摘は、もとより誤りとはいわないが、問題の焦点を見誤った皮相の理由付けと評すべきであり、その故に、民事執行法に基づく通常の強制執行、担保執行による時効中断効の継続性については、判例、通説に追従することに繋がるものであるから、賛成することができない。なお付言するが、これらの裁判例は、仮差押命令が債務者に送達されることを時効中断の要件に加えているけれども、誤りである。正しくは、保全執行が終了した後相当の期間が経過しても保全命令の送達がなければ執行抗告または執行異議の事由となり（ドイツ民事訴訟法第九二九条第三項第二文参照）[19]、これにより執行が取り消されると既に生じた時効中断の効力が遡及的に消滅する（民法第一五四条）だけのことである。

(b)　ひとしく判例、通説に反対する近時の論稿[20]は、繁簡さまざまであるが、いずれも前段で触れた下級裁判所の裁判例を援用して賛意を表明しており、中には、豊富な内外文献を引用して諸説に対し詳細、適切な分析、論評を加えた労作もある。しかし、これらの論述を通読したところ、相互に論旨のニュアンスが認められるが、前掲同系列の判決の説示をこえる特段の論拠を示したものはほとんど見られず、これに詳しい論評を加えることは、所詮これまでの記述内容の反覆に帰着するであろうから、その煩を避けることとしたい。

(c)　ところで、判例、通説に反対の上記裁判例と学説に共通し、仮差押えにより中断した時効は、仮差押えの執行が終了した時から新たに進行すると説くものが多い。しかしこの説示は、私見と異なり仮差押執行による時効中断効にも限定的ながら継続性を肯定するものであるから、賛成することができない。また、仮差押執行の終了時という基準時設定は、それ自体合理性を欠くものである。仮差押えの執行は、それ自体では換価に進み得ない点を除くと、本執行における差押えと性質、構造を異にしない。それ故、債権者が被保全権利を肯認した本案の債務名義を取得し、執行文の付与を受け、債務名義等の送達、必要な担保供与等を経て、強制執行開始の条件が具備し、本執行の申立てをすれば、執行機関は、その時点から換価の手続を施行することができるが、この場合差押えの反覆は、不必要である。(21) 不動産、船舶等が執行目的の場合、強制競売開始決定は欠かせないが、不動産の仮差押執行が強制管理の方法で行われているときは、本執行での強制管理決定は不要であり、船舶の仮差押執行が船舶国籍証書等の取上げを命ずる方法で行われているときも、本執行での船舶国籍証書等取上命令を要しない。本執行で強制競売開始決定、強制管理開始決定が必要のときも、仮差押執行が先行しておれば、決定書にあらためて差押宣言（民事執行法、第四五条、第九三条第一項、第一一四条第二項）を掲げる必要はないと解される。動産が執行目的の場合、既に仮差押執行でこれを占有している執行官は、直ちに競売を実施することができる。債権が執行目的の場合、民事執行法第一五五条第一項の規定文言との関連で疑問を生ずるが、債権者が本案の債務名義の執行力のある正本を所持し、かつ本執行の開始要件が具備してから同条項所定の一週間を経過しておれば、本執行での差押命令がなくても、その債権を取り立てることができるものと解したい。(22) 本執行たる差押命令を経由しなくても転付命令が認められることについては、特に問題を見ない。仮差押執行から本執行開始に至る過程のあるべき姿が上記のとおりであるとすれば、本執行とは別個に「仮差押執行の終了」という独立の概念を設定することは、およそ無意味というべきであり、また、実際上もその時点を明確にすることは困難である。上記の裁判例や学説は、不動産に仮差押えの登記がなされた時や債権仮差押の執行決定が第三債務者と債務者に送達された時がこれに当たるというのであるが、時効中断の終期に関する自己の見解を正当化するための恣意的な論理操作の嫌いがある。判例、通説の側から同じ論法で、仮差押登記の存続中は仮差押執行が終了しないから時効中断の効力が継続しているはずだと反撃してきた場合、これに対応するのに窮しなければなるまい。以上は、もっぱら仮差押執行の場合に関する記述であり、仮処分の執行、ことに作為、不作為、金銭支払い等を命ずる満足的内容の仮処分の執行による時効中断の終期について、論者が前同趣旨の主張を構えるのかどうかは判然としない。いずれにせよ、本案の債務名義に基づく強制執行の終了時とは概念的に区別される「仮処分執行の終了時」を想定し、具体的案件において明確に認識することは、困難であろう。そもそも、具体的の執行申立てによって開始する「個々の強制執行の終了」とは、執行異議または執行抗告の申立て等につき適否ないし能否の基準時点を画するためという、もっぱら手続法上の効果に関連して意味が認められる講学上の観念である。これを執行債権の時効中断の終期という実体法上の効果を認識するために連動させて援用する考え方に合理性がないことは、既に詳述したとおりであり（↓二3⑵）、この一般論は、強制執行の一態様である保全執行についても当然妥当するものといわねばならない。

（1）　鳩山秀夫・註釈民法全書―法律行為乃至時効六四〇頁、同・増訂改版日本民法総論六〇九頁、松岡義正・保全訴訟要論一一〇頁、中村宗雄「民事訴訟開始の私法上の効果に就て」早稲田法学一三巻六一五頁。

（2）　我妻栄・新訂民法総則四六八頁、兼子一・増補強制執行法三〇六頁、西山俊彦・新版保全処分概論六八頁、鈴木＝三ケ月＝宮脇編・注解強制執行法⑷二六九頁（西山俊彦）、鈴木＝三ケ月編・注解民事執行法⑹四三頁（西山俊彦）、丹野達・民事保全手続の実務〔五二〕、瀬木比呂志・民事保全法全訂二版〔一〇四〕、竹下＝藤田編・民事保全法一四五頁（北山元章）、同・注解民事保全法(上)一三八頁（高野伸）、原井＝河合編・新訂版実務民事保全法六一頁（栗原良扶）。

（3）　BGB, NJW 1979 219.; Oertmann, Allgemeiner Teil § 209 Bem. 2 ε.; Staudinger / Dilcher, Kommentar zum

BGB 12. Aufl. § 209 Rdnr. 39 ; Staudinger / Peters, Kommentar zum BGB 13. Aufl. § 209 Rdnr. 98.; Feldmann, Münchener Kommentar zum BGB § 209 Rdnr. 22.; Palandt / Heinrichs, BGB 59. Aufl. § 209 Rdnr. 21, 23.; Jauernig, BGB 9. Aufl. §§ 208–217 Rdnr. 9.; Stein / Jonas / Grunsky, Kommentar zur ZPO 22. Aufl. vor § 916 Rdnr. 10.; Baur / Stürner, Zwangsvollstreckung und Konkurs, Band Ⅰ Rdnr. 51.14.; Baur, Studien zum einstweiligen Rechtsschutz S. 98.; Schuschke / Walker, Vollstreckung und Vorläufiger Rechtsschutz Band Ⅱ § 920 Rdnr. 8. ただし A.M.: Lüke, Münchener Kommentar zur ZPO 2. Aufl. § 262 Rdnr. 12 は、不作為または金銭支払いを命ずる仮処分命令の申立てに限定して時効中断効を肯認する。

(4) Palandt / Heinrichs, BGB 65. Aufl. § 204 Rdnr. 41.

(5) 山本克己・金融法務事情一三六八号三六頁、野村秀敏「仮差押えによる時効中断の時期」判例時報一五六九号八頁。

(6) 吉川大二郎「保全処分命令申請の効果」増補保全訴訟の基本問題二四六頁以下。

(7) 吉川・前掲注(6)二四九頁。

(8) Stein / Jonas / Grunsky, a.a.O.（注(3)）§ 938 Rdnr. 32.; Rosenberg / Schilken, Zwangsvollstreckungsrecht 11. Aufl. § 79 Ⅱ 2.; Heinze, Münchener Kommentar zur ZPO 2. Aufl. § 938 Rdnr. 43.; 兼子一・前掲注(2)三三四頁。

(9) 吉川大二郎「仮処分の執行期間について」保全処分の研究二五二頁。

(10) Palandt / Heinrichs, BGB 65. Aufl. § 199 Rdnr. 22.

(11) 異説：Staudinger / Dilcher, a.a.O.（注(3)）§ 209 Rdnr. 39 は、保全執行の申立てでなく着手で時効が中断するという。

(12) 大阪高裁昭和五四年五月一五日判決・判例時報九四八号六〇頁は、不法行為に基づく五〇万円の損害賠償請求権を被保全権利とする仮差押えによる時効中断の効力が、事実関係を共通にする債務不履行に基づく一〇〇万円の損害賠償請求権の全部に及ぶことを認めた裁判例であるが、私見とは基本的に異なる前提理論に立脚するもので、もとより賛成することができない。

(13)　柳川真佐夫・新訂保全訴訟一九六頁、西山俊彦・新訂保全処分概論六八頁、鈴木＝三ケ月＝宮脇編・前掲注(2)二六九頁〔西山俊彦〕、鈴木＝三ケ月編・前掲注(2)四三頁〔西山俊彦〕、丹野達・民事保全手続の実務〔五二〕。

(14)　Palandt / Heinrichs, a.a.O.（注(10)）§ 204 Rdnr. 41.

(15)　判例は多いが、最近のものとして、最高裁昭和五九年三月九日判決・判例時報一一一四号四二頁、同平成六年六月二一日判決・民集四八巻四号一一〇一頁〔評釈：滝澤泉・最高裁判例解説民事編平成六年度〔21〕〕、同平成一〇年一一月二四日判決・民集五二巻八号一七三七頁〔評釈：小野憲一・最高裁判例解説民事編平成一〇年度(下)〔36〕〕、東京高裁平成六年三月三〇日判決・判例時報一四九八号八三頁、同平成六年四月二八日判決・同誌同号同頁。

(16)　鳩山秀夫・註釈民法全書―法律行為乃至時効六四〇頁、我妻栄・新訂民法総則四七四頁、川島武宜・民法総則四九九頁、川島編・註釈民法(5)一一七頁〔川井健〕、同書一三六頁〔岡本坦〕、吉川大二郎「保全処分命令申請の効果」増補保全訴訟の基本問題二四六頁以下、山内敏彦「保全執行の終了」吉川博士還暦記念四四一頁、中務嗣治朗・金融法務事情一三八八号一頁、石川明・法学研究六八巻九号一四五頁、同判例評論四八六号二五頁。

(17)　前掲注(15)最高裁平成一〇年一一月二四日判決。

(18)　東京高裁平成四年一〇月二八日判決・高裁民集四五巻三号一九〇頁（「仮差押えによって中断した時効は、仮差押執行の終了時《不動産仮差押えの場合は、仮差押えの登記がなされ仮差押命令が債務者に告知された時》または執行不能の場合は仮差押命令が債務者に送達された時から再進行する。」）、東京地裁平成五年一一月一七日判決・金融法務事情一三八八号三九頁（前同旨）、京都地裁平成六年一月一三日判決・判例時報一五三五号一二四頁（「仮差押えによって中断した時効は、仮差押執行の終了時《債権仮差押えの場合は、仮差押命令が第三債務者と債務者の双方に送達された時》から再進行する。」）、大阪高裁平成七年二月二八日判決・金融法務事情一四一九号三七頁（「仮差押えによって中断した時効は、仮差押執行《不動産仮差押えの場合は、仮差押えの登記》と仮差押命令の債務者への送達が終わった時から再進行する。」）

(19)　兼子一・前掲注(2)三一八頁。

(20)　松久三四彦・判例評論三〇九号一九五頁、同・金融法務事情一三九八号三六頁、金山直樹・判例評論四一四

号四一頁、同・私法判例リマークス一九九五上一四頁、野村秀敏「仮差押えによる時効中断の時期」判例時報①一五六六号一〇頁、②一五六八号三頁、③一五六九号七頁、④一五七一号三頁（ことにその③）、岡本坦・手形研究四八九号四頁、栗田隆・判例評論四四一号六四頁、山本克己・金融法務事情一三九六号三三頁。

（21）　Stein / Jonas / Grunsky, a.a.O.（注（3））§ 930 Rdnr. 11.; Heinze, a.a.O.（注（8））§ 930 Rdnr. 13.; Rosenberg / Schilken, a.a.O.（注（8））§ 78 II 3a.

（22）　異説——三ケ月章・民事執行法四八九頁は、新規の差押命令が必要とする。

9 民事保全の競合・抵触

一　序　論
二　仮差押え相互間の競合
三　仮差押えと仮処分の競合
四　仮処分相互間の競合

一　序　論

1　民事保全とは、仮差押えおよび仮処分を総称する民事保全法の造語であるが（同法一条）、その「競合・抵触」という概念は、別に法の明文で定められたものでないから、多義的でありうる。例えば、権威のあるドイツ民事訴訟法の注釈書[1]には、「仮差押えおよび仮処分の競合（Konkurrenz von Arrest und einstweiliger Verfügung）」という独立の項を設けているものがあるが、その内容は、仮差押えが金銭債権を、仮処分がその余の債権を保全することを使命とするが、例外的に仮処分で債務者に金銭の支払いを命ずる場合もあること、仮差押手続と仮処分手続とが、別個ではあるが近似していることなどをめぐる概括的記述である。民事保全の競合をこういう形で捉えることも可能であろうが、本稿は、そうでなく、同一対象物に対し現実に複数の保全命令や保全執行が競合する各種の場合の効果について、諸家の論述[2]の跡を追いつつ、私見を整理、記述するものである。

2　同一対象物につき複数の保全命令や保全執行が競合する場合といっても、その態様としては、仮差押え相互間の競合、仮差押えと仮処分の競合、仮処分相互間の競合の三様がある。以下それぞれについて順次記述するが、問題の所在は、甚だ多様であり、そのすべてを把握することすらほとんど不可能事に属し、論述の対象の選択に私の主観が入ることは、やむをえない。また、本稿の記述については下記の制約を受けざるを得ぬことも指摘しておきたい。制約事由の第一は、理論上および実際上最も問題の多い仮処分相互間の競合の場合、仮処分の内容の多様性に鑑み競合の態様も一様でなく、そのすべてにつき論述することは、不可能でもあるし実益も乏しいということである。そこで、しばしば論議の対象となる定型的な競合の態様の場合に的を絞って記述するが、そこでは他の競合態様の場合にも通用する基本的な考え方をできるだけ明示することとしたい。制約事由の第二は、本稿が民事保全に関する講座の一項目を占めるものであるため、他の執筆者の担当する項目との関係事項については、重複を避けて記述を省略するのが相当と考えたことである。

（1）　Stein-Jonas-Grunsky, ZPO 21. Aufl. (1995) vor § 916 Rdnrn. 50-55

（2）　民事保全の競合・抵触を扱った文献は、近時多くなったが、ここでは主要なものだけを掲げる。中川善之助「仮処分の競合」法曹会雑誌一四巻一一号（一九三五年）一頁以下、一二号（同年）三一頁以下、吉川大二郎「保全処分の競合」研究二五五頁以下、同「不作為を命ずる仮処分」諸問題八七頁以下、三ケ月章「戦後の仮処分判例の研究」研究⑵一三頁以下、中務俊昌「所謂内容抵触の仮処分について」法叢六二巻六号（一九五八年）一頁以下、村松俊夫「仮処分の競合」吉川還暦㈦七三八頁以下、中村修三「仮処分命令および仮処分執行の競合と抵触」村松還暦㈤二二一頁以下、西山＝林屋編一四五頁以下〔林屋〕、友納治夫「保全処分・強制執行等の競合と抵触」新実務民訴⒁一一七頁以下。

二　仮差押え相互間の競合

仮差押え相互間の競合については、特に困難な問題はない。

民事保全法二一条によれば、仮差押命令は、執行の目的となる物を限定して発しなければならないが、特定物に対する複数の仮差押えの競合は、その執行前の命令手続の段階で何ら抵触の問題を生じないのはもちろん、現に仮差押えの執行がなされている目的物件に対して、他の債権者から仮差押命令を申し立て、あるいはその執行を申し立てることも、何ら妨げない。このことは、不動産に対する仮差押えの執行に関する民事保全法四七条五項、民事執行法四七条一項、船舶に対する仮差押えの執行に関する民事保全法四八条三項、民事執行法四七条一項、動産に対する仮差押えの執行に関する民事保全法四九条四項、民事執行法一二五条、債権およびその他の財産権に対する仮差押えの執行に関する民事保全法五〇条五項、民事執行法一五六条二項などの規定からも明らかである。

三　仮差押えと仮処分の競合

1　仮差押えが先行する場合、仮処分をもって、仮差押命令自体の取消しまたは仮差押えの執行の取消しもしくは停止を命ずることが許されるであろうか。

(1)　まず、裁判所が仮差押命令の取消しを命ずる場合に関しては、民事保全法が、その三二条一項において債務者の保全異議の申立てに基づく案件につき、三七条三項において本案の訴えの不提起等による案件につき、三八条一項において事情の変更による案件につき、三九条一項において特別の事情による場合につき、それぞれ許容の要件を予定した規定を設けている。同法がこうした特別規定を設けているのは、仮差押命令の取消し、変更を求めうる法的手段を限定した趣旨であるから、同じ目的、効果の仮処分は、許される余地がない。

(2)　裁判所が申立てにより既往の仮差押えの執行の取消しを命じまたは執行の不許の宣言をすることに関しても、執行抗告、執行異議、承継執行文の付与に対する異議、同異議の訴え、第三者異議の訴えが提起された場合につき、民事保全法四六条により準用が認められる民事執行法一〇条・一一条・三二条・三四条・三六条一項・

三八条にそれぞれ許容の要件を予定した特別規定が設けられているから、法は、同じ目的、効果の仮処分を許さぬ趣旨であると解される。

(3)　仮差押えの執行の一時的停止を命ずる仮処分も、原則として許されない。民事保全法は、仮差押えにつき保全異議、保全取消し、保全抗告、執行抗告、執行異議、承継執行文の付与に対する異議、同異議の訴え、第三者異議の訴えが提起された場合、その申立てを受けた裁判所、裁判長または保全執行裁判所が、一定の要件の下に仮の処分（einstweilige Anordnung）をもって仮差押えの執行の一時的停止を命じうるものとし、以上に関して同法二七条一項・四〇条一項・四一条四項・四六条、民事執行法一〇条六項・一一条二項・三二条二項・三六条一項・三八条四項に特別規定が設けられている。法が上記のような執行停止に関する仮の処分の特別規定を設けているのは、それぞれ該当の異議や訴えを提起しうる場合において、仮差押えの執行の一時的停止措置を求めうる法的手段を排他的に定めた趣旨であると解されるから、これに準拠しうる場合に民事保全法二三条二項の仮処分（einstweilige Verfügung）をもって仮差押えの執行の一時的停止を命ずることは、許されないのである。[3] ただし、上記のように仮の処分をもって一時的執行停止を命じうる場合は制限列挙的であるから、これに漏れる案件において、仮差押えの一時的執行停止を命ずる仮処分の申立てが民事保全法二三条二項の要件を具備しておれば、これを許さねばならない。具体的には、仮差押えの基本たる保全すべき金銭債権が譲渡または譲渡無効などのゆえに自己に帰属すると主張する第三者の申立てに基づき、仮差押え命令に表示の表見的債権者を相手方として、当該仮差押えの執行の停止を命ずる仮処分があげられる。[4]

2　現に仮差押えの執行の対象となっている物件に対して仮処分を命ずることは、その仮処分命令の内容が先行仮差押執行の廃棄を直接の目的とするものでない限り、妨げられない。ただし、仮差押えの執行が先行しておれば、同一目的物件に対する仮処分命令が適法でも、その執行に障碍があるかどうかを個々的に考えなければならない。

すなわち、

(1) 不動産に対する仮差押えの執行が仮差押えの登記をする方法だけで行われている場合、それが後行する同一不動産に対する仮処分の執行の障碍となることは考えられない。しかし、仮差押えの執行が強制管理の方法により行われ、目的不動産が管理人の占有下に置かれたときは(民保四七条五項、民執九六条一項)、その後は当該不動産の引渡し、保管人による保管、撤去等を内容とする仮処分の執行をすることができなくなる。

(2) 動産に対する仮差押えの執行は、執行官が目的物を占有する方法により行う(民保四九条一項)のであるから、こうして執行官が占有中の物件に対しては、引渡し、撤去等を内容とする仮処分の執行をすることができない。保管人を置く仮処分の執行も、仮差押えによる執行官の占有を排するものであれば許されないが、多くの実務で行われているように執行官を保管人に充てておけば、仮差押えの執行と抵触することなく競合しうるであろう。

(3) 債権およびその他の財産権に対する仮差押えの執行が後行する同一の債権等に対する仮処分の執行の障碍となることは、想定することができない。

3 特定の物に対する仮処分の執行が先行すれば、同一の物に対する仮差押えの執行の障碍となるかという問題についても、場合を分けて考えなければならない。

(1)　仮処分の方法が保管人に目的物を保管させるものでなく、すなわち、その執行が保管人の占有を伴わぬ登記、取立て禁止その他によって行われている限り、後行する同一の物に対する仮差押えの執行の障碍となるものでない。

(2)　仮処分の執行が保管人による不動産の占有を伴って先行している場合も、同一不動産に対する仮差押えの執行は、登記および強制管理のいずれの方法によるにせよ、仮処分の執行の先行によって妨げられるものでない。ただし強制管理人は、目的不動産を強制的に自己占有下におくこと（民保四七条五項、民執九六条一項）ができないから、仮処分による保管人の占有が継続しているままで強制管理の職務を行わなければならない制約を受ける。

(3)　仮処分の執行が保管人による動産の占有を伴って先行している場合、同じ動産に対する仮差押えの執行は、保管人が提出を拒まないときに限って許されることになる（民保四九条四項、民執一二四条・一二三条一項）。

（3）　Vgl. Stein-Jonas-Münzberg, ZPO21. Aufl.(1994) vor § 704 Rdnr. 95f.; Stein-Jonas-Grunsky, ZPO 21. Aufl.(1995) § 938 Rdnr. 28; Heinze in MünchKomm ZPO(1992) § 938 Rdnr. 35; Baumback-Lauterbach-Hartmann, ZPO 53. Aufl.(1995) Grundz § 704 Rdnr. 50; Hellwig-Oertmann, System des Deutschen Zivilprozeßrechts 2. Teil(1912) S.456; Rosenberg-Gaul-Schiken, Zwangsvollstreckungsrecht 10. Aufl.(1987) § 76 Ⅲ; Baur-stürner, Zwangsvollstrechungs-,Konkurs- und Vergleichsrecht Bd.I 12. Aufl (1995) Rdnr. 35. 3; Stern,Arrest und einstweilige Verfügungen (1912) S. 19f, S.100; 最判昭二六・四・三民集五巻五号二〇七頁以下。

（4）　Vgl. Stein-Jonas-Bork, ZPO 21. Aufl.(1992) § 65 Rdnr. 2; Stein-Jonas-Grunsky, a.a.O. § 938 Rdnr. 28; Stern, a.a.O. S. 19f.; 大判昭六・五・三〇新聞三二九三頁、吉川大二郎「抵当権の実行と仮処分」増補保全訴訟の基本問題三三六頁以下。

四　仮処分相互間の競合

1　第一の仮処分が先行する場合、第二の仮処分をもって、先行仮処分命令自体を取り消し、またはその執行の取消しもしくは停止を命ずることが許されるか。これに関する基本的な考え方には、先行仮差押えの取消しまたは停止を命ずる仮処分につき上述した議論（三1）がそのまま妥当する。すなわち、

(1)　裁判所が仮処分命令の取消しを命ずる場合に関しては、民事保全法三二条一項・三七条三項・三八条一項・三九条一項に、それぞれ許容の要件を予定した特別規定が設けられており、これは、仮処分命令の取消し、変更を求め得る法的手段を限定した趣旨であるから、同じ目的、効果の仮処分命令は、許される余地がない。

(2)　裁判所が申立てにより先行仮処分の執行の取消しを命じまたは執行の不許を宣言するについても、民事保全法四六条で準用される民事執行法一〇条・一一条・三二条・三四条・三六条一項・三八条にそれぞれ許容の要件を予定した特別規定が設けられており、右は、同じ目的、効果の仮処分命令を許さぬ趣旨と解される。

(3)　仮処分の執行の一時的停止を命ずる仮処分命令も、原則として許されない。民事保全法は、仮処分につき各種の異議、抗告、訴えの提起があった場合、裁判所、裁判官または保全執行裁判所が、一定の要件の下に仮の処分（einstweilige Anordnung）をもって仮処分の執行の一時的停止を命じ得るものとし、同法二七条一項・四〇条一項・四一条四項・四六条、民事執行法一〇条六項・一一条二項・三二条二項・三六条一項・三八条四項に関係の特別規定を設けている。右は、しかるべき異議や訴えを提起しうる場合に仮処分の執行の一時的停止を求めうる法的手段を排他的に限定した趣旨と解されるから、これに準拠しうるときには、民事保全法二三条二項の仮

処分（einstweilige Verfügung）で先行仮処分の執行停止を命ずることができない。ただし、上記法定の執行停止の仮の処分が可能の制限的列挙の場合に漏れる案件において、先行仮処分の一時的執行停止を命ずる第二の仮処分が許される余地もなしとしない。本案の権利が自己に帰属すると主張する第三者の申立てに基づき、先行仮処分に表示の表見的債権者を相手方として、当該仮処分の執行停止を命ずる第二の仮処分がその例である。

2　以上の基本論は、それでよいのであるが、具体的案件において先行仮処分との内容的関連で後行仮処分の許否を判定するには、事案の態様に応じて様々な観点からの考察が必要となる。その主たる原因は、仮処分命令の内容が、裁判所の裁量によって定まるので多様である（民保二四条）ことにほかならない。第二の仮処分命令が、その主文において、先行する第一の仮処分命令の取消しまたはその執行の取消しもしくは停止を命ずる旨、明示の表現形態を採る例は、実際上まずないといってよい。現実に問題となるのは、第二の仮処分命令が、他の表現形態を採りながら、実質的内容において第一の仮処分命令の廃棄またはその執行の除却もしくは制限を招来するものではないか、一般の用語例によれば、両仮処分の間に抵触の関係が存在するのではないかとの疑念が生ずる場合である。その実例は、いろいろな形で存在し、それぞれが従来論議の対象となっているのである。

本稿では、私なりに問題の所在を探究して以下数項の通論的考察に整理し、抵触の有無が問題とされる具体例の挙示とこれに対する個別的考察は、各項の記述中に組み入れて試みることとしたい。

3　先行の仮処分命令と後行の仮処分命令とが、当事者を共通にするが互いに債権者と債務者の関係を逆にして発せられ、かつ、後行の仮処分命令が、いかなる主文の表現形態を採るにせよ、実質的内容において先行の仮処分命令のそれと矛盾し両立しえないものであれば、後行の仮処分命令は、当然に違法であり、保全異議の申立てについての決定による取消しを免れることができない。右は、通説の承認する正しい理論であり(5)、上述のとおり、裁判所が仮処分命令の取消しを命じうる場合に関し、民事保全法に数か条の制限列挙的特別規定が設けられている(1(1))ことからの当然の論理的帰結であると信ずる。

右の通説（命令違法説）に反対し、時を異にして発せられた複数仮処分命令の内容矛盾の場合、後行仮処分命令は、当然に違法になるわけでなく、先行仮処分の執行が存続している場合、これに妨げられて命令の内容を適法に実現することができないだけであるとする少数説（執行違法説）がある(6)が、根拠に乏しい。

(1)　執行違法説を採る論者は、保全命令は、その暫定的性格に鑑み、本案訴訟の訴訟物自体については勿論、保全命令請求権についても実体的確定力（既判力）を有するものでないから、甲が乙に対し第一の仮処分命令を得た後、乙が甲に対し同一対象物につき第二の仮処分命令を得て、両者の間に内容抵触の関係が存しても、直ちに後者を違法の命令とするをえないという。確かに、保全命令の申立てについてなされた裁判は、形式的確定を見ても本案の訴訟物につき既判力を有するものでない(7)。しかし、該裁判が後行の保全命令手続の裁判との関係でも既判力を有しないという見解は、同一保全命令の反覆申立てを無制限に認めるに帰する謬説であり、現在これを採る者は少なく(8)、右の関係では既判力を肯認する多数説(9)の方がはるかに合理的であると信ずる。この限定的既判力肯定説の前提に立つ限り、保全命令の申立てを却下ないし棄却する裁判を受けた債権者が再度同趣旨の保全命令を申し立てるには、先行する裁判の既判力による制約を受けざるをえないわけであり（該申立ての反覆が許される場合の要件と範囲については、なお問題があるが、ここでは触れない）、さらに、武器対等の原則がここでも妥当するから、保全命令が発せられたときは、債務者から保全異議の申立てをすることができるけれども、保全命令が形式的確定を見れば、民事保全法三八条一項所定の事情変更の要件が具備する案件において同条項による保全取消しを申し立てうる以外には、保全命令を失当としてその取消し、変更を求める方途が閉ざされたものと解しなければならない。執行違法説は、保全命令手続の裁判の既判力に関する誤った前提理論に立脚するものというべきである。

(2)　通説の前提に立って、先行の仮処分命令と内容が抵触するので違法とされる後行仮処分命令も、取り消されるまでは当然無効ということができない。そして、二個の仮処分が併存する場合、両者の間で発令の前後と執行の前後とが必ずしも一致するとは限らないし、先行仮処分執行の存続が後行仮処分執行の違法原因となる場合のあることは、通説を採ってもこれを認めなければならない。以上は、それでよいとして、反対説の立場から、「違法説（通説）をとる以上、果たして内容が抵触するかどうかを執行吏の判断に委ねる場合が生じ、事実は抵触しないのに拒否されるという可能性に道を開くことになりはしないであろうか」と懸念する向きがある[10]が、通説に対する誤解と思われる。仮処分命令の内容抵触の有無による適否の問題と仮処分執行の競合の能否の問題とは、別個であり、具体的案件においても必然的に平行して生ずるものではない。通説の前提に立っても、執行機関は、仮処分命令の適否を判断する権限を有するいわれがないから、先行仮処分執行の存続中に後行仮処分執行の申立てを受けた場合、両者の競合を許さぬ執行法上の事由がない限り、当然後行仮処分執行を実施すべき職責を負うものである。

4　仮処分命令は、裁判所が、保全すべき権利または権利関係（本案請求権）と保全の必要性とを肯認したときに、申立ての目的を達するために必要、合理的と考える処分を選択し、主文に記載してこれをするものである。

それで、仮処分命令の内容は、その主文に凝縮して表示されているのであり、二個の仮処分命令の間に抵触が存するかどうかは、それぞれの主文の意味するところを客観的に見定め、対比することによって判定すべきであり、かつ、これをもって足りる(11)。甲の乙に対する仮処分命令と乙の甲に対する仮処分命令とが、同一対象物にかかる本案請求権の帰属について相異なる認定に基づき発せられていても、双方の主文内容が両立して実現可能であれば、仮処分命令の抵触があるということができない。例えば、甲の申立てに基づき、「甲がある土地を使用、収益することを乙において受忍しなければならない。」との **Duldung** を内容とする第一次仮処分が命ぜられた後、乙の申立てに基づき、「甲が同じ土地に立ち入ってはならない。」との **Unterlassung** を内容とする第二次仮処分が命ぜられた場合、第二次仮処分命令は、原則として(例外があることは、後述(5)する)第一次仮処分命令の内容たる **Duldung** の対象をなす甲の土地使用、収益を侵すものといわざるを得ず、内容抵触により違法たるを免れない。しかし、甲の乙に対する第一次仮処分および乙の甲に対する第二次仮処分が、同じ土地を対象として命ぜられ、いずれも「相手方が同土地に立ち入ってはならない。」との **Unterlassung** を主文に掲げたものであれば、同じ土地に対する使用権限の帰属について、両仮処分が互いに相反する認定に基づき命ぜられていても、双方の主文内容そのものは、矛盾なく両立して実現可能なものであるから、第二次仮処分命令を当然に違法とはなしえない。それにしても、裁判実務において不作為の仮処分を命ずる場合、特に **Dulduug** と **Unterlassung** の区別を十分に認識し、明確な表現の主文を掲げるように努めることが望ましい。

5　前述のとおり、複数仮処分命令間の抵触の有無は、もっぱら相互の主文の対比によって判定すべきものであるが、仮処分命令の主文の客観的意味内容を把握するためには、その形式的文言だけに頼ることなく、当該仮処分の本案請求権が何であるかを確かめなければならない場合がある。例えば、甲の申立てに基づき、「甲がある土地および同地上物件を使用、収益することを、乙において受忍しなければならない。」との第一次仮処分が命ぜられた後、乙の所在土地に対する所有権を本案とする申立てに基づき、「甲は、同じ物件を地上から撤去しなければならない。」との第二次仮処分が命ぜられたとする。第一次仮処分が土地と地上物件の所有権を本案として命ぜられたものであれば、第二次仮処分は、上述(4)の理論で先行仮処分の内容に抵触するものであり、違法たるを免れない。しかし、第一次仮処分が、同じ主文表現を採っていても占有権を本案として命ぜられたものであれば、その趣旨は、乙が自力救済の手段に訴えて目的物に対する甲の占有を侵すことを禁ずるものにほかならないから、乙の本権に基づく申立てを容れた第二次仮処分は、何ら先行仮処分の命じた Duldung に抵触するものでない[12]。

理論は、上述以外でありえないと信ずるが、仮差押え、仮処分にかかる従前の判例、学説や実務との関連で若干の補充が必要である。

(1)　最判昭二六・一〇・一八(民集五巻一一号六〇〇頁以下)によれば、本案の起訴命令に応じて提起した訴えにおける請求が、保全命令の申立てにおいて債権者が主張した請求と請求の基礎が同じであれば、その訴えが保全命令の本案たる適格に欠けるところがないというのであり、有力な学説もこれを支持しており[13]、実務でもこうした本案請求権の流用を広く認める傾向が顕著である。この考え方によれば、私見と異なり、上述の例において占有権を本案とする第一次仮処分と本権を本案とする第二次仮処分との間でも、抵触の問題が生ずることになると思われる。

しかし、右の本案請求権流用肯定説は、誤りである。そもそも請求の基礎が同一であるということは、民事訴訟法二三二条一項による訴えの変更の許容要件であって、それ以外のものではない。私は、大正一五年改正法律の創設にかかる「請求ノ基礎」という概念を条文に採り入れていないわが旧民事訴訟法およびドイツ民事訴訟法の下において、同様の概念ないし訴えの変更の許容要件を仮差押え、仮処分の本案適格の有無に関する判断基準に用いる説があり、またはあったことを知らない。訴えの変更とは、要するに従前の請求（訴訟物、本案請求権）とは同一性のない請求を掲げた新訴の併合提起である。新旧両請求の間でそれが許される関係にあれば、発令の基礎となった旧本案請求権の欠如が明らかになった仮差押え、仮処分命令も、起訴命令に応じて別個の新請求を掲げた訴訟を提起すれば取消しを免れうるというのは、背理以外の何物でもない。また、債権者が主位的にAという本案請求権を、予備的に請求の基礎が同一のBという本案請求権を掲げて保全命令を申し立てたが、裁判所が主位的のAを否定し、予備的のBだけを肯定して保全命令を発した場合（私見によれば、この場合は申立ての客観的併合になるから、裁判の主文において主位的申立ての棄却を明記すべきである）[14]、論者は、なおこの保全命令がA本案請求権についても効力を有するというのであろうか。

(2)　仮処分命令の客観的意味内容を把握するためには、その主文の形式的文言だけを判断基準とするのでなく、当該仮処分の本案請求権が何かを確かめなければならぬ場合があるとすれば、本案請求権は、仮処分命令自体において明白であることが要請される。仮差押命令において本案請求権をその原因（Grund）と額（Betrag）の明示の下に掲記しなければならないことは、学説上異論を見ないところである[15]。仮処分命令については、従来あまり議論されていないけれども、やはり本案請求権の特定掲記を必要とすることは、当然の事理と思われる（民訴旧七五六条、§936 ZPO 参照）[16]。しかるにわが国の裁判実務において、仮処分命令中に本案請求権を特定掲記しているものは、何故かむしろ例外であり、民事保全規則の立案者も、同規則二二条の規定に徴すれば、一般論としては右の実務取扱いを是認する前提に立っているもののようである。これは、裁判所がしばしば仮処分の緊急性に藉口して本案請求権の把握、認定を曖昧にし、時には、仮処分発令の際には本案請求権が何たるかを確認する必要がなく、仮処分の申立てにおいても意識的に本案請求権の特定を曖昧にしておくのが、有能な債権者代理人のやり方であるとの妄言すら耳にすることの結果でもあるが、こうした原因とも相俟って、しばしば仮処分関係の紛争を昏迷に陥れている積年の禍根があると断言して憚らない。[17] ドイツでは、Reichsgericht 一九一二年一月二三日判決（RGZ 78.Band S.331ff）が、被保全権利の原因と額（利息と費用概算額をも合算した仮差押解放金額からの推論は、認められない）の掲記を欠いた仮差押命令は、執行力を有しないが、異議訴訟の判決で認可されて被保全権利の原因と額がはっきりすれば、瑕疵が是正されると判示しており、この判決は、権威のある注釈書や教科書でも是認、引用されている。[18] 私は、仮処分命令に関する限り、本案請求権の表示を欠いているだけで執行力を否定することにはやや躊躇を感ずる。しかし、裁判所が仮処分の基本たるべき本案請求権が何であるかの認識、把握を曖昧にしたまま仮処分命令を発し、発令前の記録に徴しても該本案請求権を特定、確認することができないときは、この仮処分命令は、保全異議の申立てについての決定において当然取消しを免れぬものであり、異議手続の段階で債権者の然るべき釈明等があっても、先の仮処分命令の瑕疵を是正して認可の決定をする余地がないものと解したい。そして、こうした本案請求権の特定、認識が不可能の仮処分命令については、第二の仮処分命令との間に抵触の問題が生ずる余地もないであろう。

6　現に先行仮処分執行の対象となっている物に対して別の仮処分を命ずることは、その仮処分命令の内容が何らかの意味で先行仮処分執行の廃棄を目的とするもの（前記1⑵）でない限り、妨げられない。ただし、先行仮処分執行が継続しているため、このことが同一目的物件に対する後行仮処分執行の障碍となる場合があるかどうかは、別問題であり、もし右の障碍があれば、執行機関は、後行の執行を拒否しなければならぬ筋合いである。もっとも、こうした執行障碍が実際に問題となる案件は、先行仮処分執行が目的物件に対する保管人の占有をもって継続しているときに限られるように思われる。

(1) 先行の仮処分執行が登記の方法でなされている場合（民保五三ないし五五条）、そのために同一物件に対して後行の仮処分執行の実施が妨げられるものでないことは、明らかである（同法五八条二項・四項・六一条参照）。後行の執行が先行の執行の効力から影響を受けることはあるが、これは、本稿の主題たる仮処分の抵触の問題ではない。

(2) 不作為を命ずる仮処分の執行が仮処分命令の送達によってなされるものと解し、その送達後は先行仮処分命令の取消しを得なければ、反対方向の後行仮処分執行をなしえぬと考える向きがあるが[19]、誤りである。不作為を命ずる仮処分執行（Vollstreckung）は、不作為義務違反があった場合において、代替執行、間接強制、抵抗排除といった強制執行の例によってなされるのであり（民保五二条一項）、仮処分命令の送達は、仮処分の内容の強制的実現という意味での執行（Vollstreckung）ではなく、仮処分を債務者に対して効力を生ぜしめるだけの意味をもつもので、民事保全法四三条二項所定の期間を遵守すべき保全執行（Vollziehung）にほかならない[20]。不作為を命ずる先行仮処分命令に内容的に矛盾する後行仮処分命令は、違法であり、保全異議の申立てによる取消しを免れないものであるが、取り消されるまでは当然に無効ではなく、執行機関においてその執行を先行仮処分命令の存在のゆえに拒むことをえないものである。

(3) 先行の仮処分執行が目的物に対する保管人の占有をもって継続しているとき、この保管人の占有を侵す後行の仮処分執行は、許されない。[21] もっとも、民事保全法施行前の判例、通説は、先行および後行の仮処分がともに同一物の執行官保管を命じているものであるとき、両者の執行を民事訴訟法旧五八六条二項の照査手続に準じ競合して実施することが可能であると解していた。[22] 執行官保管の仮処分は、理論的には目的物に保管人を置く仮処分の一形態にすぎないし、照査手続の規定は、もはや現存しないから、右の判例・通説をそのまま現行法下の一般論として採用することはできないが、前後両者の仮処分が目的物の保管人を共通にするものであれば（双方とも執行官を保管人にあてている場合を含む）、執行の競合実施を適法になしうるという結論は、正当というべきである。

（5） Stein-Jonas-Grunsky, ZPO 21. Aufl.（1995）§ 936 Rdnr. 6a, § 938 Rdnr. 28; Rosenberg-Gaul-Schilken, Zwangsvoll-streckungsrecht 10. Aufl.（1987）76 Ⅲ; Stern, Arrest und einstweilige Verfügungen（1912）S.100; 大判四・一一・一九評論一九巻民訴一六四頁、広島高判昭二三・四・二八高民集一巻二号九五巻、仙台高決昭三三・四・一四高民集九巻四号六七一頁、名古屋高判昭四四・二・二八高民集二二巻二号二〇七頁、中川・前掲注（2）論文・五二頁以下、吉川・前掲注（2）論文・研究二六九頁以下、兼子・執行三三六頁、中村・前掲注（2）論文村松還暦(上)二二三頁以下。

（6） 大決昭三・五・一二民集七巻六号三五〇頁、長崎地判昭三〇・一一・二八下民集六巻一一号二五一一頁、菊井維大「判批」判民昭和三年度三五事件、中務・前掲注（2）論文一頁以下、三ケ月章「判批」『判例民事訴訟法』（弘文堂、一九八四年）三七八頁以下。

（7） Baur, Studien zum einstweiligen Rechtsschutz（1967）S. 79; Stein-Jonas-Grunsky, a.a.O. vor § 916 Rdnr. 13; Heinze in MünchKomm ZPO（1992）vor§ 916 Rdnr. 53, § 922 Rdnr. 27; Baumbach-Lauterbach-Hartmann, ZPO 53. Aufl.（1995）§ 322 Rdnr. 30e; Thomas-Putzo, ZPO 19. Aufl.（1995）vor§ 916 Rdnr. 2; Baur-Stürner, Zwangsvollstreckungs-Konkurs-und Vergleichsrecht 12. Aufl. Bd.I（1995）Rdnr. 51. 27; Baumann, Zwangsvollstreckung 2. Aufl.（1982）§ 15 II 4; 吉川大二郎「保全訴訟における裁判の既判力」基本問題五一頁、中田淳一「保全訴訟の訴訟物と既判力」『訴と判決の法理』（有斐閣、一九七二年）一九八頁。

（8）Cohn, JW 1915 S.1338, 1421; A. Blomeyer, Zivilprozeßrecht 2. Aufl.（1985）§ 118 V.

（9）Baur, a.a.O. S. 78ff.; Karl Blomeyer, Arrest und einstweilige Verfügung, ZZP 65. Band（1952）S.61ff.; Stein-Jonas-Grunsky, a.a.O. vor § 916 Rdnr. 13; Heinze, a.a.O. vor§ 916 Rdnr. 54ff. Baumbach-Lauterbach-Hartmann, a.a.O. § 322 Rdnr. 30a; Thomas-Putzo, a.a.O. vor§ 916 Rdnrn. 7-11; Zöller-Vollkommer, ZPO 18. Aufl.（1993）vor § 916 Rdnr. 13; Schuschke-Walker, Vollstreckung und Vorläufiger Rechtsschutz Bd. II Arrest, Einstweilige Verfügung（1995）§ 922 Rdnrn. 24, 25; Baur-Stürner, a.a.O.; Baumann, a.a.O.; 吉川・前掲注（7）論文五九頁以下、中田・前掲注（7）同頁。

（10）三ケ月・前掲注（6）三八一頁。

（11）最判昭二六・二・二〇民集五巻三号五七頁、中務・前掲注（2）論文二頁、三ケ月・前掲注（6）三八二頁以下、同「戦後の仮処分判例の研究」民訴一号（一九五四年）一四八頁以下、村松・前掲注（2）論文七三九頁以下、中村・前掲注（2）論文二三〇頁以下（ただし、同論文が同旨として引用する下級裁判例の多くは、私見によれば、具体的事案における仮処分抵触の有無の判断を過っている）、吉川大二郎「判批」判例二七八頁。反対――広島高判昭二三・四・二八高民集一巻二号九五頁。

（12）神戸地判昭三二・三・一四下民集八巻三号四六二頁以下。本文掲記の問題意識を欠き、具体的事案における仮処分の本案が何たるかを十分に把握しないで仮処分の抵触の有無を判断している例として、名古屋高判昭四四・二・二八高民集二二巻二号二〇七頁（これに対する評釈――拙稿・民商六五巻一号一六五頁）。

（13）本文掲記の最高裁判例と同旨――吉川「保全処分の取消と起訴命令」研究三一二頁以下、同「判批」判例五一七頁以下、西山・概論二〇五頁、注解民執⑹一二三頁〔西山〕。反対――菊井維大「仮処分と本案訴訟」『民事訴訟法講座四巻』（有斐閣、一九五五年）一二三九頁以下、同「判批」保全百選一三四頁以下、兼子「判批」判例研究三巻四号（一九五二年）四三頁、三ケ月・前掲注（11）論文一七一頁、拙稿・注（12）一七〇頁以下、同「仮差押、

仮処分による時効中断」姫路法学二号（一九八九年）一七四頁以下、同・コンパクト民事保全法一一頁。

(14) 拙稿「仮差押・仮処分と本案」日弁連特別研修叢書昭和五一年度四四八頁以下。

(15) Stein-Jonas-Grunsky, a.a.O. § 922 Rdnr. 31; Heinze in MünchKomm ZPO a.a.O. § 922 Rdnr. 25; Baumbach-Lauterbach-Hart-mann, a.a.O. § 922 Rdnr. 3a; Thomas-Putzo, a.a.O. § 922 Rdnr. 3; Zöller-Vollkommer, a.a.O. § 922 Rdnr. 2; Schuschke-Walker, a.a.O. § 922 Rdnr. 8; Rosenberg-Gaul-Schilken, a.a.O. § 77 I 4d; Baur-Stürner, a.a.O. Rdnr. 51. 18; Arwed Blomeyer, Zivilprozeßrecht Erkenntnisverfahren 2. Aufl.（1985）§ 118 II 4; Baumann, a.a.O. § 15 II 2c8; Bruns-Peters, Zwangsvollstreckungs-recht 2.Aufl.（1976）§ 48 IV 2d.

(16) Stein-Jonas-Grunsky, a.a.O. § 936 Rdnr. 4a § 922; Heinze in MünchKomm ZPO, a.a.O. § 936 Rdnr. 12; Baumbach-Lauterbach-Hartmann, a.a.O. § 936 Rdnr. 3.

(17) 本文の記載に疑問を抱く向きは、大阪高判昭五五・一〇・一六下民集三一巻九－一二号九三五頁以下の事案とこれに対する苦渋な判示内容を見られたい。

(18) Stein-Jonas-Grunsky, a.a.O. § 922 Rdnr. 31 N. 57; Heinze in MünchKomm ZPO, a.a.O. § 922 Rdnr. 25 N.54; Bruns-Peters, a.a.O. § 48 IV 2d N.24.

(19) 西山・概論二九一頁。

(20) Baumbach-Lauterbach-Hartmann, a.a.O. Grundz § 916 Rdnr.19; 吉川大二郎「仮処分の執行期間について」研究二二九頁以下。

(21) 岩野徹ほか『有体動産の差押』（有斐閣、一九六六年）一五三頁〔兼子発言〕。

(22) 大決昭七・七・四民集一一巻一九七二頁、菊井維大「判批」判例民事法昭和七年度一五五事件五三六頁以下、吉川「保全処分の競合」研究二七九頁以下。

—民事保全講座2（一九九六年）所載—

10 人事訴訟と民事保全

一　問題点の概観
1　新法立案者による制度趣旨説明
2　管轄規定の矛盾
3　制度の基礎をなす理論の不透明
二　人事訴訟の附帯処分と民事保全命令
1　本案適格論証の必要
2　非訟事件の裁判にかかる本案適格肯認の諸説
3　非訟事件の裁判にかかる本案適格の原則的否認
4　附帯処分にかかる本案適格の否認
三　人事訴訟を本案とする仮の地位を定める仮処分の否認
1　新法立案者の理解
2　旧人事訴訟手続法第一六条の趣旨
3　新法下における空白状態の現出
4　立法の不備――ドイツ法との対照

一　問題点の概観

1　新法立案者による制度趣旨説明

旧人事訴訟手続法には、民事保全（仮差押え、仮処分）その他の裁判所による暫定的処分について一般的規定を欠き、その第一六条に「子ノ監護其他ノ仮処分」に関する簡単で意味内容の曖昧な規定が置かれているにすぎなかった。そのため、各種の人事訴訟やその附帯事件に関連し、裁判所の命ずる諸般の暫定処分の性質は何か、そもそも民事保全法上（その施行前は旧民事訴訟法上）の仮差押えと仮処分を命ずることが許されるのか、などの問題をめぐり疑問が生じ、論争が絶えなかったことは、周知のとおりである。ところが、新しい人事訴訟法（平成一五年七月一六日法律第一〇九号、平成一六年四月一日施行）にあっては、その第三〇条に人事訴訟とこれに関連併合される損害賠償請求訴訟を本案とする保全命令事件の管轄に関する特例規定を置いただけで、それ以外には民事保全その他の暫定的処分について触れるところがなく、旧人事訴訟手続法第一六条に相当する条文も除かれたため、さらに新しい考察の必要が生じた。諸家の見解では、新法の施行で旧法時の疑問点がおおむね氷解したように考える向きが多いらしいが、私見によれば、問題はさらに増したものである。

新法の立案の衝に当たった人たちの説明(1)によれば、

（旧人事訴訟手続法第一六条）の規定は、単なる（仮の地位を定める仮処分の）注意規定であると解するのが多数説であり、実務もこれに従って運用されており、例えば、民事保全法に基づいて、附帯事項として申立てがされる子の監護に関する処分を本案として（拙注—「基本たる人事訴訟を本案として」とは書いていないので、論理の混乱が認められる。）子の引渡しの仮処分の申立てがされることもある（……）。この見解を前提にすれば、単なる注意規定に過ぎない同条を存置しておく実益はないと考えられる。これに対し、同条は、民事訴訟法上仮処分の要件によらずに認められる特殊仮処分であるとの……（少数説の）見解を前提としても、……具体的にどのような場合にどのような仮処分が認められるのか明らかでない……。そこで、試案は、このような点を踏まえ、同条を削除して、仮の地位を定める仮処分に関しても民事保全法の規定を直接適用することとしている。また、仮の地位を定める仮処分以外の保全処分についても、民事保全法の適用があると解されており、実務上は、附帯事項として申立てがされる財産の分与に関する処分を本案として（拙注―ここでも「基本たる人事訴訟を本案として」とは書いていない）、……仮差押え又は仮処分の申立てがされ、これが認容されることがしばしばある。（法制審議会民事・人事訴訟法）部会においては、このような現行法における取扱いの実質を維持することで、意見がほぼ一致している。

というのである。

要するに、人事訴訟法中の民事保全に関係する部分は、旧人事訴訟手続法下の当該分野における実務の大勢と通説をそっくり容認し、これに従ったものだというのが、同法の立案者の思考にほかならない。そして、新法施行後の大方の実務も、既にその方向で推進されているらしいし、これまでに公刊された新法の解説書などでも、これに対して特に批判を加えているものを見ない。しかし、新法の制定過程で採用されなかったという反対説の中にはつとに権威のある文献で支持された説得力に富むものがあり、これらは、同法の施行によりその解釈と運用において成立の根拠を失ったとは解し難い。人事訴訟関連の保全命令をめぐり旧法下で問題視されていた諸般の疑義は、おおむね理論上のものであり、新法の施行後もそのまま先送りで残存しているのである。

2　管轄規定の矛盾

新人事訴訟法の民事保全に関する部分の不備は、その唯一の明文規定たる管轄に関するそれにおいて既に顕著である。

(1)　人事訴訟法第三〇条第一項には、「人事訴訟を本案とする保全命令事件は、……本案の管轄裁判所又は仮に差し押さえるべき物又は係争物の所在地を管轄する家庭裁判所が管轄する。」とある。そして、同法第二条によれば、同法において「人事訴訟」とは、身分関係にかかる各種の形成の訴え（婚姻の無効および取消し、離婚、協議上の離婚および取消し、嫡出子の否認、認知、認知の無効および取消し、父を定める目的、養子縁組の無効および取消し、離縁、協議上の離縁の無効および取消しの訴え）[2]および確認の訴え（婚姻関係、実親子関係、養親子関係の存否の確認の訴え）にかかる訴訟にほかならない。それ故、同法第三〇条第一項において、その管轄規定が適用される保全命令事件の本案たる「人事訴訟」とは、同法第二条がやはり「人事訴訟」の名において掲げる上記各種の形成訴訟および確認訴訟と同義であるとすれば（拙注―それがもっとも条文の字義に適した解釈であると信ずるが）、これらを本案とする強制執行の保全のための仮差押命令と係争物に関する仮処分命令は、そもそも存立の余地がないはずである。そして、管轄を定める条文中に「仮に差し押さえるべき物又は係争物の所在地を管轄する家庭裁判所」を掲げているのは、ナンセンスというほかはない。

(2)　仮の地位を定める仮処分についても、人事訴訟を本案とする適法な仮処分命令を想定し難いことは、後に詳述するとおりであるが、かりにその適法な例が認められるとしても、これにつき同法第三〇条第一項の中で「本案の管轄裁判所」の管轄をわざわざ規定しているのは、あらずもがなで、民事保全法第一二条第一項の原則規定に対する特則としての意味がない。

(3)　また、人事訴訟法第三〇条第二項において、人事訴訟に関連した損害の賠償に関する「金銭」請求にかかる保全命令の申立てを「係争物」の所在地を管轄する家庭裁判所にもすることができるとしているのは、不可解である。

3　制度の基礎をなす理論の不透明

もっとも、前段の記述が法の趣旨を正解せぬいわれのない形式論であるとの非難は、当然予想される。人事訴訟に関連する民事保全命令の適否の問題は、従来主として、「婚姻の取消しまたは離婚に伴う財産の分与に関する申立てを本案として、民事保全法上（その施行前は旧民事訴訟法上）の仮差押えと仮処分を命ずることができるか」という形で論ぜられていたのであり、この点につき、旧人事訴訟手続法下の実務においては、たしかに多数の学説の支持を受けて積極説が支配的であった。裁判所は、しばしば財産分与にかかる金銭債権を保全するための仮差押え、非金銭給付請求権を保全するための係争物に関する仮処分を命じていた。また、同法第一六条を根拠に子の監護や財産分与にかかる仮の地位を定める仮処分を命ずる事例も存在していたのである。旧法下のこうした扱いを新人事訴訟法の下でも是認して維持し、子の監護や財産分与に関する民事保全法上の保全命令も同様に認めようというのが、法案起草者の主観的意図であった。すなわち、人事訴訟法第三二条（旧人事訴訟続法第一五条に相応）により婚姻取消しまたは離婚の訴えに随伴して提起される「附帯処分」の申立てを本案とし、あるいはこれらの訴え自体を本案とし、同法第三〇条第一項の管轄規定の適用を受けて、家庭裁判所でも子の監護や財産分与に関する民事保全命令を発することができるものと解しようというのである。しかし、「附帯処分」は、基本たる訴訟の裁判に属しないから附帯処分なのであって、少なくとも同法第二条で定義づけられ、その例が制限列挙されている「人事訴訟」とは共通の対象部分がない別の概念である。それでも同法第三〇条第一項所定の保全命令事件の本案たる「人事訴訟」には当たるというのは、決して分かりやすい論理ではない。論者は、少なくとも上記の点に立法技術上の欠陥があることを承認すべきであり、さらにその立場を貫徹するためには、「附帯処分」の申立てにも民事保全命令の本案適格があることを積極的に論証する必要があろう。また、旧人事訴訟手続法第一六条が一般的に人事訴訟を本案とする仮の地位を定める仮処分の論拠になったという理解も、決して自明の理とはいえない。

さらに、裁判所が各種の人事訴訟に対応して機能的に作用すべく命ずる暫定的処分として、民事保全法の予定する民事保全命令が適切といえるかという、立法論にもかかわる根本問題がある。人事訴訟法の制定に際しては、何故かこの点に関する検討がおろそかにされている。

(1)　法務省民事局参事官室・人事訴訟手続法の見直し等に関する要綱中間試案の補足説明（別冊NBL七二号所収、同七三頁以下）、高橋宏志＝高田裕成編「新しい人事訴訟法と家庭裁判所実務」ジュリスト臨時増刊一二五九号七三頁以下。

(2)　人事訴訟法で「無効の訴え」とされているものも、性質上は形成の訴えであると解する（兼子一・民事訴訟法体系一四六頁、同「親子関係の確認」民事法研究一巻三五〇頁以下、山木戸克己・人事訴訟手続法一四頁以下、五一頁以下、七三頁。）。

二　人事訴訟の附帯処分と民事保全命令

1　本案適格論証の必要

そもそも、人事訴訟法第三二条（旧人事訴訟手続法ではその第一五条）により基本たる婚姻の取消しまたは離婚の訴えに随伴して提起される各種の「附帯処分」の申立てを本案として、民事保全法上の仮差押え、仮処分を命ずることができるのであろうか。この点は、前述のとおり、従来主として実際上もっとも頻繁に争われる財産分与に関する処分の申立てをめぐって論ぜられてきたが、問題の所在は、同条項に併記の子の監護に関する処分の申立て、標準報酬等の按分割合に関する処分の申立てについても共通であるといえる。これらの附帯処分は、すべてその性質において非訟事件の裁判である。このことに異論を挟む向きはないはずで、例えば、その典型たる財産分与の裁判がそうであることは、民法第七七一条において準用されている同法第七六八条第三項の規定からも疑いを容れない(1)。そこで、冒頭掲記の疑問に答えるためには、一般に紛争的性格の非訟事件の裁判の申立てが、民事保全法上の仮差押え、仮処分の本案たり得るかどうか、換言すれば、この種の裁判の申立てが、同法第三七条による保全取消しを免れるための「本案の訴え」に該当するかどうかについて、考察する必要がある。

2　非訟事件の裁判にかかる本案適格肯認の諸説

非訟事件の裁判、ことに紛争的性格を有するそれの申立てに民事保全命令の本案適格を肯定する見解は、後述のとおり有力であるが、これは、近時におけるわが国独自の傾向と思われる。

戦後の民法改正と家事審判法の制定により、扶養、財産分与、婚姻費用分担などの紛争的性格を伴う多くの人事関係、家事関係事件の裁判が、非訟事件手続の家事審判によるものとなった。ところが、その審判申立てに伴う財産保全等の暫定的処分については、旧民事訴訟法、人事訴訟手続法、家事審判法その他の関係法律に格段の明文規定を欠いていた。もっとも家事審判規則には、各種の紛争的または非紛争的性格の審判事件につき個別に審判前の仮の処分に関する規定が設けられていた。かつての条文でいうと、禁治産宣告事件につき第三〇条、準禁治産宣告事件につき第三〇条、第二三条、夫婦間の同居、協力扶助事件につき第四六条、九五条、財産分与事件につき第五六条の二、親権または管理権の喪失宣告事件につき第七四条、後見人解任事件につき第八六条、保佐人解任事件につき第九二条、第八六条、第七四条、扶養事件につき第九五条、遺産分割事件につき第一〇六条、遺言執行者解任事件につき第一二六条、第七四条がそれに当たり、その多くは現行規定でもある。しかし、こうした家事審判規則に所定の仮の処分に執行力または形成力が認められるかどうかについては、かねてから非常に争われていたところで、(2) 決して積極説が支配的であったわけではない。そこで私の憶測によれば、上記の背景事情が作用して、紛争的性格を有する各種の家事審判、さらには非訟事件の裁判一般の申立てに民事保全命令の本案適格を認めようという説が有力となったのである。(3) それは、家族関係社会の実際の必要に対応するものとして、それなりの合理性を有していたことは否めない。しかし、昭和五五年法律第五一号により家事審判法に執行力のある仮の処分に関する第一五条の三の規定が新設、挿入され、その施行後は、家事審判の申立てがあった場合、一般に家庭裁判所が（旧民事訴訟法上、民事保全法上の仮差押え、仮処分ではない）必要な保全処分（einstweilige Anordnung）を命じ得ることになった。そこで、家事審判の申立てを本案とする暫定処分としては、もっぱらこの規定に所定の保全処分によるべきであるとの当然の考え方が一般的となり、旧民事訴訟法上、民事保全法上の保全命令を許す余地がなくなった。法改正以前の本案適格肯定説は、適用範囲の相当部分を失ったわけである。

さらに、非訟事件を本案とする民事保全命令にかかる従前の積極説は、裁判例と文献により論拠と適用範囲が一様でない。結論においても、非訟事件一般につき民事保全命令の本案適格を認めるものと争訟的性格の事件に限りこれを認めるものとがある。また、非訟事件につき本案適格を否定する原則論をとりながら、協議または非訟事件の裁判により将来具体的内容が形成される請求権を本案とする仮差押え、仮処分(4)については、これを肯定する趣旨かと思われるものもある。ただし、民事保全法第三七条に従い起訴命令を受けて提起すべき「本案の訴え」としては、家事審判のような非訟事件の裁判の申立てでよいという趣旨なのか、将来の給付の訴えといった訴訟の提起を必要とするという趣旨なのかは、必ずしも明らかにされていない。その他、個々の見解について紹介、論評することは、煩に過ぎるので避けるが、総じて実際上の便宜論や非訟事件の裁判も債務名義となるといった単純な理由に尽きているのが目立ち、いずれも論証が不十分である。

3 非訟事件の裁判にかかる本案適格の原則的否認

非訟事件の裁判の申立てには、民事保全命令の本案適格を認めることができないであろう。
(1) 立法者は、すべての民事事件を訴訟裁判所（Prozessgericht）と非訟裁判所（Gericht der freiwilligen Gerichtsbarkeit）に分配している。訴訟裁判所は、原則として訴訟事件を所管し、訴訟手続で裁判をするのであり、非訟裁判所は、原則として非訟事件を主管し、非訟事件手続で裁判をするのである。共有物分割（民法第二五八条）、境界確定等のいわゆる形式的形成訴訟は、前者に対する例外であり、後に述べるいわゆる真正争訟事件は、後者に対する例外である。家庭裁判所が人事訴訟法第三二条第一項により婚姻の取消しまたは離婚の訴えと附帯処分の申立てとを一括処理するのは、訴訟裁判所と非訟裁判所の資格兼併にほかならない。そこでは、後述のとおり（↓4⑶）、双方の事件につき一様に訴訟手続によって裁判をするのではなく、附帯処分の申立てに対しては、多分に非訟事件手続の原則の適用が認められるのである。いずれにせよ、訴訟裁判所が非訟裁判所の所管事件につきもっぱら訴訟手続で裁判をすることも、非訟裁判所が訴訟事件につきもっぱら非訟事件手続で裁判することも、ともに裁判権（Gerichtsbarkeit）の侵犯であって、許されない。[5]

⑵　民事保全法上の仮差押命令および仮処分命令は、立法者により訴訟裁判所に分配された事件であって、もっぱら訴訟裁判所が訴訟手続により既判力を伴うものとして存否の判断をする請求のために認められるものである。立法者は、民事保全命令が非訟裁判所に分配された事件を本案として発せられることを断じて予定していない。[6]このことは、前述した訴訟裁判所と非訟裁判所との裁判権の分掌に由来する。沿革的には、仮差押えおよび仮処分に関する規定がかつて民事訴訟法典の一部をなしていたところ（母法国のドイツでは、現在でもそうである）、「民事保全法」という独立の単行法となったものである。それは、（性質上狭義の裁判手続に属する仮差押え、仮処分命令の規定が強制執行編に組み込まれていた）法典の体系不備を補正する意味もあったが、むしろ該手続にかかる法改正が判決手続にかかるそれに先行したことに当面の大きな理由があったもので、民事保全手続、ことにその（「保全命令」の名の）裁判手続が民事訴訟手続の一環をなすという原則は、不動のものとして維持されている（民事保全法第七条）。それで、民事保全法第一条は、仮差押えと係争物に関する仮処分が「民事訴訟の本案の権利の実現を保全するため」のものであり、仮の地位を定めるための仮処分が「民事訴訟の本案の権利関係」につきなされるものであると、明文をもって適用範囲を画しているのである。これを受けて、同法第三七条においては、本案未係属の間に保全命令が発せられた場合、起訴命令等を受けた債権者がその保全命令の取消しを

免れるためには、「本案の訴えを提起」しなければならないとされている。裁判所が保全命令を発するには、その背景をなすべき本案の権利の存否を審査するわけであり、その審査の対象は、事実を小前提、法規を大前提とする三段論法をもって画一的結論を導く厳格な民事訴訟の訴訟物であることを必要とする。もし裁判所がその際、具体的案件における子の監護に適切な処分は何か、財産分与請求権の具体的内容形成としてその態様や数額をどこに求めるべきか、といった非訟裁判所の裁判事項に属する合目的性の判断を先取りするのであれば、明らかに裁判権の侵犯といわねばならない。

(3)　非訟裁判所に分配された事件の終局裁判前に保全的処分が必要な場合は、非訟裁判所自身が非訟事件手続によりこれをなすべきものとして、仮の処分（einstweilige Anordnung）に関する特別の規定が設けられているのを通例とする。家事審判法第一五条の三は、その適例をなすが、商法旧規定第五八条第二項、非訟事件手続法旧規定第一二六条第一項、第一三五条ノ二、商法旧規定第三八六条第一項第九号、非訟事件手続法旧規定第一三五条ノ二四以下、商法旧規定第四五四条第一項第六号、上記商法と非訟事件手続法の旧規定を踏襲した会社法第五四〇条第一項、第二項、第五四一条ないし第五四三条、第八二五条第一項も、同様である。これらの特別規定による仮の処分は、いずれも発令前に基本たる裁判事件が裁判所に係属していることを要し、処分の内容が広く裁判所の裁量に委ねられて必ずしも本案の範囲に限定されないなど、発令の要件と手続が民事保全命令のそれと大きく異なっている。このことは、立法者の思考において、非訟裁判所の終局裁判前の暫定処分には民事保全法上の仮差押命令、仮処分命令が親しまないとの前提が存在していることを示すものにほかならない。それ故、非訟事件については、民事保全法上の保全命令を認める余地がないのである。また、立法者がある非訟事件の裁判の申立事件につき必要な仮の処分に関する特別規定の設定を遺脱していても、補充的に民事保全命令を容認することは、理論上許されないであろう。

(4)　ただし、非訟事件の裁判の申立てに民事保全命令の本案適格を否定する前示の原則を保持するとしても、講学上いわゆる真正争訟事件（echte od. privatrechtliche Streitsache）については理論上の例外を認めなければならない。非訟事件における真正争訟事件とは、講学上の概念であって、その意味内容に関する学者の理解は必ずしも一致しないようであるが、権威のある一般的な見解によれば、実定法上は非訟事件手続で裁判される事件であるが、二当事者が一定の私法上の権利または法律関係の存否をめぐり対立し、裁判所がこれにつき既判力を伴う終局的確定の裁判をするものをいうのであり、その実質は、訴訟事件にほかならない。[7]したがって、その裁判の申立てについては、理論上は訴えの提起に準じ民事保全の本案適格を肯定し得るものと解すべきであろう。[8]しかし、真正争訟事件の概念を上述のように解する限り、わが実定法の下でこれに該当すると認めることができる例は、非常に限られている。もちろん財産分与申立事件はこれに該当せず、私の思い当たるのは、①裁判上の代位（民法第四二三条、非訟法第七二条ないし第七九条）、②商法旧規定上の会社役員等の責任に基づく損害賠償請求権の査定（商法旧規定第三八六条第一項第八号、非訟法旧規定第一三五条ノ五〇ないし五二、商法旧規定第四五四条第一項第五号、非訟法旧規定第一三八条ノ一五）、③夫婦財産契約における財産管理者の変更（民法第七五八条第二項、家審法第九条第一項乙類第二号）、④推定相続人廃除（民法第八九二条、家審法第九条第一項乙類第九号）[9]の裁判事件だけである。そして、これらの真正争訟事件のうち②③については、すでに立法者が非訟裁判所自身による終局裁判前の保全処分の途を開いているから（商法旧規定第三八六条第一項第九号、第二項、第四五四条第一項第六号、家審法第一五条の三）、同じ方向の民事保全命令を認める余地がなく、①④については、これらを本案とする適法で実益のある民事保全法上の保全命令として何があるのか、私にはその例を想定することができない。

4　附帯処分にかかる本案適格の否認

非訟事件の裁判の申立てに民事保全命令の本案適格を否定するこれまでの記述については、人事訴訟法第三二条（旧人事訴訟手続法ではその第一五条）により、婚姻の取消しまたは離婚の判決中に子の監護や財産分与の附帯処分を命ずるときのように、性質上の非訟事件が民事訴訟の判決で裁判される場合に関して、たしかに疑問の余地がある。そしてこの場合には、（例外的に？）非訟事件の裁判の申立てを本案とした仮差押えや仮処分が許されるとする裁判例や学説が少なくない。[10]

しかし、この考え方も失当である。

(1)　人事訴訟法第三二条の附帯処分そのものは、婚姻取消判決または離婚判決中でなされ形式的に確定しても、子の監護や財産分与に関する実体私法上の権利につき既判力が伴わぬ、非訟事件の裁判たる本質を失うものでない。したがって、その裁判の申立てに民事保全命令の本案適格を肯定する根拠は、薄弱である。[11]

(2)　人事訴訟法が第三二条以下において婚姻の解消に向けた訴訟手続と附帯処分の裁判手続との結合を認めているのは、訴訟裁判所がその資格において非訟事件の裁判をすることを容認している趣旨では断じてない。それは、前述のとおり、家庭裁判所による訴訟裁判所と非訟裁判所の資格兼併と観念すべきである（→3(1)）。そして、この手続結合、資格兼併は、もっぱら便宜上の理由に基づくものであるから、性質上流動的であり、ドイツ法では、離婚事件と附帯事件（Folgesachen）とが結合していても、裁判所が、申立てにより両事件を分離し、職権で附帯事件に対する裁判を留保して離婚判決を先行させることを認めているし（ドイツ民事訴訟法第六二三条第二項第二文ないし第四文、第六二八条）[12]、わが人事訴訟法第三六条も、婚姻の取消しまたは離婚の訴えに附帯処分の申立てが結合した事案で、協議離婚や和解で判決によらずに当該婚姻が終了したときは、受訴裁判所が残りの附帯処分の申立てだけについて審理、裁判をするものと定めている。この場合の附帯処分の申立てに対する裁判の主体は、もとより婚姻終了前から継続して非訟裁判所と目すべきものである。いずれにせよ、非訟裁判所の所管事件につき訴訟裁判所が民事保全命令を発することは、許されないのである。

(3)　家庭裁判所が人事訴訟法第三二条第一項により婚姻の取消しまたは離婚の訴えと附帯処分の申立てとを一括処理する場合でも、双方の事件の裁判が一様に訴訟手続によってなされるものと錯覚してはならない。同条の附帯処分の申立ては、婚姻の取消しまたは離婚の訴えと手続が結合していても、非訟事件たる本質を失うものでないから、これについては、非訟事件手続の基本原則の適用が認められるのである（ドイツ民事訴訟法第六二一条a）。例えば、事実の認定は、自由な証明によることが許されるし、対審、公開の原則も徹底されず、必要的口頭弁論の原則も適用がない。婚姻の取消しまたは離婚の訴えと付帯処分の申立てとでは、共通の口頭弁論期日の設定が必要であるけれども（ドイツ民事訴訟法第六二三条第一項第一文参照）、裁判所は、裁量により、例えば財産分与申立事件につき、離婚事件と共通の最初の口頭弁論期日の前または口頭弁論期日の合間に、非訟事件で許される非公開の審理を進めることも許される（非訟法第一三条）。両事件にかかる弁論共通の原則とは、終局判決に接着した共通の最終口頭弁論期日において、すべての手続資料を当事者に開示し、意見陳述の機会を与えることを要するという意味にすぎないのである。(13)

（1）　拙稿「財産分与請求の裁判手続」本書六五頁以下。

（2）　積極説——京都地裁昭和二六年九月二八日判決・下級裁民集二巻九号一一五八頁、東京高裁昭和二七年七月二九日決定・高裁民集五巻八号三三八頁、最高裁家庭局長昭和二五年一〇月五日回答・最高裁通達通知回答集（下）五〇二頁の二、山木戸克己「家事審判と保全処分」中川教授還暦記念Ⅰ三〇六頁以下、同・家事審判法三五頁以下、

鈴木忠一「非訟事件の裁判と執行の諸問題」非訟・家事事件の研究五四頁以下、河野力「仮の処分と履行確保」家族問題と家族法Ⅶ二四二頁以下。

消極説――法務府民事局長昭和二五年七月二〇日回答・登記関係先例集(下)一四三三頁、兼子一「特殊仮処分の手続」民事訴訟雑誌一号三〇頁、市川四郎「家事審判における実務上の問題と判例」同誌三号一三八頁以下、同・家事審判法概説四二頁、宮脇幸彦「家事事件の保全処分」判例タイムズ二九号一一頁以下。

(3) 東京家裁昭和三二年九月二七日決定・家裁月報九巻九号三五頁、浦和地裁熊谷支部昭和三九年一月三〇日判決・下民集一五巻一号八八頁、菊井維大「仮処分と本案訴訟」民事訴訟法講座四巻一二三三頁以下、兼子一「特殊仮処分の手続」民事訴訟雑誌一号三〇頁、同・増補強制執行法三〇三頁、野間繁「被保全権利」吉川博士還暦記念(上)一八七頁以下、中村修三「家事事件の保全処分」判例タイムズ八六号二四頁以下、西山俊彦・新版保全処分概論三六頁以下、山田隆子「財産分与請求権の保全方法」兼子博士還暦記念(上)七一〇頁以下、山崎末記「家事審判事項を本案とする保全処分」宮崎＝中野編・仮処分の基礎一四頁以下。

(4) 協議または裁判による具体的内容形成前の財産分与等の請求権は、これを本案として権利保護の必要と理由のある本案の訴えを提起し得ないはずであるから、民事保全命令の本案適格を否定するのが正しい(拙稿・コンパクト民事保全法一八頁以下。同「家事審判手続と民事訴訟」(仮差押・仮処分に関する諸問題(司法研究報告書一四輯四号)九二頁以下に記載の見解を改める)。これを肯定するとしても、その場合の保全命令事件は、本案が人事訴訟ではないから、家庭裁判所の管轄に属することがあり得ない。

(5) Schlegelberger, FGG 7. Aufl. § 1 Rdnr. 15.; Keidel-Kunze-Winkler-Schmidt, FG 14. Aufl. § 1 Rdnr. 12 ～ 14.; Baur, Freiwillige Gerichtsbarkeit § 2 B Ⅲ 5.; derselbe, Studien zum einstweiligen Rechtsschutz S. 8.; Stein-Jonas-Schumann, ZPO 20. Aufl. Einl Rdnr. 457.; 鈴木忠一「非訟事件の裁判の既判力」同標題書一七頁、同「非訟事件の裁判と執行の諸問題」非訟・家事事件の研究三六頁以下。

(6) Stein-Jonas-Pohle, ZPO 18. Aufl. vor § 919 I 1a.; Stein-Jonas-Grunsky, ZPO 22. Aufl. vor § 916 Rdnr. 28.; MünchKomm-Heinze, ZPO 2. Aufl. § 919 Rdnr. 4.; 東京地裁昭和三四年二月二七日決定・判例時報一八三号一〇頁以

下、鈴木忠一「非訟事件の裁判及び訴訟上の和解の既判力」非訟事件の裁判の既判力一六三頁以下、同「非訟事件の裁判と執行の諸問題」非訟・家事事件の研究三七頁、山木戸克己「家事審判と保全処分」家族法体系Ⅰ三一〇頁以下、三ケ月章「戦後の仮処分判例の研究」民事訴訟法研究二巻三八頁以下、宮脇幸彦「非訟事件と保全訴訟」民事法の諸問題三四二頁以下、岡垣学「非訟事件を本案とする仮処分」村松裁判官還暦記念(下)二三一頁以下、中野貞一郎「通常仮処分か特殊仮処分か」強制執行・破産の研究二七〇頁。

(7)　Lent, Zivilprozeß und freiwilligen Gerichtsbarkeit, ZZP Band 66 S. 267ff.; Baur, Freiwillige Gerichtsbarkeit § 1 Ⅲ 2.; Habscheid, Streitgegenstand S. 87ff.; derselbe, Freiwillige Gerichtsbarkeit 7. Aufl. § 7.

(8)　Stein-Jonas-Grunsky, ZPO 22. Aufl. vor § 916 Rdnr. 57. 反対――鈴木忠一・前掲注(6)掲記の二論文。

(9)　推定相続人廃除に関する家事審判事件を真正争訟事件と認めるのは、最高裁昭和四〇年六月三〇日決定・民集一九巻四号一一一四頁以下中の田中二郎裁判官の意見、兼子一「人事訴訟」家族問題と家族法Ⅶ一八七頁、拙稿「訴訟と非訟」本書三六頁以下、同「人事、家事関係訴訟の適正手続と管轄」本書一八九頁以下。ただし、最高裁昭和五五年七月一日決定・裁判集民事一三〇号二〇五頁、判例時報九八一号六五頁、判例タイムズ四二五号七七頁、同昭和五九年三月二二日決定・判例時報一一一二号五一頁、鈴木忠一・前掲注(6)五三頁は、反対である。

(10)　東京高裁昭和三五年五月二六日決定・下民集一一巻五号一一六〇頁、鈴木忠一・前掲注(2)三七頁以下、山木戸克己・人事訴訟手続法一四九頁、宮脇幸彦・前掲注(6)論文三四七頁、市川四郎「財産分与請求」総合判例研究叢書民法(3)一二六頁、岡垣学・前掲注(6)論文二三七頁以下、同「人事訴訟における仮処分の性質」山木戸教授還暦記念(上)三一七頁以下、太田豊・家事・人事事件に関する保全処分の研究二四四頁以下。

(11)　東京地裁昭和三四年二月二七日決定・判例時報一二三号一〇頁、最高裁民事部長昭和二三年一二月二二日回答・最高裁通達通知回答集(上)八〇頁の一、中島一郎「人事訴訟事件を本案とする仮処分」村松裁判官還暦記念(下)二七六頁以下、中野貞一郎・前掲注(6)論文二七〇頁以下。

(12)　本文掲記のドイツ法の規定と異なり、わが人事訴訟法第三二条では、婚姻事件と附帯事件の分離、ならびに、離婚判決等の先行を認めていない。これは、法解釈としてはやむを得ない結論と思うが（最高裁平成一六年六月三日判決・判時一八六九号三三頁以下、判例タイムズ一一五九号一三八以下参照)、しばしば修復不能の破綻に陥った婚姻関係の無意味な継続を助長するもので、はなはだ当を得ない。

(13) Stein-Jonas-Schlosser, ZPO 21. Aufl. §623 Rdnr. 16.; MünchKomm-Finger, ZPO 2. Aufl. §623 Rdnr. 41.; Baumbach-Lauterbach-Albers, ZPO 58. Aufl. §623 Rdnr. 13.

三　人事訴訟を本案とする仮の地位を定める仮処分の否認

1　新法立案者の理解

旧人事訴訟手続法第一六条には、婚姻の無効、取り消し、離婚またはその取消しの訴えについて、「子ノ監護其他ノ仮処分ニ付テハ仮ノ地位ヲ定ムル仮処分ニ関スル民事保全法(……)ノ規定ヲ準用ス」と規定され、この規定は、同法第二六条をもって養子縁組の無効、取消し、離縁またはその取消しの訴えにつき、同法第三二条第一項をもって子の否認、認知、認知の無効、取消し、父を定めることを目的とする訴えにつき、それぞれ準用されていた。これらに相当する条規は、新人事訴訟法から排除されているのであるが、その理由を同法の立案者の説明に求めると、本稿の冒頭で紹介したとおり、旧法第一六条は、民事保全法上の仮の地位を定める仮処分に関する注意規定にすぎなかったからとする。[1] そこで立案者は、新人事訴訟法の下においても、あえて旧人事訴訟手続法第一六条の亡霊を援用せずとも民事保全法の一般理論により、もろもろの人事訴訟を本案として子の監護や財産分与にかかる仮の地位を定める仮処分を命ずることが認められるはずだというのである。

しかし、こうした考え方には到底賛成することができない。

2　旧人事訴訟手続法第一六条の趣旨

そもそも、旧人事訴訟手続法第一六条が民事保全法上の仮の地位を定める仮処分の規定であったと解することに疑問がある。

(1)　同法条の「子ノ監護其他ノ仮処分」が民事保全法上の仮処分であったとすれば、その本案が何であったかという問題が当然に生ずる。有力説は、人事訴訟手続法第一五条の「子ノ監護」または「財産ノ分与」の附帯処分の申立てがそれであるとしていた(2)。この説は、さきに論評した現行人事訴訟法第三二条の附帯処分の申立てに民事保全命令の本案適格を肯定する見解と内容的に符合する。しかし、旧人事訴訟手続法第一五条の附帯処分もその本質において非訟事件の裁判であったから、すでに詳述した理由で、その申立てを本案とする民事保全法上の仮処分命令は、許されなかったはずである。また、「子ノ監護其他ノ仮処分」に関する人事訴訟手続法第一六条は、同法第一五条が昭和二二年法律第一五三号による改正で判決の職権送達に関する規定から子の監護、財産分与にかかる附帯処分に関する新設規定に変容する前から存在し、婚姻事件につき直接の適用があるほか養子縁組事件、親子関係事件にも準用される条規であった（同法第二六条、第三二条第一項）。それ故、同法第一五条が前示附帯処分の規定に改正されると、にわかに養子縁組事件、親子関係事件につき準用のない同条による附帯処分の申立てが同法第一六条の仮処分の本案適格を取得するに至ったとは、とても解することができない(3)。

(2)　他の説は、人事訴訟手続法上の婚姻取消し、離婚、離縁、認知その他の形成の訴え自体が本案であると解していた(4)。論者は、必ずしも明言していたわけではないが、この考え方によれば、子の監護や財産分与に関する仮処分命令を得た債権者が民事保全法第三七条第一項の本案の起訴命令を受けた場合、その仮処分命令の取消しを免れるために提起すべき本案の訴えとしては、当該子の監護や財産分与にかかる附帯処分の申立てを伴わぬ婚姻取消しや離婚の訴えだけで足りたということになる。しかし、これらの訴えにおいて原告の権利主張が肯認された場合、その勝訴確定判決によって生じた形成の効果は、婚姻の解消、養子縁組関係の解消、嫡出親子関係の形成といった、判決主文に包含され、あるいはその直接の論理的帰結として得られた内容にほかならず、それ以上のものではなかったはずである。原告の勝訴は、これにより裁判所が子の監護や財産分与に関しなんらかの附帯処分を命ずるための前提条件を成立させただけで、その判決の内容は、子の監護や財産分与に関する（論者の見解によれば裁判所が人事訴訟手続法第一六条の裁判をもって裁量で定めることができたという）処分の内容を包摂していたものでは決してない。この関係は、民事保全法第一条、第三七条で予定されている本案の訴えと仮処分との関係とは明らかに異質である。私見に反して、人事訴訟手続法第一六条の「子ノ監護其他ノ仮処分」も民事保全法上の仮処分の一種であり、特例で本案の範囲内という発令の要件を緩和したものにすぎぬと説明する立場も想定される。かくては単なる用語の問題に帰着するとも思われるので、あえて強く論難するには及ぶまいが、そこでの仮処分の概念は、伝統的なそれから著しく逸脱するものであるから、やはり賛成することができない。いずれにせよ、婚姻取消しや離婚の訴え自体に民事保全命令の本案適格を認めた説も、失当である。(5)

(3)　人事訴訟手続法第一六条の「子ノ監護其他ノ仮処分」が民事保全法上の仮処分にほかならなかったとすれば、該分野の理論に従いその発令の前提となる適格を具えた本案（同法第一条、第三七条）を想定することができなければならないが、前述の次第で、それは不可能といわざるを得ない。したがって、上記の「子ノ監護其他ノ仮処分」を民事保全法上の仮処分と認めた多数説は、誤りであったと断ずべきである。むしろ、人事訴訟手続法第一六条は、同法上の婚姻事件、養子縁組事件、親子関係事件にかかる各種の訴えに伴う附随の処分として、少なくとも発令の実質要件に関する限り、本案の裁判所が本案の範囲内という仮処分（einstweilige Verfügung）

に求められる拘束に従わないで命ずることができる特殊保全処分たる仮の処分（einstweilige Anordnung）についての規定であったと解する少数説[6]を相当とする所以である。ただし、同条をかように解した場合、その文言が各種の特殊保全処分に関する他の法令の条規に比し曖昧に過ぎるし、さらに「子ノ監護其他ノ仮処分」の手続面で問題があった。人事訴訟手続法第一六条によれば、この仮の処分についても「仮ノ地位ヲ定ムル仮処分ニ関スル民事保全法（……）ノ規定ヲ準用ス」というのであったから、仮処分命令手続の原則に従い、本案の手続に随伴するのでなく本案未係属の間の発令が許され、発令裁判所と現実に本案を受訴する裁判所とが別になることもあり、その発令裁判所のもとで仮処分異議や事情変更による保全命令の取消し、変更が認められ、発令にあたっては、法律の建前では原則として、救済の手続においては必要的に、口頭弁論に基づく判決が求められたという結論になる。かくては、手続の機動性の要請に背馳し、しばしば本案訴訟の審理との間に不自然なすれ違いを生じたであろうことも認めなければならない。しかし以上は、立法者の省察不十分に基づくやむを得ぬ結論であり、むしろ仮の処分という態様の保全処分を認めたことの積極面として、各種の人事訴訟に柔軟に対応し、子の監護や財産分与に関する措置だけでなく、夫婦の暫定的別居、その間における住居の保障、扶助料、扶養料の支払い、生活必需品の供与など、多様な暫定的措置を命ずることを可能にした点を評価すべきであろう。

3　新法下における空白状態の現出

新人事訴訟法の下では、極めて遺憾な事態であるが、人事訴訟に関連する暫定的処分の領域で一種の空白状態が現出していることを認めなければならない。

(1)　旧人事訴訟手続法第一六条の「子ノ監護其他ノ仮処分」が民事保全法上の仮の地位を定める仮処分であっ

たとする多数説の論者は、これに相当する条規を欠く新人事訴訟法の下でも、人事訴訟一般を本案として相応の仮処分を命ずることができるというのであるが、それは、全く根拠のない謬論である。同法上の人事訴訟は、前述（一2(1)）のとおりすべて形成訴訟または確認訴訟である（同法第二条）。したがって、人事訴訟を本案とする強制執行保全のための仮差押えと係争物に関する仮処分は、勿論これを考える余地がない。仮の地位を定める仮処分についても、本案が形成の訴えの場合、そこで求められる形成の効果は、原告勝訴判決の確定によってのみ与えられるものであるから、その判決確定の効果を先取りして権利関係形成の内容を実現させる仮処分は、許されない。[7] 暫定的にせよ離婚を命ずる仮処分や認知を命ずる仮処分がこれに当たる。権利関係形成の仮処分も、法人の役員の選任決議取消しの訴えを本案としてその役員の職務執行停止を命ずる仮処分（民事保全法第五六条）のような、形成の内容が本案判決のそれに比し量的に少なく（minus）内容的にも等質でない（aliud）ときには許されると解されているが、[8] その場合でも、仮処分の方法が本案請求権の限界を超えるものであってはならず、原告勝訴の本案判決が内容的に仮処分命令を包摂する関係の存在が求められているのである。前述のとおり、旧法下の婚姻取消し、離婚の訴えを本案とした子の監護、財産分与に関する仮処分を不適法とするのは、上記の包摂関係が欠けるからである。身分関係の存否確認の訴えについても、これを本案とする仮処分をもって、原告勝訴判決確定の効果を先取りして身分関係の確認を命じたり、本案判決の主文に包含される内容から逸脱して子の監護や扶養に関する処分を命ずることは、身分法の本質と民事保全法の理論に反し、断じて許されるものでない。多数説の論者が人事訴訟を本案とする仮処分の具体例として人事訴訟法第三二条第一項例示の子の監護、財産分与、標準報酬等の按分割合に関するそれ以外に何を考えているのかは、必ずしも判然としない。ある文献は、その適法例として、婚姻関係事件につき親権、夫婦間の同居、扶養に関する処分、親子関係事件につき扶養、相続権保全に関する処分をあげているけれども、[9] 私見によれば、すべて本案請求権の範囲から逸脱した違法な仮処分といわねばならない。私には人事訴訟を本案とする民事保全法上の仮処分命令の適法な例を想定することができないのである。

(2) 旧人事訴訟手続法第一六条が民事保全法上の仮処分でなく特殊保全処分たる仮の処分に関する規定であったとするわれわれの立場でも、すでにこれに相当する条規を欠く新人事訴訟法の下では、人事訴訟に附随してしかるべき仮の処分を命ずることは認められない。立法者は、裁判所が各種の事件につき民事保全法上の仮の地位に関する仮処分によらずに特殊の仮の処分を命ずることを容認する場合、その要件と手続を当該事件に関する法令において個々的に規定している。民事訴訟法第三三四条第二項、第三九八条第一項、第三九九条、民事執行法第一〇条第六項、第一一条第二項、第三二条第二項、第三六条、第三七条、第三八条第四項、第一三二条第三項、第一八三条第一項第五号ないし第七号、家事審判法第一五条の三、家審規第五二条の二、第五六条、第九五条、民事調停法第一二条、家事審判規則第一三三条、商法旧規定第三八六条第一項第九号、第二項、第四五四条第一項第六号、会社法第五四〇条ないし第五四二条、第八九八条、第九三八条第三項ないし第五項、破産法第二四条、第二五条、第二八条、民事再生法第二六条、第二七条、会社更生法第二四条、第二五条、第九九条がその例である。こうした根拠規定を欠く仮の処分の発令は、許されぬものと解しなければならない。

4 立法の不備——ドイツ法との対照

人事訴訟を本案とする裁判所の暫定的処分について、上述のように議論が輻輳し、合理的な解決が求め難くなっている根本の原因は、法制の不備にある。旧人事訴訟手続法第一六条の規定は、後述のとおり前提事情の異なる当時のドイツ法の安易な継受であったが、その後一世紀を超える間、関連分野の法規について、わが国では根本的な改善が見られなかったのにひきかえ、ドイツでは数次の法改正による大幅な変遷があり、各種の人事訴訟に対応した多様な態様の暫定的処分を容易にする途が開かれているのである。

(1) 旧人事訴訟手続法第一六条の典拠となったと思われる当時のドイツ民事訴訟法の該当規定、ならびに、この規定の内容が一九三八年までの法改正で大きく変容した過程については、すでに中野教授の緻密な考証と的確な分析が公けにされている(10)。詳細はその記述に譲ることとし、以下において概要を紹介する。

わが旧人事訴訟手続法（明治三一年法律第一三号）第一六条の規定は、昭和二二年の改正前には、

扶養若クハ同居ノ義務、子ノ監護其ノ仮処分ニ付テハ民事訴訟法第七百五十六条乃至第七百六十三条ノ規定ヲ準用ス

というのであった。これは、当時のドイツ民事訴訟法（一八七七年成立）第五八四条の

仮処分、特に配偶者が仮別居の許可及び扶助料の支払いを申し立てた場合における仮処分については第八一五条ないし第八二二条の規定（わが民事訴訟法（旧）第七五六条ないし第七六三条と同内容）を適用する。

という規定をそっくり模倣したものである。ところが当時のドイツ帝国では、婚姻訴訟にまつわる仮処分の制度が各州によって一様でなく、民法上妻に離婚訴訟中の別居権を与えていた州もあり、各州の民法典で婚姻訴訟に伴う仮処分の許容要件を定めている例も多かった。上記のドイツ民事訴訟法（旧）第五八四条は、こうした各州民法の規定の効力を維持する前提で成立した条文にほかならない。その形骸を継受したわが人事訴訟手続法第

一六条は、当時のドイツ連邦で見られたような前提事情があったわけでないから、仮処分の許容要件に関する規整を空白にして、保全処分の準拠手続を定めた条文であったと認められる。同条を仮の地位を定める仮処分の注意規定と解した説は、以上の沿革に照らしても根拠に乏しい。

婚姻訴訟に伴う保全処分に関し、一八七七年制定の前掲ドイツ民事訴訟法（旧）第五八四条ではなお規整の対象を「仮処分（einstweilige Verfügung）」としていたが、その後数十年間にわたる数次の法改正は、「仮処分」から「仮の処分（einstweilige Anordnung）」への転化の過程であった。一九三八年改正後の同法にあっては、その第六二七条が、まず、

婚姻事件においては、裁判所は、申立てにより訴訟の継続中配偶者の別居を許し、相互の扶養および訴訟費用前払いの義務を定め、共通の未成年の子の監護について、法定代理に関係するのでない限り、処分（Anordnungen）を命じ、ならびに、配偶者相互の関係において子に対する扶養義務を定めることができる。

といい（第一項）、続いて、その申立てが訴状の提出後または起訴防止の勧解の期日指定後に許されるものとし（第二項）、申立ての方式、任意的口頭弁論に基づく決定による裁判、本案審理担当の裁判所ないし単独裁判官の管轄を法定し（第三項）、決定に対する不服が抗告によるものと定めていた（第四項）。さらに続く同法第六二七条aでは、前条による共通の未成年の子の監護に関する処分が原則として本案訴訟の継続中だけ効力を保つことを定め、第六二七条bでは、裁判所が申立てにより、離婚、婚姻取消し、婚姻無効の判決と同時に、婚姻法により判決確定後生ずる旧配偶者間の扶養請求権を決定をもってあらかじめ仮に定めるものとしていた。これらが通常の「仮処分」でなく特殊仮処分たる「仮の処分」の規定であったことは、その文言、内容に照らし疑いを容れ

ない。(11)

(2)　中野論文の発表後、婚姻事件における暫定処分に関するドイツ民事訴訟法の規定は、一九七六年六月一四日の法改正によりさらに大幅な拡充を見て、周到、詳細な内容となったが、その暫定処分が「仮処分」でなく「仮の処分」であることを、発令の要件と手続の面で一層明確にしている。この際に新設された同法第六二〇条は、一九七九年、一九八六年、一九九七年、二〇〇一年の四度にわたる小改正を経て、現行内容は、

裁判所は、仮の処分（einstweilige Anordnung）の方法で申立てにより次の事項を定めることができる。

1　共通の子の親としての監護、
2　一方の親の子との交渉、
3　他方の親への子の引渡し、
4　未成年の子に対する扶養義務、
5　配偶者の別居、
6　配偶者の扶養、
7　夫婦の住居と家財の利用、
8　配偶者の一方または子の個人的使用に供するものと定められた物件の引渡しまたは利用、
9　関係人が継続を予定して共同の世帯を現に営みまたは申立てに先立つ六か月を超えぬ期間営んでいた場合において、暴力行為防止法第一条および第二条による処分、
10　婚姻事件および附帯事件のための訴訟費用前払いの義務。

というのである。そして、続く同法第六二〇条aでは、仮の処分の手続として、決定による裁判、申立てが訴訟継続または訴訟救助の申立ての後に許され、一定の方式に従い、要件の疎明が必要であり、一定の事件では子と青少年関係官の意見聴取が求められ、原則として本案の受訴裁判所の管轄に服することが定められ、第六二〇条bでは、裁判所による決定の取消し、変更に関し、申立ての要否、子と青少年関係官の意見聴取の要否、口頭弁論の要否、おおむね前同様の管轄によることが定められ、第六二〇条cでは、仮の処分の裁判につき即時抗告に服するものと不服申立てを許さぬものとの振り分けが定められ、第六二〇条dでは、仮の処分の取消し、変更、即時抗告については申立てと裁判に理由を付する必要があることが定められ、第六二〇条eでは、仮の処分の取消し、変更、即時抗告について裁判所が仮の処分の取消し、変更、即時抗告についての裁判前に当該仮の処分の執行停止を命じ得ることが定められ、第六二〇条fでは、仮の処分が本案における原告の敗訴等によって失効することなどが定められ、第六二〇条gでは、仮の処分の手続費用命が本案の費用の一部となることなどが定められている。

また、二〇〇一年一二月一一日に新設された同法第六二一条gは、

第六二一条第一項第一号、第二号、第三号または第七号による手続（家庭裁判所の管轄に専属する家事事件たる親権に服する子の監護、子との交渉の規制、親権に服する子の引渡し、夫婦の住居と家財の処置に関する法律による規制にかかる裁判手続）が係属し、またはその手続のための訴訟救助が申し立てられたとき、裁判所は、申立てにより仮の処分の方法で規制措置を講ずることができる。第六二〇条aないし第六二〇条gが準用される。

というのである。

ドイツ民事訴訟法は、親子関係事件における仮の処分についても周到、詳細である。同法第六四一条dは、一九六九年八月一九日および一九九七年一二月一六日の法改正によって新設され、二〇〇一年の小改正を経た規定であるが、まず、

民法第一六〇〇条dによる父性の存在確認に向けた訴訟が係属し、または訴訟救助の申立てがなされたときは、裁判所は、子の申立てによりその扶養、母の申立てによりその扶養を、仮の処分（einstweilige Anordnung）をもって定めることができる。裁判所は、男性が扶養料を支払いまたは扶養のための担保を供すべき旨を命じ、かつ、扶養料の額を定めることができる。

といい（第一項）、続いて、その申立てが訴状の提出後に許されるものとし、一定の方式に従い、本案請求権と仮の処分の必要性の疎明が必要であり、裁判が口頭弁論に基づく決定をもってなされ、本案の裁判所の管轄に服すること（第二項）、決定に対する不服が抗告によること（第三項）、仮の処分の手続費用が本案の費用の一部となることなどを定めており（第四項）、さらに続く同法第六四一条eでは、仮の処分を得た者が男性に対し扶養に関する別個の債務名義を取得すると、その仮の処分が失効すること、同法第六四一条fでは、仮の処分が本案における原告の敗訴によっても失効することを定めている。

(3) 人事訴訟を本案とする暫定的処分の分野にかかる日独双方の法制を比較するとき、いずれがより理論と実際の運用に適合しているかを問うことは、愚かであろう。私は、ドイツ以外の外国の法制に暗いのであるが、人事訴訟法の制定に当たり、内国の浅薄で陳腐な実務慣行と通説が安直に拠り所とされ、容易に参酌可能の優れた

外国法制が顧みられなかったことをはなはだ遺憾とする。適切な立法措置の早急な実現を期待する所以である。

（1）注意規定説を明言するものとして、大森洪太・人事訴訟手続法（現代法学全集）九一頁、山木戸克己・人事訴訟手続法一四八頁、岡垣学「非訟事件を本案とする仮処分」村松裁判官還暦記念(下)二三九頁。

（2）東京高裁昭和三五年五月二六日決定・下民集一一巻五号一一六〇頁、菊井維大「仮処分と本案訴訟」民事訴訟法講座四巻一二三二頁、市川四郎「家事審判における実務上の問題と判例」同誌三号一四二頁、山木戸克己・前掲注(1)一四九頁、岡垣学・前掲注(1)書同頁。

（3）中野貞一郎「通常仮処分か特殊仮処分か」強制執行・破産の研究二七一頁。

（4）大阪高裁昭和五〇年五月二二日決定・判例時報七九九号四九頁以下、吉川大二郎「保全処分の取消と起訴命令」保全処分の研究三二一頁、鈴木忠一「非訟事件の裁判と執行の諸問題」非訟・家事事件の研究三九頁、改説前の拙稿「家事審判手続と民事訴訟」仮差押・仮処分に関する諸問題（司法研究報告書一四輯四号）一九〇頁。

（5）中野貞一郎・前掲注(3)論文二七〇頁。

（6）山田正三・特別訴訟手続第二部（人事訴訟手続法）七一頁、加藤令造・人事訴訟手続法詳解二七頁、兼子一「特殊仮処分の手続」民事法研究三巻四頁、中島一郎「人事訴訟事件を本案とする仮処分」村松裁判官還暦記念(下)二六八頁以下、中野貞一郎・前掲注(3)論文二六八頁以下、野村秀敏・保全訴訟と本案訴訟三〇三頁以下。

（7）Baur, Studien zum einstweiligen Rechtsschutz, S. 53ff.; Stein-Jonas-Grunsky, ZPO 22. Aufl. § 938 Rdnr. 7.

（8）Baur, a.a.O.; Stein-Jonas-Grunsky, a.a.O. § 938 Rdnr. 9.

（9）山木戸克己・前掲注(1)一四九頁。

（10）中野貞一郎・前掲注(3)論文二七二頁以下。

（11）Stein-Jonas-Schlosser, ZPO 19. Aufl. § 627 Bem. I.

初出一覧

1　訴訟と非訟……中野貞一郎先生古稀祝賀『判例民事訴訟法の理論（上）』（有斐閣、一九九五年）

2　財産分与請求の裁判手続
……山木戸克己教授還暦記念『実体法と手続法の交錯（下）』（有斐閣、一九七八年）

3　瑕疵のある非訟事件の裁判の確定と訴訟裁判所の判断
……姫路法学二五、二六号（一九九九年）に登載の論稿を改題修正書き下ろし

4　訴訟手続の受継に関する裁判の問題点……民商法雑誌一〇八巻六号（一九九三年）

5　請求の放棄、認諾に関する現行法上の問題点……民商法雑誌一〇六巻三号（一九九二年）

6　人事、家事関係訴訟の適正手続と管轄……民商法雑誌一二五巻四・五号（二〇〇二年）

7　仮差押命令における目的物の表示……判例タイムズ八五九号（一九九四年）

8　民事執行、保全による時効中断の問題点……書き下ろし

9　民事保全の競売・抵触……『民事保全講座　2—審理手続と効力』（法律文化社、一九九六年）

10　人事訴訟と民事保全……書き下ろし

判例索引

大審院大正６年１月16日判決・民録23輯１頁……239
大審院大正10年６月４日判決・民録27輯1063頁……239
大審院大正13年５月20日判決・民集３巻５号203頁……236
大審院昭和２年12月３日判決・新聞2809号13頁……248
大審院昭和12年12月24日判決・民集16巻2045頁……158
大審院昭和13年６月27日判決・民集17巻1324頁……237
最高裁昭和31年10月31日大法廷決定・民集10巻10号1355頁……7
最高裁昭和32年１月31日第一小法廷判決・民集11巻１号188頁……210, 211
東京家裁昭和32年９月27日決定・家裁月報９巻９号35頁……51
最高裁昭和33年３月５日大法廷判決・民集12巻３号381頁……14
最高裁昭和33年３月５日大法廷判決……45
東京地裁昭和34年２月27日決定・判時233号10頁……56
東京高裁昭和35年４月28日判決・下民集11巻４号954頁……54
東京高裁昭和35年５月26日決定・下民集11巻５号1160頁……54
最高裁昭和35年７月４日第二小法廷決定・判時229号32頁……7
最高裁昭和35年７月６日大法廷決定・民集14巻９号1657頁……8
最高裁昭和37年10月31日決定・家裁月報15巻２号87頁……27
浦和地裁熊谷支部昭和39年１月30日判決・下民集15巻１号88頁……52
最高裁昭和40年６月30日大法廷決定・民集19巻４号1089頁……19
最高裁昭和40年６月30日大法廷決定・民集19巻４号1114頁……28, 45
最高裁昭和41年３月２日大法廷決定・民集20巻３号360頁……41, 48, 194
最高裁昭和41年12月27日大法廷決定・民集20巻10号2279頁……11
最高裁昭和45年５月19日決定・民集24巻５号377頁……42
最高裁昭和45年６月24日大法廷決定・民集24巻６号610頁……11
最高裁昭和48年３月23日第二小法廷判決・民集27巻２号365頁……122, 133
最高裁昭和59年４月24日第三小法廷判決・民集38巻６号687頁……237
最高裁昭和55年７月10日決定・裁判集民事130号205頁，判時981号65頁，判タ425号77頁……35
東京高裁昭和58年７月28日判決・判時1095号112頁，判タ515号172頁……31
最高裁昭和59年３月22日決定・判時1112号51頁……36
最高裁昭和61年３月13日判決・民集40巻２号389頁……43
東京高裁平成３年11月18日判決・判時1443号63頁……219, 227
最高裁平成７年３月７日判決・民集49巻３号893頁……44
最高裁平成７年７月14日第二小法廷判決・民集49巻７号2674頁，判時1541号96頁……85, 87
最高裁平成10年７月14日第三小法廷判決・裁判所時報1223号９頁，判時1652号71頁，判タ984号99頁……89
最高裁平成18年11月14日第三小法廷判決・民集60巻９号3406頁……240

補足判決……………………………122, 132
本案請求権…………………………276, 278
本案請求権流用肯定説…………………278
本案適格……………………………291, 298
本案適格論証……………………………292
本案の訴え………………………………303
本案の想定不可能………………………304
本案判決…………………………………125

ま 行

民事保全…………………………………287
民事保全規則第20条……………………221
民事保全法第21条………………………216
民事保全命令……………………………292
命令違法説………………………………275
申立適格…………………………………110

や 行

要件事実……………………………………47
養子となるべき者の父母………………112

ら 行

離婚慰藉料…………………………………74
罹災都市借地借家臨時処理法第15条……14
立法参画者………………………………216

わ 行

和　解………………………………………18

制限的放棄……152
積極説……99, 293
専属管轄……199
相殺の抗弁……152
相続財産管理人……36
相続人の廃除……37
遡及効……102
訴訟裁判所……53, 105, 294
訴訟指揮上の裁判……124
訴訟事件……177
訴訟追行の適格否定説……126
訴訟提起の拒否……23
損害賠償請求事件……196

た行

第三形態の事件……6, 181
代替執行……252
違式の裁判……130, 136
嫡出推定……92
中間確認の訴え……195
中間判決……128
中断効……239
——の非継続性……239
中断効継続説……255, 257
超過仮差押え……218
調停に代わる裁判……16, 178
手続結合……298
手続結合・併合……186
手続的正義……89
手続の公開……5, 182
手続併合……188
ドイツ民事訴訟法……308
同居義務存否の訴え……22
同居請求権……24
動産の仮差押命令……230
当事者公開……5
特定の物……219
特別受益財産……44
特別養子の認知……94
特別養子縁組……94, 105
——の審判……86
特別養子縁組形成……98

な行

認知権消滅説……95
認知権喪失説……105

は行

廃除請求……38
非公開の審理……299
非訟裁判所……53, 105, 294
非訟事件……21
——の概念……3
——の裁判手続……31
実質的意味における——……10, 177
非訟事件裁判の既判力……16
非訟事件手続の基本構造……4
必要的口頭弁論……127, 137, 184
夫婦の同居……19
不作為請求権……252
附随処分……54
附帯事件……186
附帯処分……290, 292, 298, 303
附帯非訟事件……194
不動産の仮差押命令……230
不服申立て……130
併合訴訟……197
変更申立事由……113
弁論主義……140
放棄、認諾の無効……165
法的審尋請求権……5, 38, 183
保全異議の事由……225
保全執行……255
——に関する手続……247
保全執行裁判所……221
保全命令……247
——の確定時説……254
——の申立……248

合法性……37
婚姻の取消・離婚……61
婚姻費用の分担……26
婚姻費用分担義務の存否……29

さ 行

最恵待遇の原則……131, 136
債権の仮差押命令……231
催告……250
財産分与……50, 64, 74
財産分与請求……61
財産分与請求権……62, 66
　具体的内容形成前の――……66
　具体的内容形成後の――……70
再審……115
再審査申立……108
再審事由……106
裁判手続……209, 247
　――の規定……219
裁判の無効……107
裁判の瑕疵……111
裁判の合憲性……11
裁判の前提問題……47
裁　量……299
資格兼併……298
時効の阻止……250
時効(の)中断……236
　――の効果……242
　――の始期……236, 238
　――の事由……236
　――の終期……259
時効中断効……244, 250, 253
事後的な中間判決……132
事情変更……113
　――による取消し、変更……101
執行違法説……275
執行行為説……249
執行債権の消滅時効……245
執行力の付与……198
執行着手時説……237
執行手続……209
執行手続終了時……240
執行申立て……220, 249
執行申立時……237
実体私法上の承認……166
実体的確定力……275
認諾判決の制度の廃止……145
司法改革審議会報告書……184
自由な証明……5, 185
受継の当否……128
受継の申立て……128
　――の却下……124, 129
　――の許否……121, 124
受継を命ずる裁判に対する上訴……135
準再審……109
　――の事由……116
　――の手続……115
準再審事由……98, 113
純然たる訴訟事件……8, 17
消滅時効……239, 242
　ドイツ民法の――……235
将来の給付の訴え……72
職分管轄……199
職権探知……139
職権調査……137, 139
処分権主義……200
書面の添付……222
人事訴訟……289
人事訴訟事件……177
人事訴訟手続法……54
　第16条……56
真正争訟事件……100, 181, 297
推定相続人の廃除……34, 179
請求異議の訴え……31, 33
請求棄却の申立て……153
請求の放棄・認諾
　……147, 152, 153, 156, 158, 169, 171
制限的認諾……149

事項索引

あ行

相手方の同意……147
新しい書式例……230
異議事由……33
遺産帰属性……41, 44
遺産分割審判……44
遺産分割の前提問題……41
慰藉料請求の訴え……75
訴え却下……93
訴えの原因たる事実……196
訴えの利益……91
親子関係不存在確認訴訟……92, 106

か行

確定裁判に対する準再審……98
確定裁判の取消し、変更……97
確認の訴え……289
家事審判……22, 33
家事審判規則……197
家事審判事件……78
家事審判法……62
家庭裁判所移管論……190, 200
家庭裁判所の管轄……201
仮差押え……209, 228
——と仮処分の競合……269
——の執行の一時的停止……270
仮差押え・仮処分……51, 76
仮差押執行の終了時……258
仮差押え相互間の競合……268
仮差押命令……214, 217
——の取消し……269
——の申立て……220
——の申立書……222
仮処分……51, 76, 296
——の執行……281
仮処分相互間の競合……273
仮処分命令……274
——の送達……281
——の抵触……277
管轄分掌……202
間接強制……252
慣用の様式……220, 227
擬制同意……147
既判力……15, 16, 18, 162, 275
——の肯定……163
——の双面性……155
——の潜脱……156
——の否定……163, 169, 170
放棄、認諾調書の——……162
和解の——……15, 16, 18
既判力・執行力の拡張……134
給付請求権……64
給付の訴え……70, 72
給付命令……197
形式的形成訴訟事件……195
形成権……63
形成裁判……22
形成訴訟……180
形成の訴え……289
係争物……290
継続性肯定説……256
血縁上の父……94
厳格な証明……5, 185
限定承認の抗弁……219
限定的申請……217
憲法第32条違反……24, 170
権利自白……154, 166
権利保護要件……166
口頭主義……4

〈著者紹介〉
戸 根 住 夫（とね・すみお）
1924年 7 月22日生まれ
1949年 3 月　東京大学法学部卒業
1951年 4 月 ～ 1988年 4 月　裁判官
1989年 4 月 ～ 2000年 3 月　姫路獨協大学教授
1988年 5 月 ～　弁護士（大阪弁護士会）

〈著　書〉
『仮差押・仮処分に関する諸問題』〔司法研究報告書〕(1963年)
コンパクト民事保全法（2003年）

学術選書
6
民事訴訟法

訴訟と非訟の交錯

2008年(平成20年) 5 月30日　第 1 版第 1 刷発行
6056-4:P336　¥7600 E -012-040-025

著　者　戸　根　住　夫
発行者　今井 貴　渡辺左近
発行所　株式会社　信　山　社
〒113-0033　東京都文京区本郷6-2-9-102
Tel 03-3818-1019　Fax 03-3818-0344
henshu@shinzansha.co.jp
エクレール後楽園編集部　〒113-0033　文京区本郷1-30-18
笠間才木支店　〒309-1600　茨城県笠間市才木515-3
笠間来栖支店　〒309-1625　茨城県笠間市来栖2345-1
Tel 0296-71-0215　Fax 0296-72-5410
出版契約2008-5403-7-01010　Printed in Japan

 印刷・製本／亜細亜印刷・渋谷文泉閣
ISBN978-4-7972-6056-4 C3332　分類327.100-a001民訴法
6056-0102:012-050-0150

630 民事訴訟審理構造論　山本和彦著　12,621円
96　民事紛争解決手続論　太田勝造著　8,252円（学術選書１第2刷新装版）
552 民事紛争交渉過程論　和田仁孝著　7,767円（学術選書５第2刷新装版）
814 民事紛争処理論　和田仁孝著　2,718円
685 国際化社会の民事訴訟　貝瀬幸雄著　20,000円
103 比較訴訟法学の精神　貝瀬幸雄著　5,000円
2007 新世代の民事裁判　池田辰夫著　7,000円
669 債務者更生法構想・総論　宮川知法著　14,563円
913 オッと危ない！カード破産　宮川知法著　1,942円
1620 消費者更生の法理論　宮川知法著　6,800円
1857 破産法論集　宮川知法著　10,000円
1899 破産と会計　野村秀敏著　8,600円
1831 訴訟物と既判力　小室直人著　9,800円
1832 上訴・再審　小室直人著　12,000円
1833 執行・保全・特許訴訟　小室直人著　9,800円
28　訴訟物の研究　小山昇著作集1　37,728円
29　判決効の研究　小山昇著作集2　12,000円
30　訴訟行為・立証責任・訴訟要件の研究　小山昇著作集3　14,000円
31　多数当事者訴訟の研究　小山昇著作集4　12,000円
32　追加請求の研究　小山昇著作集5　11,000円
33　仲裁の研究　小山昇著作集6　44,000円
34　民事調停・和解の研究　小山昇著作集7　12,000円
35　家事事件の研究　小山昇著作集8　35,000円
36　保全・執行・破産の研究　小山昇著作集9　14,000円
37　判決の瑕疵の研究　小山昇著作集10　20,000円
38　民事裁判の本質探して　小山昇著作集11　15,553円
39　よき司法を求めて　小山昇著作集12　16,000円
109 余録・随想・書評　小山昇著作集13　14,000円
898 裁判と法　小山昇著作集別巻1　5,000円
1794 法の発生　小山昇著作集別巻2　7,200円
9248 民事訴訟法（第３版）　梅本吉彦著　5,800円
1501 韓国民事訴訟法　金　祥洙著　6,000円
1569 証券仲裁　金　祥洙著　5,000円
1588 国際訴訟競合　古田啓昌著　6,000円
1659 民事訴訟を支える弁護士　那須弘平著　6,800円

民事訴訟法［明治36年草案］（全4巻セット）
4646 日本立法資料全集別巻142
松本博之・徳田和幸編著　149,515円

民事訴訟法［大正改正編］（全6冊セット）
252 日本立法資料全集本巻015A